李国豪教育思想研究丛书

李国豪教育思想的学理解读

黎君 章仁彪 著

同济大学出版社
TONGJI UNIVERSITY PRESS
·上海·

图书在版编目(CIP)数据

李国豪教育思想的学理解读 / 黎君，章仁彪著. —上海：同济大学出版社，2023.4

(李国豪教育思想研究丛书 / 章仁彪主编)

ISBN 978-7-5608-8941-2

Ⅰ. ①李… Ⅱ. ①黎… ②章… Ⅲ. ①李国豪(1913-2005)-教育思想-研究 Ⅳ. ①G40-092.7

中国版本图书馆 CIP 数据核字(2020)第 003353 号

李国豪教育思想的学理解读

黎君　章仁彪　著

责任编辑　翁　晗　　**特约编辑**　姚賓婺　　**责任校对**　徐春莲

封面设计　陈益平

出版发行　同济大学出版社　　www.tongjipress.com.cn

(地址：上海市四平路 1239 号　邮编：200092　电话：021-65985622)

经　　销　全国各地新华书店

排版制作　南京文脉图文设计制作有限公司

印　　刷　江苏凤凰数码印务有限公司

开　　本　710 mm×1000 mm　1/16

印　　张　20

字　　数　400 000

版　　次　2023 年 4 月第 1 版

印　　次　2023 年 4 月第 1 次印刷

书　　号　ISBN 978-7-5608-8941-2

定　　价　98.00 元

目录

上篇

李国豪教育思想初探

——一个基于教育学理的解读

黎　君　章仁彪*

李国豪，我国著名桥梁科学家和教育活动家。他不仅对我国桥梁建设的跨越式发展做出了巨大贡献，在土木工程领域纵横驰骋，卓有建树，还是学贯中西的著名学者和成就卓著的教育活动家。

---

* 本篇系由原“李国豪教育思想研究”课题的初稿修改而来，执笔者黎君，课题负责人章仁彪修改定稿。

引　言

大凡重要的教育家，其之所以能够在教育史上发挥其独特的作用，固然有着纷繁复杂的主客观因素，但最为根本的关键因素，则是他们富有特色的教育观念和教育思想能够直接刺激和推动当时具体的教育实践活动进步。李国豪虽然是以桥梁科学家的身份而闻名于世的，并不是严格意义上的专门教育家，但作为一个切身体会了德国高等教育特质，并亲历同济大学曲折发展的开拓者，他以敏锐的洞察力和超凡的决策力，在关键的历史时期极大地推动了同济大学的发展进程，就其富有特色的教育思想施之于同济大学的教育实践而言，特别是就其所取得的实际的教育成就而言，他的影响可谓深远。在时隔几十年以后的今天，我们仍不得不佩服李国豪深邃的历史眼光。

李国豪提出并且全力推动的同济大学向综合性与国际化的“两个转变”(恢复综合性大学与用德语教学的传统)，对于20世纪后期同济大学的发展产生了决定性的影响。这一发轫于20世纪70年代末的办学思想，虽然几经周折，在今天已然成为同济大学新时代拓展的政策纲领，并正在进一步内化为同济学人的总体发展理念。

作为科学家，尽管李国豪的主要研究精力集中在工程与桥梁理论，但因工作及职务的原因，他对教育学理论的许多重大问题都有所触及且有所思考。从教育的性质到教育的基本原则，从普通教育到工程教育，他都有基于实践体会之上的一系列观点和主张，形成了独树一帜的工程教育思想。

虽然李国豪给后人留下的直接涉及教育问题的有关文字资料并不

多，但是他的教育实践却为我们留下了极其丰厚的遗产。

然而令人遗憾的是，李国豪教育思想的现实声誉和实际影响非常有限，基本上仅存留于那些与他共同行动过、讨论过，以及深深领会了他的精神实质，并目睹其力行后所呈现的突出发展成果的人当中。造成这一现象的主要因素大致有三。

第一，李国豪对教育的考察和认识未能专门撰文刊行，专门的教育论著不多。迄今所见的大部分教育观点仅散见于各种集会的讲话中。有关他对教育所发表的真知灼见和研究心得，也大多出现在科研讲稿、朋僚信函以及相关日记和函电中，其内容几乎全为特定事件而发。由于没有将自己的教育见解、教育主张等进行专门论述，这给其教育思想的传播与发扬带来较大的困难。

第二，李国豪是一个实践型的教育家，他崇尚实干，外圆内方，绝少大张旗鼓地张扬自己的教育观点和教育主张（其弟子曾在多种场合提到李国豪的少言）。特别是他的诸多工程教育思想都散见于一些行政改革的方案和工作报告的文件中，行政文件的具体事务指向性使得李国豪有关教育问题的诸多独特思考被淡化了。

第三，后人没有及时、系统地发掘和整理李国豪许多极具价值的教育思想。李国豪基于其经典的教育实践之上的教育观察和教育议论以及诸多关于教育的批评与意见，也就是其卓越的教育思想长期以来被埋没了。

发掘李国豪教育思想，并在此基础上分析和评价李国豪教育思想的发展变化，事关如何分析和评价同济大学的发展历史。而研究李国豪教育思想，对于丰富我国高等教育思想多彩的内容，活跃高等教育研究，发展高等教育学科，更是有很大的促进作用。

此外，基于李国豪丰富的工程教育实践，对李国豪教育思想进行研究，还可以从一个侧面现实地反映中国工程教育的发展轨迹。

总而言之，深入地了解和探讨在复杂历史条件下的特殊历史人物李国豪的教育实践，分析和整理李国豪的教育思想，并给予实事求是的评价，不仅对于推动同济大学的发展具有非常重要的现实意义，亦有利于我们对新中国成立以来的工程教育思想的发展过程有更全面、更客观的认识。

正如上面所提到的，由于种种原因，我们并没有对李国豪的教育思想进行系统的发掘和整理。对李国豪教育思想的研究，尚停留在一些个人的片段的总结，基本上以李国豪生前同仁、学生和朋友撰写的追忆性纪念文章为主，尽管内容较为翔实，但真正挖掘其教育思想的核心内涵并勾勒其思想图式的论文并不多。研究者一般的探究范式为：

第一，将李国豪教育思想作为其生平科学生涯的一部分进行综述，缺少必要的剥离。作为科学家及桥梁专家的李国豪，科学研究对他来说无疑是最主要的活动，但作为一位活跃在大学讲坛上的教师，如何将自己的研究传达给学生并富有成效地激励学生发愤图强，这其实是需要若干有效的教育方法才能达成的，而有效的教育方法背后通常需要诸多极有价值的教育理念及教育思想支撑，在侧重阐述其科学研究成就的文献中笼统地揭示其工程教育思想，事实上是很难彰显李国豪教育思想的精髓的。

第二，基于李国豪的教育管理者身份，利用教育管理的原理方法和管理概念体系来解读李国豪的教育思想。从教育管理视角分析李国豪教育思想，这实际上很难准确揭示李国豪教育思想作为一个独立观念系统的原貌。首先，李国豪的教育实践是否有当然的基于管理学原理的方法论指导，值得研究。其次，用管理学概念体系来观照李国豪的教育思想，可能会出现削足适履甚或穿凿附会的情形，难以真正厘清其思想脉络。

目前，关于李国豪教育思想的研究成果可以分为三类。

第一类是纵向全景式展现其生命历程的传记性文献，诸如“中国科技人物丛书”中由丁润龄、林章豪编著的《桥梁专家李国豪》和同济大学出版社出版的由代琇、庄辛所写的《一片丹心化彩虹——记桥梁力学专家李国豪》，还有程国政在同济大学 2007 年百年校庆时所写的《李国豪与同济大学》及在李国豪百年诞辰时编著的《李国豪》、与姜锡祥合著的《李国豪画传》。其中最具代表性的是代琇、庄辛所写的《一片丹心化彩虹——记桥梁力学专家李国豪》和程国政的《李国豪》二书。此二书在基础材料的梳理以及主要事件的考据方面有较深的功力，内容饱满，关键细节翔实。叙议结合，有史有论。但鉴于成书目标及写作侧重，有关李国豪教育思想源流和教育思想要素构成着墨不多。

第二类是片段式追忆文章，如他的弟子项海帆的《心中永远的丰碑——在恩师李国豪教授培养下成长》(《同济人》2005 年第 2 期)及余安东的《忆国豪老师二三事》(《同济报》2005 年 3 月 5 日)等。这些文章，虽然可以使人们对李国豪教育实践和教育观念有比较直接、具体的了解，并且能够为研究者深入探寻李国豪教育思想提供重要线索，但遗憾的是文章中很多关键内容点到为止，当事人虽深谙其景，但研究者想继续发掘更深入的材料困难重重。

第三类是尝试总结李国豪教育与教学实践的文章，较有代表性的有翁智远的《一代宗师铸同济——缅怀李国豪先生》(《同济教育研究》2005 年第 1 期)及赵其昌的《李国豪校长与同济德语》(《德国研究》2005 年第 2 期)等。这些文章通常是作者的亲身感受，虽然真切、细致，但由于是以观感方式记述，一些立论显得过于单薄。

总体而言，关于李国豪教育思想，在已经面世的研究成果中，尚少有专题论述。由于研究投入的限制、文献资料不足等原因，李国豪教育思想研究尚有许多空白需要填补。

鉴于再现李国豪完整的教育思想，既需要基于教育学视角对相关主体的核心主张和主要观点进行深入细致的解读，亦需要在把握其大量实践行动的材料基础上对其思想的源流进行系统化梳理，因此，本研究将在以下两方面予以着力。

第一，本研究试图依照教育学理路（即基于教育学的研究路径），从探求教育学元素的角度出发，力求客观、完整地呈现李国豪教育观念的基本形态，并对其形成的原因进行探究，除了要把李国豪教育思想是什么和涵盖哪些结构性要素搞清楚以外，更要厘清李国豪教育思想的历史价值和现实意义。只有这样，我们才能较全面完整地认识作为一个教育家的李国豪，也才能更清楚地理解他对同济大学寄予的厚望。

第二，为了拥有更丰富的关于李国豪教育实践的一手资料，本研究采用如下方法：

一是系统搜寻李国豪的工作日记以及相关的影音资料。李国豪早期担任同济大学副校长期间和文化大革命前后所写的工作日记之中，有许多极有价值的教育思想素材，通过系统梳理，大致可以寻找到他教育思想的脉络。

二是进一步拓展和放大李国豪教育实践资料的挖掘对象。除了李国豪关于教育问题的言论和实践（工作报告和大会发言）外，还有一个重要渠道就是，1978—1984 年同济大学有关决策的政策文本和教育改革文件。从 1978 年后，同济大学的领导人和管理者的办学实践多是秉承李国豪的同济战略，比如，翁智远、吴启迪等，我们可以从他们的讲话和文章中窥得李国豪教育思想的堂奥。

三是从教育哲学角度对已有的资料进行更深入的分析。李国豪诸多的讲话和相关的发言都深藏其基本的哲学主张，留德时服膺德国科学主义，回到祖国后崇尚教育救国，埋头科研以为社会服务等这些都是李国豪教育思想形成和发展的核心理念，对资料所蕴含的教育哲学内涵的进一步深入探究，可以挖掘出更多的教育思想元素。

本研究的整体思路如下。

第一，力求澄清李国豪教育思想的核心内容，包括厘清其教育思想形成的结构要素、思想演变的发展阶段、对工程教育的探索和反思、对教育理念的具体履行以及对高等教育理论和实践思考的出发点等。

第二，揭示李国豪教育思想形成的背景因素，也就是将李国豪教育主张及教育观点置于中国近现代教育思想发展的总背景下进行透视，揭示李国豪教育思想的真正源头。

第三，系统分析李国豪教育思想的特色和内容的实质。

第四，重点诠释李国豪晚年对大学精神的张扬。

第五，总结李国豪教育思想的价值，论述李国豪教育思想在同济大学发展史上的深远意义，把握李国豪教育思想的现实意蕴。

本书依照李国豪先生一生的活动线索和事件顺序展开，力求较系统完整地展现李国豪在同济大学长达50多年的教育实践基础之上的丰富多彩的教育观念和教育思想。同时注意内容结构的完整性，在充分展示李国豪先生的教育思想的前提下，尽可能使更多的读者体察其教育理论的幽香。

由于李国豪更多的是以一位科学家和杰出的桥梁专家以及大学校长示人的，因此，本研究的一个基本着力点是，力求通过李国豪具体多样的教育实践活动来展示其教育思想，也就是将李国豪多彩的科学研究、教学育人及大学管理活动，置于一定的教育学理论背景之下加以分析阐述，即对李国豪的科研、教学及管理活动侧重于教育学角度探查。这既是本研究的目的使然，更重要的则是，不管自觉与不自觉，李国豪的教育思想都在相当程度上受到了一定文化环境之下的教育理论以及潜在的教育理念的影响。

第一章　李国豪教育实践和教育思想的形成历程

李国豪的一生是完完全全付诸教育实践的一生。

他早年(23 岁起)就在同济大学颠沛流离之时接替德国教师担当教学工作;留学德国期间又在导师克勒佩尔的教研室潜心研究,履行着大学科研为社会服务之责;留学归国后,特别是 1949 年后,十几年如一日负责领导同济大学的教学科研工作;改革开放后,他全面主政同济大学改革,更是将后半生都投入同济大学的跨越式发展之中。

丰富的教育实践,一生辗转于教育一线以及反复多次地面对教育难题,伴随着的必然是对教育问题的所思所想,而这些自觉与不自觉的思考,最终汇成了李国豪形式多样、富于特色的教育思想。

李国豪近半个世纪的教育生涯有 6 个显著的转折点,由此构成了 6 个相互联系却又各有特点的 6 个阶段的教育实践及教育思想历程。

一、初涉教育实践

1936 年同济大学毕业至 1938 年出国留学之前,大约有两年时间,是李国豪正式涉足教育实践的阶段。

此时正是中华民族的危难时期,时局动荡、内外交困。

刚从同济大学毕业,李国豪即回同济大学做德国教授的助教。薪水微薄、时事艰难,但他怀抱科学救国的志向,以一个热心青年的豪情,以十二分的热情,全力以赴地投入一线的教育实践之中。

他一方面从事教学活动,另一方面探寻更进一步研究发展的道路,努力寻求经世致用之学。

在年轻的李国豪看来，当时的中国任人宰割，社会陷于混乱，最根本的原因就是中国科学技术落后，如若能够摆脱科学技术落后的局面，必将能够挺身立世。科学救国的思想始终是李国豪在这一阶段最大的动力。

由于善于钻研、遇事喜欢探究，虽然只是一个教育实践的新手，可他在协助钢结构教学方面成绩突出，在为德国教授研究服务上表现出很大的灵动性和积极性，备受德国专家的肯定与赞扬。李国豪很快就受到校方关注，特别是受到德国教授罗鲁的关注。罗鲁教授认为他是一个可造之材，主动询问他是否想去德国留学并为他申请了“洪堡奖学金”赴德国深造。

李国豪初涉教育实践的第一阶段应当说是很成功的，早期教育教学实践使他的能力获得了承认，确立了他在教育科研方面的自信。德国专家的肯定更是奠定了李国豪从事教育与学术研究的志向。虽然此时他并没有自觉地对所从事的教育实践进行系统的思考，但教育就是要让学生学习先进的技术，教育就是要让人更有效地进行学术研究的信念已深深植入其头脑。

二、吸纳现代西方教育养料

1938 年至 1945 年，中国正处在一个社会大变动的时代，国家和民族危机进一步加剧。

此时的德国虽处于希特勒统治时期，但德国的教育经过洪堡的改革后早已脱胎换骨，尤其是德国的大学教育正处于发展的巅峰，德国模式的大学在世界各地落地生根并被不断创新。李国豪正是在此时走进他心目中最好的大学——达姆施塔特工业大学。

达姆施塔特工业大学于 1877 年建校。1919 年，爱因斯坦说：“我认为，你们绝对应该去达姆施塔特，那里有一所好的理工学院。”许多的杰出人物都在那里学习过。李国豪在那里学习、生活长达 6 年，达姆施塔特工业大学为李国豪打开了学术人生的大门，在这里他完成了早期的科研积累，结识了学术界精英，并在此基础上感受、体验和吸收了德国现代教育的养料。

具体而言，李国豪在达姆施塔特工业大学积累的重要资源包括：

1. 他以高水平的博士论文，获得了达姆施塔特工业大学的工学博士学位。他以《钢构分析的几何方法》专论，获得了德国特许任教工学博士学位，拉开了其瑰丽的科学人生的帷幕。

2. 他展开了早期系统的科学研究工作，诸如对强迫振动和冲击系数问题的理论分析和试验研究，关注三跨连续加劲梁不设中间支座的新悬桥体系中弯矩高峰问题，以及参与钢结构焊接问题的研究等，并锁定实际中的各类老难题和新问题，发表了近 10 篇重要论文，完成了其作为科学家的早期积累。

3. 他结识了真正的学术界精英，以当时德国钢结构的权威克勒佩尔为师，并就此建立起与克勒佩尔教授长达半个多世纪的友谊，这份友谊不仅给李国豪带来了帮助，更为 20 世纪后期同济大学的振兴埋下伏笔。

4. 更为重要的是，此阶段，他还把相当一部分的时间花在了观察和品味深受洪堡教育思想影响的德国大学的建制、德国大学的风格以及德国工程教育的主旨精神等上面。这种实地的感受和体验使李国豪对现代学校的建制、现代大学的风格以及工程教育的主旨等都有了直观的认识，体悟了现代大学的办学真谛。这在李国豪后来对同济大学的改革主张中可以找到佐证。

此阶段，李国豪教育思想仍处于萌芽阶段，即通过在德国留学的所见所闻和亲身体验，将以往科学救国的基本理念进一步具体化，由于切身体会到德国技术的先进，开始有意识地关注德国工科教育，集中精力钻研工程教育。

三、投身教育事业

从 1947 年夏至 1966 年初，无论是中国的时局还是李国豪自身的命运都发生了翻天覆地的变化，李国豪开启了他毕生为之奋斗的教育事业，进入了他的全面教育实践时期。

1946年，李国豪辗转回国，在经历了不少令他失望的人和事之后，1947年8月，李国豪回到刚从四川复员回沪的同济大学任教。先出任土木工程系系主任，后任工学院院长；1949年8月，成为新成立的校务委员会9位常委之一，积极领导组织了工学院的学制与课程改革；1953年出任教务长；1956年任同济大学副校长。

1950年4月，中央教育部决定将同济大学工、理学院迁至辽宁，医学院迁至武汉，李国豪作为学校访问团团长率队访问东北，后因朝鲜战争爆发，中央通知暂停迁东北。但在“院系调整”中，同济大学继1949年文法学院被调入复旦大学、1951年医学院被迁武汉外，1952年，理学院被拆调复旦大学、华东师大、华东化工等校，工学院的机、电、造船等被调入上海交通大学，而清华大学的测量、道路专业，浙江大学的铁路专业，南（京）工（学院）的桥隧专业以及交大、大夏、光华、圣约翰、震旦、大同等大学及市立工专等校的土木、建筑、测量等专业被并入同济大学（后1956年测量又被迁往武汉组建独立测绘学院）。李国豪尽管对此调整存疑并感痛心，但仍然全力以赴地做好纷繁杂乱的人事调配、专业整合以及设备搬迁等工作，硬是把这10多所院校调集来的土木建筑专业师生组织团结起来，同济大学成为一所全国规模最大的土木建筑类的工科大学。李国豪继1952年创办桥梁工程专业，1955年开始招收培养我国首届桥梁工程研究生，1958年又创办了工程力学专业，并亲自讲授“板壳力学”课程，培养了我国第一批工程力学学生。

基于中央的改革号召和担当的职务，李国豪开始自觉而清醒地思考有关教育与教学的问题。在组织教学和设计改革工程教育课程上殚精竭虑。1955年，在高等教育部组织的“科学研究远景计划问题”会议上，李国豪阐述了他对工程教育教学与科研内容的整体设计。其核心内容包括以下几个方面。

载重方面：当时我国设计载重多仿造苏联，但中国的具体情况略有不同，应结合我国的具体情况进行研究和审定。

（1）火车、汽车的标准载重及换算载重。

（2）各类型房屋的活载重。

（3）车辆的冲击作用。

（4）中国各地的风力强度及其在各种房屋形式和高度的作用。

（5）地震（中国各地）强度及其作用。[1]

材料方面：结合我国产品和资源的情形，进行三方面的研究。

（1）研究现在已在永久建筑物使用的国产建筑材料的性能。如钢、木、砖、混凝土，把它们标准化，同时改进其质量。

（2）研究新的建筑材料，如竹材、高标号混凝土、高强度的钢（以及人工制造的材料）等。

（3）探讨新的人工制造的建筑材料。[2]

结构理论方面：

（1）常用的普通建筑物的计算标准化，如连续梁、单层厂房等。

（2）比较复杂的结构的性能研究，其计算方法的改进和简化，如薄壳、拱坝、桥的空间计算理论等。

（3）新结构的研究。预应力钢筋混凝土、叠合梁、加劲桁梁、斜吊桥的拱和吊桥以及创造新的结构形式。

（4）结构振动方面。车辆在桥梁上的振动作用、行车在厂房上的振动作用、地震对工程建筑物的作用、风力引起的振动等。

（5）结构稳定方面。理论已解决的稳定的计算方法与实际情况之差异；理论上尚未解决的问题研究，如钢的塑性弯曲、空间结构稳定等。

1　参见《思想日记》，档案号 2LGH-RW-11-6，同济大学档案馆。

2　同上。

(6) 设计理论方面。安全系数、超载系数、变形限度的规定等。[1]

构造方面：

(1) 木结构构件的各种连接方法的理论研究，包括应力分布及强度和改进等。

(2) 竹结构构件的各种连接方法，竹筋混凝土中竹筋形式及连接。

(3) 钢筋混凝土构件的各种连接形式的研究改进，焊接的研究。[2]

另外，就土木基础方面的教学和研究的问题，李国豪也提出了极为重要的观点：

(1) 土壤地基的物理性能方面：着重研究土壤地基的受压变形模量 E、剪力强度，地基的动力系数、自振频率，尤其要重视黄土这方面的研究。

(2) 试验方法方面：结合上述研究的试验改进试验方法，将较为成熟的方法标准化；改进和研究现场地基探验方法；观察大型土压力及沉陷过程。

(3) 土壤及地基、基础力学方面：填土侧面压力问题，基础下的应力分布、土压力分布和沉陷问题，土力学中的模型理论问题。[3]

上述李国豪关于工程教育教学、科研重点设计，诸如载重、材料、结构理论、构造、结构试验以及检验方法等的教学与研究重点，至今仍具有一定的现实意义。

此外，当时中央号召学习苏联，采用苏联的教材。但李国豪认为新中国的高等学校应该有我国专家自己编写的、适合我国国情的中文教材。为了给学生提供更适宜的专业教材，不论学校行政事务及教学工作多么忙，他每天都要挤出时间编写教材。他所编写的《钢结构设计》，成为新中国第一本桥梁专业的中文教科书。随后，李国豪又编写了第

---

1 参见《思想日记》，档案号 2LGH-RW-11-6，同济大学档案馆。
2 同上。
3 同上。

二本中文教科书《钢桥设计》。

李国豪编写的教科书简明概括、条理清晰、结合实际、明白易懂，深受学生欢迎。从1959年以来一版再版，传播广泛。

在课堂教学上，李国豪强调教师应用本国语言讲课，以外语、外文为辅。他认为一个科学工作者，如果连其母语都讲不好、写不好，那就无法充分表达现实中遇到的许多新问题、新课题，也就无法有效地深入研究问题和解决实际难题。当然，他也倡导每个科学工作者至少应该掌握一门外语，以便与世界各国科学工作者交流，学习外国的先进技术、新的学术成果。

不难看出，这一时期繁杂而又系统的教育实践使李国豪教育思想进入了一个较为成熟的阶段。其成熟的标志在于：

第一，他开始清晰而又自觉地思考教育本身的问题，例如：如何组织教学、如何进行教学设计等。

第二，他明确强调理工并重的办学思想，大力拓展同济大学工程教育的专业配置，如1958年至1960年两年间，他力主创办的新专业就有地基基础专业、工程地质专业、工程测量专业、地下建筑专业等。

第三，他更加清晰地要求教育必须为社会的需要服务，并积极地身体力行。在1955年的工作日记中，他甚至给自己提出这样的工作任务：“指导焊接和斜桥梁排的科学研究。”

四、探寻科研高峰

从1966年中期到1976年初，这10年是李国豪另一种教育实践（科学研究）的展开时期。表面上看这一时期李国豪一度被限制人身自由，遭受无端迫害，但从思想的发展来看，恰恰是这种看似苦难的遭遇（艰难科研），引发了他日后对教育问题更为精深的思考。历史的吊诡在此促成了一幅看似奇怪的图式：恰恰是因为被剥夺了上讲台的权利，使李国豪有了更多的时间和精力投身于他所钟爱的科研探索，进而使得以后杰出的科研成绩(另一种教育实践)为此段苦难生活抹上一道瑰丽的亮色。

1966年,文化大革命爆发,李国豪遭受了巨大的折磨和迫害,被污蔑为"里通外国的特务",长时间遭到隔离审查。其间,他以感人的坦荡胸怀和坚毅的敬业精神潜心研究1957年武汉长江大桥通车典礼时发生的横向晃动问题。

20世纪50年代初,李国豪曾担任武汉长江大桥的技术顾问。武汉长江大桥建成时大桥有晃动的"瑕疵"。当时有人猜测这是阶级敌人在搞破坏。作为大桥建设的技术顾问,李国豪自然也想尽快将这个问题搞个水落石出。但无奈那时繁忙的行政事务与学校教学工作以及国防工程的科研缠身,他根本无法抽出时间。

此时,被限制人身自由的李国豪终于有了"科研的时间",尽管科研的条件无从谈起,但一生都强调动手能力的他通过几近原始的方法,依据记忆编排出急需使用的三角函数转换表和积分表,利用每天的报纸边角和中缝的空白推演桁梁桥连续体受扭转和弯曲的力学规律。通过缜密思考与理论研究,后来又做了模型试验研究,终于找到了大桥晃动的原因。1974年冬,在铁道部大桥局主办的钢桥振动研究专题协作会议中,他向与会专家们报告了自己的研究结果,揭示了大桥振动之谜。[1]

之后,李国豪将这一研究成果以《桁梁扭转理论——桁梁桥的扭转、稳定和振动》为题出版,此书填补了我国和世界桥梁理论中桥梁弯曲和扭转共振问题研究的空白。1982年,这一研究成果获得了国家自然科学三等奖。

这一阶段,李国豪虽然没有直接在教学一线挥洒汗水,但是在工程教育的另一端——科学研究上却做出了艰苦卓绝的努力。正是这一"壮丽"的教育实践以及由此带来的丰硕成果,更加强化了李国豪历来

1　项海帆:《一代宗师的人生之路——李国豪院士逝世一周年祭》,原载《同济报》,2006年2月25日。

主张的理论必须与产业结合，科研必须为社会服务，科学研究的问题必须源于工程一线的工程教育思想。

可以说，这一时期是李国豪将其业已形成的教育思想付诸实践验证的初级阶段。

五、缔造同济辉煌

1977年春天，当上海市一位领导找李国豪谈话，问他有什么想法时，李国豪回答说："我只想继续搞点科研。"

1977年夏天，出乎李国豪的意料，学校推选他为先进工作者，出席上海市先进工作者大会。更让李国豪吃惊的是，在学校先进工作者大会上，校党委书记黄耕夫当众宣布，任命李国豪为同济大学校长（当时还是叫"革委会主任"）。

作为一个接受过旧式教育，深受西方教育氛围的浸淫，又长期从事教育管理实践，并经受过文化大革命磨难的老知识分子，李国豪坚定地接受了这一十分艰巨的任务：再铸同济大学辉煌！

文化大革命中，同济大学的教育教学根基受到严重冲击，在这种情况下，同济大学究竟应当怎么发展，同济大学根本的前进方向在哪里？这是困扰所有同济人的大问题。

此时，丰富多彩的教育实践积累以及在丰富的教育实践基础上形成的教育思想，成为当时李国豪办学决策的宝贵资源。结合当时同济大学的实际和国家的具体需要，通过对同济大学发展兴衰原因的探究，特别是基于对同济大学的未来发展命运的深入思考，李国豪作为同济大学的掌舵人，开启了其一生最为重要的教育实践新历程。

第一，全面恢复同济大学的正常教育教学秩序。

1978年，面对学校的教学组织被破坏，许多专业被取消，教研室和各个科系消失以及实验室被破坏，李国豪首先致力于恢复系、教研室等组织。原来的系主任、教研室主任等在文化大革命中无一例外都受到过批斗，不愿再出来担任领导工作。李国豪现身说法，在他的反复游说下，这些为教学、科研献身大半生的专家、教授们终于出山，把原有的学科与教学框架恢复过来。

由于一向十分重视科学研究，在原有的学科与教学框架恢复的同时，李国豪又迅速恢复和新建了八个研究所(室)，开展科研工作和培养研究生。在此基础上，学校陆续设立许多硕士点和博士点，着手成立研究生院。

同济大学早在1950年代就办了函授大学，广泛招收函授生，办得很有成绩。李国豪就任校长后，立即恢复了在文化大革命中被废除的函授教育，继续以既节省经费又便于广大工程技术人员学习的方式，培养出了不少专家，其中有人后来成了院士、总工程师及从中央到地方的工程建设的领导。

1979年1月下旬，李国豪在院系两级干部讨论会上，冒着风险、顶着压力全面部署教育教学改革方案，提出了对同济大学迈入正常轨道具有决定性作用的八项重要措施：加强教学第一线的师资力量；改革教研室体制；试行教师自报开设课程，供学生选择；大学生和研究生实行学分制……

为了加强新专业师资，学校从校外调进60多位年轻的专业教师，并从德国聘请了12位专家及几位美、日学者来校授课。

当时的教研室规模较大、人员较多，不适于发挥教授的作用，亦不适于培养新人。主要原因就是教授与讲师、助教之间无工作上的隶属关系和业务上的指导关系，往往一个人是几个教授的助手，只被使用而得不到指导、培养，不利于人才成长。因此，李国豪倡议组织小班子的学科组，教学科研一起搞，学科组由教授、讲师、助教组成，由学术领导人任组长。学科组的设立，使同济大学出现了教学科研并进的可喜局面，培养出了不少新人。李国豪组织和领导的桥梁工程学科组，有项海帆、石洞两名助手和几名助教，成绩斐然，成为全校的表率。后来，这个学科组从5人扩大到30余人，发展成为桥梁研究室，在国内桥梁研究领域处于领先地位。

李国豪认为，不应该在教学、科研上平均使用力量，有条件发展的，应作为重点加以培养、发展。关键是要有学术领导人和苗子。李国豪曾这样说："一所大学如果能在普及的基础上，培养出10个具有国家水平的专家、学者，这所大学就为国家做出了贡献，能在全国站住脚；如果能培养出10个国际水平的专家、学者，就为国家做出了极大的贡献，这所学校也就能在国际上占有一席之地。"李国豪是这样说的，更是努力这样做的。

第二，在同济大学的办学理念上，明确提出同济大学要向着"综合性、高层次、研究型、多职能和提高国际化程度的方向发展"。

这正是在同济大学发展史上起到里程碑作用的战略转变。

在迅速将同济大学纳入正常的教育教学轨道之后，李国豪便在多种场合阐述同济大学"由旧的传统的单一大学向多科型综合大学的历史性转变"的重大意义。他认为，20世纪50年代初学习苏联模式的方式已不适应新形势。同济大学的办学思想、结构方式以及管理方法等必须要经历一场深刻的变化。同济大学的办学方向，应当强调的是以工科为主、多科性综合。同济大学要在未来获得真正大的发展，就必须完成两个转变。第一个转变就是在恢复原有的土建类专业的同时，根据现代科技发展的趋势，改变学校单科性现状，增设应用数学、应用物理、应用化学、电子仪器、测量技术、热能动力机械、海洋石油建设工程、管理工程、园林绿化、德语等新专业，将同济大学办成既是教学中心，又是科研中心，培养优秀人才，创造更多高水平科研成果的理工多科性大学。第二个转变就是恢复德语教学传统，加强以德国为主的国际合作，把同济大学办成对欧联系的教育窗口。

关于同济大学的功能定位，他要求把学校科研与上海建设的需求结合起来，使同济大学更好地为上海经济发展服务。他特别指出，没有一流的学术研究水平，就没有一流的大学。学术研究水平是高等院校综合实力和整体水平的体现。

第三，切身致力于恢复同济大学与德国的传统关系。

为了恢复同济大学与德国的传统关系，1978年8月，李国豪力排众议向时任高等教育部部长的蒋南翔请示出访德国，得到支持。随后他又大力敦促学校相关部门，专门上报高等教育部要求恢复传统的德语教学。

接着，李国豪又亲力亲为多次出访德国，签署多个与德国大学的合作协议。李国豪的德国之行，不仅使同济大学恢复了与德国中断了几十年的合作关系，并由此重开派遣大批教师赴德进修和聘请德国专家来校讲学，开展与德国大学在教学和科学研究方面的合作，使同济大学的教学和科学研究，以空前的速度追赶国际水平。更为重要的是，李国豪与联邦德国政府及相关部门的广泛交往，为中德未来的合作打开了大门，把中德友谊大大推进了一步。

从已搜集到的史料来看，此阶段李国豪的教育思想集中反映在办学理念。主要体现在以下材料中：

一是1978年12月上报方毅副总理的《关于将我校恢复为综合性大学并与西德建立联系的报告》。

二是1979年1月上报国务院的《关于同济大学与西德建立联系并恢复使用德语教学的请示报告》。

三是1980年10月李国豪在职工代表和校系干部会议上做的《同济大学工作报告》及1982年4月在职代会上所做的《在教职工代表大会上的报告》。

这三份材料所蕴含的李国豪教育思想(办学思想)包括：

第一，大学办学必须要有国际眼光，要全面地吸收、引进德国的先进经验，将同济大学建设成为以理工为主的多科性新型大学。关于同济大学的进一步发展定位是建立理、工、医、文的综合性大学。[1]

第二，必须冲破苏联1950年代专业设置模式的“专业分工过细、

---

1 参见《关于将我校恢复为综合性大学并与西德建立联系的报告》，档案号2-1979-XZ-5，同济大学档案馆。

专业面过窄”的樊笼，要“扩大专业范围，增强专业适应性并按学科调整系的设置”。建立统一基础课类型工作组，统一大学生和研究生各专业基础课。在师资队伍建设方面，李国豪强调采取高、中、初职称人员相结合的办法，真正提高教师教学与科研质量。[1]

第三，关于同济大学的教学方法：讲课的方法要改进，内容必须精练，教材只作为参考书；高年级可以开设讨论课、讨论班，这对培养学生的独立工作能力有利。废除课程设计及毕业设计指示书，李国豪认为，教师花很大力气来写指示书，学生完全照样子做，这是束缚学生独立工作的有害方式。[2]

在李国豪的一生中，最为辉煌的莫过于这一时期他所提出的上述两个转变的经典思想。正是“两个转变”的提出与施行，使得他不仅成为同济大学最为重要的创始人之一，还为同济大学探索出了一条符合未来发展的道路，使同济大学跨入了一个崭新的大发展阶段。

在这一阶段，李国豪将自己的全部精力和心血都投入同济教育的改革及实践之中，高远的理想、旺盛的精力、蓬勃的朝气、敏锐的感官，使处于迟暮之年的他焕发出了几近青年义士一般的大无畏的进取精神和牺牲精神。他在此阶段所表现出的热情之高、动力之大，用他自己的话说，“为生平所未有”。

六、弘扬大学精神

这一时期涵盖李国豪1983年以后的后半生。

1983年春，离开大学岗位的李国豪担任了上海市政协主席，成了社会活动家和政治家。在政协任上，凭借多年的大学管理经验，他敏锐地

---

1 程国政：《李国豪》，同济大学出版社，2013年，第130页。

2 参见《在教职工代表大会上的报告(1982年4月16日)》，载程国政：《李国豪与同济大学》，同济大学出版社，2007年，第253页。

察觉政协缺少传媒工具，不利于政协工作，于是，到政协的第一项工作便是倡议筹备创立《上海政协报》，仅仅用了一年的时间，《上海政协报》便创刊了，使得政协委员间的沟通及对外联络、宣传都有了一个阵地。其后，《上海政协报》更名为《联合时报》，影响进一步扩大。

1984 年，71 岁的李国豪当选为中国土木工程学会第四届理事长（第五届连任）。在他的领导下，学会的组织得以发展和巩固，建立了 4 年一度的学术年会制度，提高了学会的质量。学术活动和对外交流合作也都有很大的进展。在任期间，他率团赴日本和美国访问，并赴加拿大做学术报告。为了使学术活动有稳定的经济来源，他倡导土木工程学会设立学术活动基金，并为此筹划。如今，“詹天佑土木工程科技发展基金”已累积到相当的规模。为感谢李国豪对中国土木工程学会的巨大贡献，1993 年，中国土木工程学会许溶烈理事长专程从北京到上海，定制了一个八层大蛋糕祝贺李国豪 80 岁生日。

1986 年，李国豪又担任了中国科学技术协会委员兼咨询工作委员会副主任。鉴于能源、交通、材料是国家经济建设中的三大问题，他建议中国科协建立重大决策咨询课题“中国交通运输发展战略与政策研究”，并组织领导成立一个专家组进行调查研究，集思广益。专家组几年间向国家有关部门提出了多项重要建议，最后撰写出精辟的研究报告。这一课题的研究及其成果，得到时任国务院总理朱镕基、副总理邹家华的赞许。

1988 年，李国豪出任上海市退离休高级专家协会首届会长，联络广大退离休的科技与管理专家，为上海建设献计献策。在他连任三届会长期间，协会从小到大，会员发展到二千余人，成立了 11 个专业委员会和众多基层工作委员会，各项工作开展得有声有色，成绩斐然。

1989 年，李国豪出任中国工程学会联合会首届主席。他领导并亲自促成工程学会与香港工程学会建立密切联系，互相承认会员资格。

同年，他又担任了中国退离休科技工作者团体联合会(后改名中国老科技工作者协会)首届主席。积极发展组织成员，调动退离休科技工作者发挥余热，为国家建设发挥各自专长，出谋献策。

在国际学术交流活动方面，此阶段李国豪亦十分繁忙。

继 1979 年出访德国，1980 年作为“上海友好学术访日团”的成员首次访问日本后，1984 年，他赴加拿大温哥华参加国际桥梁与结构学会 4 年一次的学术年会，会后还只身去了蒙特利尔和魁北克做了关于桥梁的学术报告。

1985 年，李国豪被聘为美国土木工程学会缆索悬吊桥技术委员会委员。

1986 年，李国豪任加拿大土木工程学会荣誉会员，并于 1987 年应邀参加在蒙特利尔举行的加拿大工程师学会成立 100 周年纪念会。他在会上做了关于中国结构工程成就的报告，备受欢迎。随后，李国豪又在多伦多做了一次报告。

1988 年，李国豪以 75 岁高龄只身去美国田纳西州纳史威尔宣读其应该委员会之邀而作的论文《斜拉桥颤振后状态》。

作为东亚与太平洋地区结构工程协会的发起人之一，李国豪从 20 世纪 80 年代起，多次赴泰国曼谷和韩国汉城(今首尔)参加两年一次的学术年会，并于 1991 年在上海领导召开第三届年会，展示我国改革开放后的建设成就，并促进了亚太地区土木工程界的相互了解。

除了上述种种社会活动外，最能反映这一阶段李国豪对大学精神的弘扬的是他对诸多国家经济发展和国计民生项目的深深关切。

(一) 对上海宝钢建设的贡献

20 世纪 70 年代末，中国百废待兴。中央领导决定在上海长江沿岸建设宝钢项目，以图中国钢铁业的腾飞。然而，从 1978 年破土动工伊始，投资 200 多亿元的上海宝钢就不断地被各种“下马”的声音困扰。

首先是宝钢地基的位移问题，其次是国家宏观经济政策调整问题，最后是宝钢生产所需的水源问题。

作为宝钢顾问委员会首席顾问的李国豪一直密切关注着宝钢的发展。在宝钢几度面临危难，面临下马之时，李国豪以其高尚的人格和科学家的责任感，严谨剖析出现的问题，挺身而出，慷慨陈词，全力主张宝钢项目绝不能停止。

关于地基的位移问题，李国豪根据现场观察，写出一份 1.3 万字的论文《关于桩的水平位移、内力和承载力的分析》，用严密的科学数据证明了地基的位移问题可以解决。

关于宝钢投资过大问题，李国豪明确提出宝钢不能只算经济账，更要算政治账。他在宝钢论证会上大声疾呼："第一，算经济账，不能从零开始，而是要从宝钢的现状算，上要花多少钱，不上要赔多少钱，应想到已花的投资和合同赔偿等因素……还要算与宝钢有关的全国各厂的账。宝钢不上，其他厂要停工。工人空在那里也要成问题，也会造成不稳定因素。第二，不要孤立地看宝钢，要从上海、从全国来看，全国一盘棋……现在放(弃)了宝钢，日后将会感到是错误的……第三，一期工程不能下，二期工程也不能下，这是宝钢的两条腿……对宝钢事业，历史将会作证。"[1]

关于宝钢生产所需的水源问题。李国豪通过对水厂、水利、港务、环保以及科研、设计等部门提供的考察资料研判指出，长江枯水期水质半年不合格并不符合实际情况，提出可以考虑在长江边筑库蓄水以防海潮倒灌的引水方案。正是基于李国豪的上述分析，宝钢最终确定了至关重要的"落潮取水，蓄水保质"的取水策略。[2]

多年后，每当宝钢人提起宝钢一期工程建设的曲折历程时，依然念念不忘那年 8 月，国务院做出宝钢一期工程续建的决定。他们说，那完

1　参见《宝钢志》，载程国政：《李国豪》，同济大学出版社，2013 年，第 223 页。

2　同上，第 229 页。

全是以李国豪为首的20多位顾问签名的意见书起了起死回生的大作用。2004年冶金部原副部长、宝钢集团董事长黎明接受记者采访时说："由于宝钢的建设，使中国钢铁业往前追赶了20年。"[1]

(二) 对我国自主建造大跨度桥梁的贡献

20世纪80年代，上海市为适应开发浦东的需要，要在市区实现几代人所追求的梦想——建造跨越黄浦江的大桥。

早在20世纪40年代，李国豪刚刚归国在上海市工务局主持外白渡桥修理工作时，就憧憬中国人自己在黄浦江上建造大桥，为中华民族争气。20世纪50年代他还专门指导同济大学学生以建造黄浦江大桥为题目做毕业设计。在20世纪80年代初，国家建委副主任彭敏曾邀李国豪在其办公室商谈某外国公司所提的黄浦江大桥建设方案，当时，李国豪就强烈表示，我国自己完全有能力设计建造黄浦江大桥，并一再要求由我国自己来设计建造。[2]

当修建南浦大桥工程提上议事日程时，考虑到中国当时建造大跨度桥梁经验不足，上海最初的打算是请日本人来做。此时，正好项海帆从美国转道访日，日方接待者很高兴地告诉项海帆说："我们正在做南浦大桥的设计方案。"

回国后，项海帆迅即将此消息告知李国豪。李国豪下决心要把局面扭转过来，他对时任上海市长江泽民说，南浦大桥中国人完全能够自己建造，造价也一定比外国公司便宜得多。他还特别强调，自力更生建造南浦大桥更深远的意义在于，对我国桥梁界和上海人民是莫大的鼓舞和自豪。江泽民为此特地到同济大学桥梁系召开教师座谈会听取意见。会后，李国豪叮嘱项海帆再专门写信给江泽民，重申我们完全有能力建造南浦大桥。1987年9月，上海市政府终于决定由中国人自己设

---

1 参见《宝钢志》，载程国政：《李国豪》，同济大学出版社，2013年，第231页。

2 参见代琇、庄辛：《一片丹心化彩虹——记桥梁力学专家李国豪》，同济大学出版社，1997年，第150页。

计建造南浦大桥。江泽民批示："我看主意应该定了，就以中国人为主设计，集思广益，至多请个把美籍华人当当顾问。"[1]这一决策使李国豪和上海桥梁界欢欣鼓舞。

1988年12月，南浦大桥工程开工，1991年11月建成通车，为浦东开发提供了一条重要通道，为上海市增添光辉，为中国桥梁界增光。接着，我国自己设计建造的更大跨度(602米)的叠合梁斜拉桥——杨浦大桥于1991年4月动工兴建，于1993年11月建成，又为上海市和中国桥梁界增添了光彩。

1988年11月，获悉广东要修筑虎门大桥，李国豪专门致函当时的广东省省长叶选平，力陈广东兴建的广州—深圳—珠海高速公路中的虎门大桥由中国人自己来设计建造的意义。经过几年的曲折历程，全长4 588米，主航道上为一座跨径888米的钢箱梁悬索桥的虎门大桥于1992年10月动工，于1997年5月香港回归祖国前夕胜利建成通车。虎门大桥的建成，不仅具有为中国人争气的重大政治意义，而且和汕头海湾大桥一起为我国自己建造现代大跨悬索桥开创了新局面。

1991年12月动工的汕头海湾大桥，也是中国桥梁界的得意之作，于1996年12月建成通车。跨径为1 385米的江阴长江公路大桥于1994年底动工兴建，于1999年建成通车。所有这些大跨度桥梁建设的首席顾问都是李国豪。

李国豪晚年还参与了国家21世纪更宏伟工程的开拓。如于1993年主持制定了长江口越江交通通道工程的桥梁方案，并于1994—1995年做了杭州湾公路通道工程的预可行性研究。长江口越江交通通道既是我国沿海国道(简称"同三线")的一环，又是上海市开发崇明岛的关卡，意义重大。为此，国家科学技术委员会倡议和领导，并与上海市科

1　程国政:《李国豪》，同济大学出版社，2013年，第245页。

学技术委员会一起组织有关单位做桥梁和隧道越江工程方案的研究。李国豪接受委托时虽已80岁高龄,但他依然冒着盛夏酷暑参加崇明、南通的现场勘察,然后指导大家做出多个方案,并进行了细致的技术、经济的分析论证。

杭州湾交通通道既是"同三线"国道的一环,又是上海国际航运中心连接宁波北仑港、舟山港与上海市的重要通道。李国豪接受宁波市委托,为此做了高速公路通道工程的预可行性研究。经过现场勘察和调查研究之后,历时两年完成了研究报告。

我国最宏伟艰巨的跨海交通通道工程莫过于连接海南省与雷州半岛的跨琼州海峡的通道。它既是"同三线"国道南端的咽喉,更是海南省发展所系的命脉,要求既通公路又通铁路。李国豪作为高级顾问参与其事,几次南下广州和海口出席研讨评审会。在1996年5月最后的评审会上,李国豪建议建造公路与铁路两用的桥,先通公路,待铁路轮渡不适应要求时,再在桥上铺铁路轨道和修建铁路引桥,比原定公路用桥方案仅增加约1/4的投资。李国豪的建议当即被采纳,列为以后工程可行性研究的方案。

(三) 对上海洋山深水港建设的贡献

20世纪90年代中期,关于建设上海国际航运中心洋山深水港的论证拉开帷幕,李国豪担任这一课题论证的专家组组长,在他的组织指导下,经过长达6年的艰苦运作,2000年洋山深水港建设方案基本拟就,同年秋天,李国豪先是与14位院士联名上书国务院,然后又致信中央领导,呼吁尽快建设上海国际航运中心洋山深水港。

正是李国豪两次致信中央领导,引起高度重视,2002年6月东海大桥建设顺利开工。在大桥建设当中,李国豪不顾将近90岁高龄,参与具体的施工,成为大桥设计建造者的"主心骨"。大桥中心部位的主通航孔原设计采用80米跨径的钢筋混凝土叠合梁,组成连续9千米长的钢结构主梁桥面。李国豪经过实地勘察后认为,9千米长的钢结构,在海上补漆难度大，无法进行防腐处理，将来会劳民伤财，建议修改施工方案。经过重新设计，后来主通航孔钢结构主梁桥面缩短为原设计1/10的880米，这一修改利用了成熟技术，既节省了资金，亦经受了时间的考验。大桥于2005年年底胜利通车。

（四）对家乡教育的贡献

如果说顶着压力反对宝钢下马、不遗余力争取大跨度桥梁自主建造权及呼吁将上海建成国际航运中心（洋山深水港）是李国豪大学精神的宏观整体展现的话，那么，对自己家乡梅州市嘉应大学成立的指导和帮助，则是李国豪大学精神弘扬的具体而微观的体现。

20世纪80年代中期，梅州市筹备兴办嘉应大学，家乡人请求李国豪帮助，李国豪毫不犹豫地答应了，多次从上海专程去梅州。他依据自己几十年的办学经验，就嘉应大学的办学思路提出建议。

他告诫嘉应大学筹办者，办学一定要有针对性，应该开设那些当地经济建设急需的专业，要面向家乡的建设造就人才。他特别强调学习的课程要联系梅州市的实际，有些课程可以暂缓开设。应该防止脱离实际、好高骛远的做法。假使嘉应大学开了一些本地区不适用的专业，学生毕业后学无所用，只好远走他处觅职。虽然从大的方面看，培养人才总是有用的，但对草创时期的嘉应大学来说，显然是不切实际、浪费了极其有限的师资力量的。李国豪语重心长的建议，令在场的人无不动容。

为更清晰地给予嘉应大学办学指导，李国豪还专门给嘉应大学筹委会写了一封信，阐述他对学校定位及办学策略的意见。

1. 要把嘉应大学建设成为梅县地区培养高级专门人才和发展科学技术与文化艺术的中心，既是大学又是研究院。

2. 要制定比较全面的长远规划，包括专业和研究单位的设置，学生、研究生和教职工的发展规模，校园和校舍建筑的规划。国内外许多大学都痛感这方面的失策。相信嘉应大学将会发展成为具有文、法、理、工、农、医等专业和研究所室的万人大学，校园得有两千亩地，建筑面积得有50万平方米以上。规划宜宽不宜紧。

3. 在近期设置的专业中应有土木、机械和电子学，专业范围宜尽量宽一些。

4. 采用各种方式方法解决师资问题。①以优惠待遇聘请外地的专职和兼职以及短期讲学的教师；②派人到国外著名学校进修；③委托国内院校培养大学生作为将来师资（梅县地区招生）。

5. 要在国内报章包括英文的《中国日报》报道嘉应大学的消息，以引起各方的注意并争取支持。[1]

1995年，梅州的一位企业家仰慕李国豪盛名，聘请李国豪任其集团的高级顾问，并拟出资50万元在同济大学设立"李国豪教育基金会"。李国豪建议该企业家将此基金会改设到嘉应大学，借以奖励家乡大学教、学成绩突出的师生。1996年6月，李国豪专程回梅州参加了该基金会的成立大会。

纵观上述六阶段的教育实践和教育思想发展历程，李国豪由最初的仓促任教到随后的对德式教育的深切体验，再由新旧两种制度下的教学跋涉（及特殊历史阶段的科研磨砺），到最后居于管理者之位的大学改革及不遗余力地对大学精神的弘扬，伴随其身份和境遇的变迁，其对教育活动的思考由不自觉到自觉，由微观至宏观，直至面对特殊的教育问题别具一格的应对策略，最终形成其具有科学家特色的教育思想体系。

要理解李国豪的这一具有科学家特色的教育思想体系，我们必须谨记一个根本的特征，李国豪与专门的教育思想家极为不同，他的教育思想深深地根植于其多方位的教育实践之中，我们不能指望直接找到

1　程国政：《李国豪》，同济大学出版社，2013年，第288-289页。

他就教育专题而专门阐发的教育思想，要了解和发掘他的教育思想，必须观照其丰富多彩的教育实践。换言之，李国豪教育思想的形成及发展与其教育实践是密不可分的，要想认识他的教育思想，就必须结合他具体而丰富的教育实践加以透视。

第二章　李国豪教育思想的形成背景及其来源

一、李国豪教育思想孕育及其萌芽的背景

任何一种思想都不是凭空产生的。只要是一种思想，总是有其深刻的背景因素和特定的思想氛围，受一定的社会文化传统制约，并不可避免地具有历史性与继承性。

换言之，任何一种思想都是在一定的历史背景条件下，基于当时的精神资源对社会重大问题的认识与回答。一切思想的形成实际上都深受彼时彼地社会历史环境的影响，由当时的物质与精神条件所决定。要而言之，是当时思想文化发展的产物。

作为意识形态的核心形式之一的教育思想更是如此，它的发展与变化除了受与之相关的物质基础影响之外，更有基于时代文化的历时性与共时性的牵引和渗透。正是这种时代文化的横向聚合和纵向组合，在特定的物质环境召唤下，由某一具体的教育活动家或教育思想家个体，以其独特的精神气质与认知风貌映射出带有鲜明时代印记的思想言说。

李国豪所处的时代是一个动荡、纷繁且多种思想杂陈的时代。

在李国豪刚刚开始涉足教育之时(20 世纪 30 年代初)，中国教育界开始全面吸纳西方教育理论，移植西方的教育制度；李国豪中年之时(20 世纪中叶)，中国社会政治经济全面变革，苏联教育成为我们效法的对象；李国豪晚年(20 世纪后期)，中国教育界开始全面反思东西方教育

理论，在新的历史条件下尝试构建中西结合的具有中国特色的现代大学制度。

李国豪对教育所持的基本态度，他的教育理念和教育思维，以及主要的教育主张，都根植于上述特殊时代的历史文化背景之中。正是在此背景基础上，李国豪的教育思想得以产生、形成和发展延伸，进而发生作用。

那么，20 世纪初至 20 世纪中后叶的中国，都有哪些突出的教育思想或历史文化景观深深地影响了李国豪呢？换句话说，促使李国豪教育思想孕育萌芽的背景因素究竟是什么呢？

从中国近现代教育发展史来看，就大的范围而言，促使李国豪教育思想产生形成的背景因素，主要有如下三个方面。

(一) 科学主义教育思潮

科学主义的教育源于柏拉图式的理性主义教育取向。这种取向在高等教育模式中的主要表现是，以理性主义为基本原则，将教育视为一种理性实践，主张教育应当超然于有限的日常生活，强调和注重教育在科学理论方面的训练，认为受教育者在学习阶段必须掌握有关科目的核心理论及抽象原理并将其内化，日后便可形成生活和工作的专业技能。这种取向的教育思潮自启蒙运动后在各国的高等院校中曾风行一时，并在一定程度上延续至今。

科学主义的教育思潮在中国的出现，源于清末的“西艺”教育。在西学东渐过程中，西方科学技术的威力激起了觉醒的国人对中国传统教育主旨的反思，一方面，在中国文化中萌发了近代科学教育(相对于传统的伦理教育)的思想火花，另一方面，知识分子痛定思痛，总结历史教训，掀起了基于器物文明之上的宣扬实用理性的教育思潮。在“五四”新文化运动的裹挟之下，这一思想的火花和实用理性的思潮迅速在中国蔓延扩散，并逐渐成为当时社会一种主要的意识形态——科学主义的教育思潮。五四运动后，科学主义的教育思潮达到鼎盛，并逐渐进入实施阶段。

代表这一思潮起始的典型标志，是严复 1902 年提出的“中国此后教育，在宜著意科学”。虽然严复的这一主张当时并未能见诸行动，但这正是中国科学教育的先声。

严格意义上的科学主义教育思潮是民国建立后由“庚款留美学生”学成归国后输入国内的。1915 年，曾求学于美国康奈尔大学的任鸿隽回国后，基于其切身的体会，深感科学教育对中国振兴自救的意义，遂撰文论述科学与教育的关系，主张将科学研究的方法应用于教育，“科学教育”由此成为一个专门的教育术语。任鸿隽认为：“教育之事无论从何方面言之，皆不能离开科学以从事。”“科学之于教育上之重要，不在于物质上之智识，而在于研究事物之方法；尤不在于研究事物之方法，而在其所与心能之训练。”1915 年 10 月，任鸿隽与另外几个回国的“庚款留美学生”赵元任、杨杏佛等人发起成立“中国科学社”，并创办了《科学》杂志，由此，科学教育在中国落地生根，进而萌芽发展。

随着提倡“科学教育”的议论日见增多，尤为重要的是，伴随着“科学教育”的议论与新文化运动所倡行的“科学与人权并重”主张的交相辉映，使得倡导科学教育的群体逐渐成为一个空前庞大的阵容，从而促使科学教育思潮成为“五四”甚至于之后相当长一段时期的主流教育思潮。

这一教育思潮对“五四”新文化运动以后中国的“新教育”改革运动所产生的影响是极其深刻的，不仅一改中国传统教育偏重空疏之学的面貌，更加速了中国近代教育尤其是近代高等教育迈向科学化、现代化的步伐。一定程度上可以说，科学主义的教育思潮是中国高等教育现代化的催化剂。

在李国豪初涉教育的青年时代，科学主义教育思潮的诸多核心主张已然成为当时教育领域的基本共识，比如，教育的首要任务在于传授科学技术知识并给人们以科学方法的训练，教育既要给予科学问题的探索研究，更应该给出解决问题的手段及途径。这一着力于科学技术的学习和科学方法的运用，进而利用其改进社会的教育主张几乎贯穿了李国豪的整个青年时期。事实上，仔细阅读李国豪《思想日记》及诸多关于教育问题的言论，我们随处可见这一科学主义教育思潮影响的痕迹。

概括说来，科学主义的教育思想对李国豪教育思想最重要的影响主要表现在以下几个方面。

第一，他把"科学化"确定为大学教育的办学方针，主张大学就是做科学研究的，大学教育就是要来解决科学的问题。

第二，他把关乎科学的"动手""研究"确定为施行大学教育的基本方法。他参照德国经验，要求根据具体的植根于社会生活现实的实际工程项目进行科学研究。

第三，他极力主张大学教育必须注意对科学方法的具体运用，要求把科学方法运用到教育上去，使"教育科学化""科学教育化"。

(二) 实用主义教育思潮

实用主义教育思潮肇始于美国的实用主义教育运动。实用主义教育是美国实验主义大师约翰·杜威(John Dewey, 1859—1952)继美国的皮尔士、詹姆斯之后，精心创立并积极倡导推行的现代教育思想的一个重要流派。

实用主义教育思潮在第一次世界大战前后，几乎传遍世界，在世界各地的学校中广为流行。它推崇"自然主义的经验"，强调个人的探究"行为"和切身"实践"，着眼于应付现实的生活环境，重视获得实际效果，认为"真理是工具"，并且提倡"科学实验的态度"。

实用主义以行动为中心，重视教育的实践功能，对教学的组织、课堂的管理以及学校的建设进行了全面而又深刻的变革，对整个教育体制产生了里程碑式的影响。甚至时至今日，在各国的教育体系中随处可以找到它的痕迹。

实用主义教育思潮大举流入中国，是在20世纪二三十年代。当时“庚款留美”的赴美留学生学成回国，基于种种原因，他们中的大多数都在教育界担任各种要职。由于在他们留学期间，实用主义教育思想正盛行于美国，他们目睹了实用主义教育思潮所掀起的壮阔波澜及其所取得的成就，对于杜威的实用主义教育学说深信不疑，因此归国后都自觉不自觉地把杜威的实用主义教育思想主张运用到了具体的教育实践活动中。

其时，又恰逢“五四”新文化运动，当时的中国教育不仅需要破旧立新，更需要教育改革的思想理论和实验精神的引导，实用主义的教育思想和教育主张恰在此时担当起了这一引导责任。

实用主义的教育思想和教育主张不但使当时的教育能够迅速摆脱封闭僵化和形式主义的传统模式，更重要的是，它迅即成了面向平民大众、面向社会生活、提高整个民族文化素质和以造就现代人为目标的新教育的通途。

在此，还必须提到的一点是，实用主义教育思潮之所以能够迅速被中国文化接纳，还在于传统中国思想的深层历来就有浓重的实用主义价值取向，美国实用主义教育思潮流入中国后，与中国的实用主义价值取向一拍即合。实用主义教育思潮所倡导的全力应付现实生活环境，重视获得实际效果的经世致用之学遂成为中国教育改革的圭臬。

正是基于这种东西方思想内核的不谋而合，实用主义教育思想的诸多教育主张从此成为中国教育长久以来甚至至今未变的信奉核心，并强烈持久地影响着一代代中国的教育活动家和教育思想家。

具体而言，实用主义教育思想对中国教育，或者说对中国教育活动家和教育思想家的影响（当然也包括对这一时期李国豪的影响）主要表现在以下几个方面。

第一，全力强调教育的社会功能。杜威认为，教育在其本质上具有无可辩驳的社会功能，他一再引用美国19世纪公立学校运动领袖霍拉斯·曼的话“教育是社会进步和社会改革的基本方法”，并在此基础上提出“教育是救国繁荣根本，教育可以解决一切问题”。正是在杜威的这一教育本质认识的影响下，在20世纪二三十年代的中国，“教育救国”论风靡全国。通过发展高等教育来改造中国的呼声不绝于耳。

胡适曾要求国家“增设大学”来改造社会。他说：“吾国诚以造新文明为目的，则不可不兴大学。盖国内之大学，乃一国学术文明之中心，无大学，则输入之文明，皆如舶来之入口货，一入口立即销售无余。”他还认为，一国的高等教育具有积聚、保存国有文明和同化输入之文明的功能。在当时的中国，最迫切的需要是通过发展高等教育“为中国造就文明的功能”。

蒋梦麟认为，“大学及高等专门教育者，所以养成平民注意之领袖者也”。为此，他要求国家“推广大学及高等专门教育，以养成倡导社会化加增经济能率之领袖”。

而竺可桢更是直接宣称，培养大学生的目标就是造就国家的领导人才，以便将来服务于社会，达到真正的“救国”。

李国豪早期的教育思想和教育主张，特别是其恪守终身的“教育救国”信念，正是在这样的背景之下得以产生和形成。

第二，重视教育对社会实践问题的解决。从实用主义哲学立场出发，杜威强调教育应当特别关注社会实践中出现的种种问题，并且提出实现社会改革的教育方法和种种教育假设。他认为“教育是进步以及社会改革的基本方法”，强调必须重视社会改造、社会操作以及社会行动等实践活动在教育和学习过程中的作用。

20世纪二三十年代，作为影响中国思想发展走向的一代精英，诸如胡适、蒋梦麟、竺可桢等都义无反顾地阐发和传播其导师的教育学说精义，他们不仅扮演起实用主义教育思潮的热烈传播者，更在实际生活中身体力行。

胡适认为，实用主义的人生哲学和道德教育都是紧扣“社会”而展开的，而中国传统教育恰恰忽视了这一点。他指出，中国历代教育虽然要求受教育者修身、治国，甚至“平天下”，但在教育的过程中，实际上，社会这一方面的内容历来很少被注意。

蒋梦麟则指出：“社会是个人积聚而成的社会，个人是社会的个人。”既然人的道德发展和理想人生都离不开社会，离不开“个人”和“社会”的相互关系，这就要求把学校建成社会的一个雏形，学校生活必须“是代表一种社会共同生活的精神，学校的训练、管理、秩序等，要和这精神相合”。他强调，即便是与现实社会生活距离遥远的课程，也应当与当下的生活相结合。如历史课程，虽然和当下无关，但他认为，教授历史应当以学生生活需要为主体，以平民生活为中心，注重历史与生活的有机结合，并以解决当前问题为要旨。如若不然，“则历史与生活离，失其本意矣”。

而竺可桢更是直接师承杜威“做中学”的实践训练思想，认为要加强智能培养，首先便要重视实践训练。正是基于此认识，竺可桢一生都极力关注受教育者的动手能力教育，在抗战时期，即便是学校处于四处颠簸迁徙的极艰难条件下，他也是每到一地，就立即布置实验室，尽快开出实验课来。

应该说，李国豪在其50余年的教育生涯中，一再强调科研的应用性，强调科学实验的重要性，要求教育从神圣的象牙塔走出，去关心国家建设、重视工程实践，培养学生的责任感和实践能力[1]，这其实是和实用主义教育思潮在中国的盛行分不开的，特别是与当时那一代教育

1　李国豪曾在《谈谈怎样培养好博士生》中特别强调，论文一定要“理论联系实际”“要做实验”。他明确指出“我们的论文要回答实践中的问题”，因此，无论是学术性为主的论文，还是以设计、工艺研究为主的博士学位论文，都需要有实践。“做实验有两个目的，一个是培养认识论的观点，另一个是培养动手能力。”参见李国豪：《谈谈怎样培养好博士生》，《同济教育研究》，1987年第1期。

精英义无反顾地阐发实用主义教育思想和身体力行地传播实用主义主张分不开的。

第三，重视教育对思维构建的推动作用。大学到底应该教什么呢？学生应该学什么呢？高等教育的基本目标是“传授知识”还是“智能培养”？无论是过去，还是现在，这都是高校管理者所面临的问题。

实用主义教育思想认为，大学所施的教育，并不是供给、传授现成的知识，而主要是开辟基本的认知途径，提示获得知识的方法，并且培养学生的研究、批判和反省精神，以期受教育者有自动求智和不断研究的能力。

受教育者绝不能只接受被动的指示，而必须主动地对一切事物进行精细的观察、慎重的考虑、自动的取舍。教学的目的就是要训练学生的思维，开发学生的智力，以使学生不断获得新知识。教学绝不是简单地传授知识和一味灌输现成的结果。

实用主义教育思想所倡导的培养学生思维能力的信条是：学校教育就是培养学生思维的能力。教学的一切努力，就在于努力创造条件去促进学生把注意力集中在思维的促进和思维的改造之上。实用主义教育思想的这一观点自从其提出以来，一直成为世界各国教育的基本主张，当然，它也成为“五四”后中国教育和知识界全面接纳的主张。

实用主义教育思想的这一主张对近半个世纪来中国高等教育的影响从未间断过，无数的教育贤哲都或多或少地从中汲取过丰富的养料。当然，李国豪也不例外。

第四，重视教育的实际生活取向，以生活需要为教育的基本原则。由于实用主义教育着眼于应付现实的生活环境，非常重视实际效果的获得，并且以培养匡济时艰的实用人才为直接目标，因此，实用主义的这一基本原则实际上在其创立伊始，便显现出强烈的生活化取向。这一取向在随后强大的经济力量推动下更进一步被发展转化为明确的社会市场取向，教育能否适应社会市场的需求成为判断教育质量的经典标准。

在实用主义教育思潮的影响下，教育普遍被视为一种满足生活需要的生产和消费体系，受教育者的学习结果被看成是可量化的产品，学习的具体目标被认为是一组能够被详细描述的实践技能或能力，学习的最终成果亦一再被设定为是可感知的、具体的和预先设定的产品，须有市场和消费者。

应该说，实用主义教育思潮的这一思想取向，无论是对西方的教育，还是对东方的教育都产生了巨大的影响，尤其是对于后发展境况下的中国，这一思想取向的影响更是深刻而持久。从 20 世纪三四十年代陶行知的乡村教育运动和黄炎培的职业教育运动，到新中国成立后的教育为工农兵服务的方针政策，直至 21 世纪的今天，在我们考量教育的诉求及其目标设计时，无不深受这一思想取向的影响。

一心致力于改变中国穷困面貌的李国豪自然更是将此思想取向发扬光大，他在大半生的教育实践中殚精竭虑地致力于工程教育服务于社会实践的改革也与此影响有关。

显而易见，实用主义教育思潮在相当程度上曾是中国高等教育现代化的主旋律。正是在这一主旋律的影响下，李国豪构筑了其教育思想的核心、框架和内在逻辑——学以致用的思想及其服务社会的思想：主张教育的目的就是要培养各种实用的人才；教育的内容强调实事、实物；要求学即所用，用即所学，认为求知的目的在于应用；强调一切学问，要其终，应归于有用；求学问必须以“切用”为“要旨”；要求将教育、科研同重大的社会实践加以密切结合，并在此基础上，希望能够培养出以备国家建设之用的一流的匡济时艰的实用人才。

(三) 教育救国思潮

“教育救国思想”发端于 19 世纪末东西方文化碰撞之际，盛行于 20 世纪二三十年代，其涟漪持续影响中国教育走向 100 余年。它是我国近现代极为重要的一种教育思潮，在知识分子阶层，甚至于在劳动阶层几乎成为基本的思想底蕴。其核心观点认为社会的改造和进步来源于教育的发展，把发展教育视为国家强弱兴衰的基本指针。

教育救国思想非常重视提高民族文化和人的素质。强调促进社会进步，就必须通过理智和道德的训练来保存文化遗产。教育就是帮助个人实现理智和道德的训练，个人理智和人格的和谐发展唯有通过教育才能实现。教育救国思想要求的教育教学原则是：首先要考虑国家和民族的利益；其次要有实际的、长期的对人的发展有益的目标；最后教育教学过程之中必须要包含具体而又系统的训练内容——强调学科中心和教材的逻辑组织。

总而言之，教育救国思想认为从根本上提高国民的各项基本素质，最终就能从根本上拯救国家、拯救民族。

正是基于提高国民的职业素质是提高国民根本素质的一大要义，黄炎培于1917年起组织中华职业教育社，提倡职业教育。他认为职业教育所造就的职业素养是拯救中国的“救国要图”。他特别解释说中国最困难、最重要的问题是生计，解决了生计问题实际上就是解决了中国的最大问题，而解决生计问题唯有通过职业教育，他强调通过职业教育来解决中国人的生计问题，最后就能够达到救国救民的目的。为此，他创办刊物，设立学校，进行试验，在全国宣传和推广职业教育，取得了广泛的影响。

而陶行知于1920年建立的中华教育改进社，倡导平民教育、乡村教育，更是意在提高平民的文化素质，他企图通过教育的力量去唤醒沉睡的心灵，提高“人的素质”，以改良社会，让中国挺立于世界民族之林。他曾决心筹募100万元基金，召集100万名同志，创办100万所学校，改造100万个乡村。虽然其具体的目标并没能够完全实现，但其所倡导的教育救国思想却深入人心，影响了无数代中华学人。

还在读初中时李国豪就已经深切地感受到教育救国思想，他认为学习是增长知识、提高本领，而增长知识和提高本领就是将来报效国家和服务社会的最好途径。[1] 读初三的李国豪参加全校举行的演讲比赛，主题就是“兴国安邦、人生理想”。李国豪获得全校第一名，奖品是孙中山的《建国方略》。[2]

文化大革命期间，李国豪身受不公平对待，念念不忘的还是南京长江大桥多用的4 000吨钢是否给国家造成了浪费！而在其主政同济大学之时，在考虑同济大学的未来前行方向之际，他的第一着眼点就是同济大学能够为国家振兴做什么。

直到晚年，李国豪思兹念兹的仍是受教育、努力学习以为国家振兴。2003 年他以 90 多岁的高龄，还在教导新生学子：“希望同学们把自己的前途和祖国的命运紧密相联，投身民族复兴的伟大事业，为国家多做贡献。我已经 91 岁了，像你们这样的年龄，我所处的年代是一个很不幸的年代。我 1938 年去了德国，1946 年回到上海，历经磨难，深深体会到什么叫‘国耻’。……1949 年建国后，又经历了 1966 年至 1976 年的文化大革命，我被关进隔离室，扫地劳动。这个时候，纵使你有再大本事，也不能为国家贡献什么。……我是上一个世纪的人了，因此特别体会到，个人的工作、事业和国家的关系非常密切。”[3]

二、李国豪教育思想形成的源头活水

在大致了解了李国豪教育思想形成的总的社会思潮及文化背景之后，需要进一步梳理李国豪教育思想的直接来源，也就是李国豪教育思想产生形成的决定性源流（资源），毫无疑问，这源流乃是其早年的同济生活与留德生涯。

李国豪在长达 7 年的留德期间，对德国教授的切身感悟、对德国大

---

1 代琇、庄辛：《一片丹心化彩虹——记桥梁力学专家李国豪》，同济大学出版社，1997 年，第 13 页。

2 程国政：《李国豪》，同济大学出版社，2013 年，第 7 页。

3 周星增：《“我当名誉校长不是为了钱，是为了教育”》，载程国政：《李国豪》，同济大学出版社，2013 年，第 299 页。

学的直接体验以及对德国教育体制的多方位认知，构成了其观察教育及思考教育的基本视角，换言之，德国教育的运行范例构成了李国豪教育思想的直接资源和基础框架。

由于中国高等教育的发展是典型的“后发外生型”，教育现代化进程很大程度依靠的是从西方来一整套理论体系和制度框架，因此，百年以来的中国高等教育，不论是在思想上还是在实践上，都不可避免地受到西方的影响。对西方教育文化的借鉴和改造成为大多数学者构建中国高等教育思想自觉或不自觉的一个方法论路径。

李国豪教育思想的形成和发展，一定程度上就是对德国教育思想的本土化改造和拓展的过程。从李国豪教育思想发展的脉络来看，他讲求务实，注重经世致用虽然起于儒学，但他教育思想中坚持不懈地倡导学术研究、一以贯之地要求大学为国家建设和社会发展服务、全力主张对一切事务均采取注重实际的态度和强调实用的立场，却是受到德国近代大学教育思想理论的深刻影响。

他不仅全面接触到了德国现代教育的观念和思想，耳濡日染了德国的新式教育，更重要的是，秉承了洪堡教育思想的德国大学的科学研究风格和德国高等教育的理论联系实际，给李国豪留下了极其深刻的印象，成为了李国豪早期教育思想最主要的组成部分。

李国豪从 1938 年起到德国留学至 1946 年回国，在德国期间，他除了一门心思地读书学习、跟随导师做科研外，还时刻不忘留心观察当时处于世界先进行列的德国大学教育制度。

经过 18 世纪哈勒和哥廷根两所大学的革新，特别是经过 19 世纪初以柏林大学为代表的改革运动，到 19 世纪中期，德国大学已远远领先于其他国家，拥有多所世界第一流的大学。尽管第一次世界大战使德国遭受重创，但经过魏玛共和国时期对高等教育的民主化改革，直到二战结束，德国大学及其科学水平仍然领先于欧洲其他国家。一个明显的证据便是，从 1918 年到 1933 年，德国获诺贝尔自然科学奖者为 14

人，英国为10人，法国为3人。截至“二战”结束前，授给那些在德国大学中进行获奖研究的科学家的诺贝尔奖项达31项，占该奖项于1901年设置以来共颁布103项中的30%。

德国大学之所以能够取得如此骄人的成绩，而且在近代工业革命以来长期独领风骚，一个极其重要的原因，就是德国大学广泛接纳并切实推行洪堡的教育主张和教育思想。可以说，洪堡教育思想在德国高等教育体系的全面渗透，是德国大学走在世界前列的根本条件。李国豪教育思想的早期形成，恰恰源自对这一渗透着洪堡教育思想的德国教育制度的多重汲取和吸收。

威廉·冯·洪堡(Wilhem von Humboldt)，1767年出生于波茨坦的一个贵族家庭，早年受过良好的教育。他的老师中，既有启蒙博爱的“单子论”思想家，也有熟知天赋人权的法学家，还有精通古希腊、罗马历史的历史学家，在众多优秀老师的栽培指导下，威廉·冯·洪堡很早就具有了超凡脱俗的智慧和远见。

1809年2月，洪堡担任普鲁士内政部文化和公共教育司司长。当时，工业革命的浪潮冲击着欧美大陆，科学技术对国家和社会发展的巨大推动力日益显现出来。西欧主要资本主义国家亦经历了轰轰烈烈的资产阶级革命，正处于蓄积新的发展势头阶段，而当时普鲁士却陷入国家沦亡与民族危机的步履维艰的窘境中。为挽救民族危亡、摆脱危机，普鲁士开始了全方位的改革，其中教育改革重建的重任便由洪堡来承担完成。

洪堡的教育改革是在对柏林大学的创办中进行的。为了创办柏林大学，洪堡亲力亲为，从申请建校到制订计划到延请名师，虽然后来由于离职而没有参加直接管理，但通过他的追随者费希特及施莱尔马赫等人的努力，他的计划得到了完全的实现，其思想和主张亦得到了最大的发扬。柏林大学既是洪堡教育思想和理念的最佳承载者，更是洪堡教育思想和理念的最佳传播者。

柏林大学的全新创立使在德国大学一定程度上完成了从传统的中世纪大学向现代大学的转变。柏林大学可以说是德国乃至世界高等教育史上的一个里程碑。此前的欧洲大学主要以传授历代因袭的趋于僵化的知识为主,教学上因循守旧,整个大学发展已处于颓势。而柏林大学的创办成为扭转这一没落之势的转折点。洪堡所力倡的“学术自由、科研第一”的大学思想成为柏林大学的精神支柱,在这一精神的指引下,柏林大学摆脱了教会的控制,从经院主义思辨和职业培训机构转变成为以改善个人品性修养、进行科学研究为主的新兴大学。在柏林大学的影响下,新的大学如波恩大学、慕尼黑大学等纷纷创立,旧的大学也纷纷改革,德国因此一跃成为近代大学最发达的国家。

在此情形下,李国豪来到了德国,虽然李国豪并没有直接研究洪堡的教育思想,但由于德国大学渗透着洪堡的教育思想,因而,李国豪对洪堡教育思想的把握实际上是通过对当时德国大学的直接感悟而得来的。李国豪对洪堡教育思想的汲取,主要表现在以下几个方面。

第一,对学术至上观点的全面接纳。洪堡的学术至上精神是通过柏林大学体现出来的。当柏林大学还在胎中孕育的时候,洪堡给柏林大学提供的教授名单就体现了这种精神。洪堡为柏林大学提供了一张“没有一位德国的教育大臣或部长可以提供”的“更可值得骄傲的聘任表”,这张聘任表几乎囊括了当时欧洲最杰出的学界人物。洪堡唯才能、学识是举的教授聘任原则是这些人愿意到柏林大学任教的最为重要的原因。

1810 年 10 月,柏林大学正式开学。根据洪堡的教育精神,新兴的柏林大学制定了一系列以保障学术自由为前提的制度和措施。在这些制度和措施的保障下,柏林大学的教授们拥有充分的教学和科研自由,学生们也拥有自由学习的最大选择权。此外,柏林大学还在行政制度上为学术自由保驾护航,大学实施“教授治校”——让真正懂教育的人来管理学校,主持教育事业,以充分保证学术的自由,从而促进学术的发展和繁荣。

对上述德国大学的管理体制的体验和对大学学术至上精神的深入思考，是李国豪教育思想形成的中心内容之一。即使在晚年，李国豪在谈起大学学术至上的基本原则时，仍然对德国大学的科学精神印象深刻，对德国政治极端专制而大学却有学术自由的情况更是感慨良多。

第二，在教育目的上，学校应以培养个体的智慧为根本目的。洪堡认为教育的目的是培养一个完全的人，他把教育看作是满足和充实个体本身，用来增强个性的手段。他认为人都具有一种与生俱来的自然天性，这种自然天性决定了每一个人就是一个独立的世界，每个人就是一个独特的个体，他们对社会都有独特而伟大的价值。教育的任务就是最大限度地挖掘和开采这些资源，使之得到磨砺和完善，并将它们有机地融合在一起从而达到和谐的状态。他强调，只有个性独立和自由的人才会组成一个多样化的社会和世界，这样的世界才会更加美好。同时，只有纯粹的教育才能培养出个性和谐、道德修养纯熟、有理智有思想的个体，从而才能提高整个民族的实力，使国家真正强大。

在洪堡教育思想影响下的德国大学教育力求最大限度地挖掘人的本性和潜质，因为每个人的个性特质和潜在力量将会为国家和社会带来收益。所以德国大学要求在实施教育的时候务必开发受教育者的内在动力，他们认为只有这样教育出来的人才是有价值的人。

留学期间亲身感受了德国大学教育的李国豪，深切地体会到德国大学的这种关注每一个教育个体，要求以独特的个体的智慧服务于国家社会的培养目标的价值，因此，在其构设同济大学的培养目标时，他始终认为，同济大学的根本目标应当在于全力培养具有正确理性思维的人。只有具有正确理性思维的人才能拥有专业的智慧，进而才能最终为国家做出巨大贡献。

依循洪堡教育思想的轨迹，李国豪在洪堡教育目的观上还进一步推延，主张大学教育应当最大限度地用科学来涵养受教育者的个性，用专业知识来充实受教育者的身心，并在此过程中推动受教育者达到人生真正的快乐。

第三，在道德教育上，通过科学研究使受教育者获得理智和高尚品德。洪堡认为，通过学术研究，也就是进行科学研究增长知识有助于提高人的道德水平，并能使人趋于理智，涵养人的性灵。

基于早年的同济大学教育中的德国传统，尤其是基于留学期间对上述洪堡教育思想的具体感受，李国豪接受了现代科学的价值伦理取向，主张通过科学研究真正完成大学教育。

在洪堡的上述道德教育思想影响下，确切地说是在洪堡思想左右的德国的道德教育影响下，李国豪始终坚持学习各种科学知识，不只是从纯粹意义上去了解、熟悉、掌握它们，也不只是满足于对它们的具体应用，更应当注重的是科学对人的提升的观念。他不仅要求在学校教育中重视自然科学的学习，并力求完整地把握近代科学的思想和方法。在他看来，科学的内涵不仅仅在于科学知识，也不仅仅包括各门自然科学的成就，更重要的是利用科学的方法增进人们对世界及人类自身的了解。开发个人智力和从事学术研究的过程同时也是一个追求快乐的过程，真正的快乐是精神上的愉悦感，精神之快乐在于追求高尚学问。正是在科学研究和增长知识的过程中人们涵养了德性，养成了独立理智，也达到了心灵的快乐。

李国豪要求在道德教育中加入科学研究的成分，融合了中西文化的精华，体现了极高的教育洞察力。

第四，在大学管理上，直接继承和发扬了洪堡的“教授治校”思想。“教授治校”是洪堡大学管理的一贯主张，他在论国家的作用中清楚地表述了教育应该不同于国家和政治管理的主张。在洪堡看来，国家的基本任务是保障人的自由，因此，公共教育应完全处于国家作用范围之外。洪堡认为国家总是希望培养整齐划一的标准公民，以制造标准公民来追求安定，因而，国家不可避免地会给公共教育规定某一种指定的形式，这样培养出来的人会使整个社会缺乏任何对立力量，因而缺乏任何均势。但事实上只有个性独立自由的人才会组成一个多样化的社会和世界，这样的世界才会更加美好。同时只有纯粹的教育才能培养出个性和谐、道德修养纯熟、有理智有思想的个体，从而提高整个民族的实力，使国家真正强大。所以，洪堡明确要求国家和政府不要干预教育事业的独立性，而主张让其根据自身规律自然发展，让真正懂教育的人来管理学校，主持教育事业，以促进大学的发展和繁荣。

李国豪的"专家治校"论与洪堡的"教授治校"思想不仅神似，且基本理路如出一辙。容易看出，李国豪从20世纪50年代起就一再强调的教育事业应当交与教育专家管理的思想其实是对洪堡"教授治校"思想的继承。

第五，对洪堡教育思想批判地继承。洪堡一直认为，大学教育不应该是为维持生计和为复杂的文明机构做准备的，大学教育应该是理想主义的教育。大学是年轻人在进入社会生活之前，用几年时间专心致志地进行科学思考的地方，国家不能把大学当作高级中学或特殊学校来对待，不能把高等学府当作技术或科学代表团来使用。从整体来说，它不能索取任何东西。而李国豪在这一点上却与洪堡大不相同。从中国的具体国情出发，李国豪认为大学教育应当讲求实用，大学应当考虑为国家的建设服务。这一服务的具体方式就是，将大学的职业培训与科学研究有机结合。

从李国豪教育目的论和大学教育思想中不难看出，李国豪思想体系仅在个别方面及具体实现方式上与洪堡教育思想存在一些差异，可以说洪堡教育思想对李国豪教育思想的影响是极其深刻的，一定程度上是李国豪教育思想的哲学基石。

需要特别指出的是，李国豪对德国教育思想的借鉴采取了扬弃的方法。

李国豪凭借在德国学习和生活的感受，立于中德文化交汇的前沿，从一个全新的角度研究、比较中德文化，注重从精神实质和方法上学习德国，汲取德国近代的科学精神和科学方法，以活跃中国大学的生机。

他尽量客观地评价中德教育文化。在中德文化教育的比较中，他清醒地看到了两者之间的先进与落后，但他并没有用德国大学教育来完全取代中国大学教育，也没有割裂中国文化资源与中国近代文化教育建设之间的联系。

他借鉴德国文化，注重从中国社会的现实出发，有选择、有针对、有批判地取其精华，去其糟粕。他的知识、观点、方法，均以中国精神、中国意义为其要旨。他的这种办学思想，打破了原有的办学框架，引导同济教师员工以世界眼光和发展进化的观点看待教育问题。他将同济教师员工引向一个新的思想境界，为新教育的发展提供了一个崭新的模式。

第三章　李国豪教育思想的前置观念：教育观

李国豪教育思想的前置观念主要由其基本的教育观构成。这种基本教育观的奠定既有中国传统教育的影响，也有早年求学同济时德国体制的影响，更是留学德国多年对德国教育精华切身体验的产物。

所谓教育观是对教育或教育问题的概括化认识，是指不同的个体在适应经济与社会发展的过程中，对教育及教育过程中的重要问题的基本认识，是人们对于各种教育现象的观点、看法中比较稳定的深层内核，它支配着人们的教育活动，影响着教育发展的方向。每一种教育理论或教育活动究其实质，其实都是围绕着某一核心的教育观而展开的。可以说，教育观的变化是教育实践和教育理论变化的根本源头。

教育观既可以是零散的、不系统的感性认识，也可以是系统的、理论化的理性认识，是"经验和理论在人们头脑中的积淀"。就感性认识而言，它是对具体事物的一种直觉性、经验性的把握和总结；就理性认识而言，它是人在对外部现象进行分析、概括、归纳的基础上形成的一种抽象的理论把握，相对系统的理论把握最终会构成指导行动的动力。完整的教育观内涵大致包含两个方面：第一方面，对教育根本问题的认识，包括对教育构成要素、教育终极目标、教育价值追求等方面的认识。正是在对这些教育问题的直接或间接的认识之上，形成了个体的教育本质观。第二方面，对具体教育行为和教育运行机制的一定预设。由于观念的外延能够促成直接的行动，因此，一定的观念会限定或开拓主体对教育事件的组织和构建，并且相当程度地左右着主体活动的目的性、意向性和价值性取舍，即主体应当“怎样做”和往哪个方向努力的价值取向。

李国豪的教育观主要包括他的教育本质观、教育目的观、高等教育理念以及教育国际化思想。

一、李国豪的教育本质观

教育史上，关于教育的本质问题，一直存在着两个激烈的争论焦点。一个核心争论焦点是教育究竟使受教育者面向“理性知识世界”还是面向“现实生活世界”。英国教育家斯宾塞主张，教育是面向未来“理性知识世界”的事业，教育的目的是“为将来的完满生活做准备”。他曾经提出的一个著名的教育学命题便是“什么知识是最有价值的”。而美国教育家杜威则明确指出教育的本质在根本上是面向“现实生活世界”，教育应当而且必须为改善受教育者当下的生存或生活境况，为受教育者的经验的“生长”与“改造”服务。他所提出的“从做中学”等主张，明白无误地要求将教育与生活、学校、社会密切地联系起来，要求教育必须增强受教育者的智慧经验和生活能力。

另一个争论的焦点是，社会与个人、社会化与个性化、社会价值与个人价值到底哪一个应当作为教育的根本出发点和落脚点。主张“社会中心”的，要求教育的价值取向集中于政治功能、经济功能和文化功能；主张“个人中心”的，要求教育的价值取向注重个人能力、个人的精神世界及个人的发展潜质的培育。

尽管李国豪并没有直接介入上述关于教育本质的讨论，但是，从他日常的教育主张和整个的教育实践来看，他的基本教育立场，就第一个争论焦点而言是倾向于面向“现实生活世界”的，就第二个争论焦点而言是崇奉教育的“社会中心”价值取向的。

李国豪实际上是将教育服务于现实生活及教育的社会经济功能视为实现社会发展的根本途径。

关于前者，可以在李国豪对待孩子的教育上直接反映，他曾在给几个孩子的信中一再叮咛："知识是活的，要灵活掌握运用，能在实际生活中用上一点，那就是成功的了。"[1]

关于后者，他在多种场合曾一再表示，国家建设落后的根本原因之一，就在于科学、学术、思想的不发达。因此，要推进国家发展，首先要提倡科学，发展学术，大学决不可忘了自身的本职：发展学术、进行科研。

在1982年的《在教职工代表大会上的报告》中，他特别强调："今后，(要把工作重点放)在(科研)提高方面，要把这个作为一个方向，我们的科研要联系实际，使科研成果最后可以实际使用，用于经济建设。要发展与上海市政建设结合的科研，很好地为上海市的建设服务。"[2]

正是基于上述对教育本质的认识，李国豪深入思索了当时高等教育发展的路径并进行了卓越的改革实践。

长久以来，中国大学教育的基本倾向是重视有体系的学科理论演绎，大学教育具有浓厚的学科主义色彩。大学教育的这一发展倾向当然使教育的博雅精神得到加强，教育的内在价值得到高扬。但是，这一发展倾向所带来的一个问题是，由于专门化学科取向的日益专精、单一，造成纯理论探索高高凌驾于现实之上，与社会实际严重脱离。教育一定程度游离于实际的社会生活和国家事务，直接服务于社会和国家的科技教育功能没有得到强化和扩展，工具价值没有得到激发和张扬，导致受教育者的所学与未来的所用脱节，这种状况在现代社会经济迅速发展的形势下显得日益严重，高等教育服务社会的理想显得苍白无力。

李国豪敏锐地觉察到这一愈来愈凸现的矛盾，遂主张将大学教育

---

1 程国政：《李国豪》，同济大学出版社，2013年，第301页。

2 参见李国豪《在新生开学典礼和职代会上的讲话》，档案号2-1982-XZ-27，同济大学档案馆。

的基本立足点建立于"致用"之上。他承袭传统的"通经致用"学风，认为读书务必形成实际的能力。从"致用"这一终极目的出发，李国豪对待教育，对待诸种科研，均以能否有益于实践问题的解决，为其取舍的标准。他在20世纪80年代总结土木工程科研与教学的总体情况时就强调："在选题时，规定研究课题都要有(实际)工程背景，或把工程建设中的带有普遍意义的技术关键问题作为研究的内容。"[1]

在李国豪看来，教育是传递社会生活、生产经验，实现老一代与新一代接续的专门工具，教育必须兼顾社会建设发展的需要，使科学技术由潜在的生产力变为现实的生产力，推动社会的进步。虽然以人的发展为中心是教育的目的，但要实现这一教育目的，则必须顾及社会建设的需要和发展，并以社会的建设需要和发展作为教育的基本手段。必须根据社会发展的需要培养人，促使人的智力、品质和能力的发展与社会的发展需要相适应。

社会和国家建设是伴随现代科学技术的发展而发展并随着科学技术的进步而进步的，创办大学就必须开设与国家建设相匹配的应用学科，就必须重视研究服务于国家建设的科学技术和培养社会需要的科技建设人才。教育必须适应国家建设和经济发展的需要。

李国豪认为，第一，进行与社会发展紧密关联的"科学技术教育"，培养与国家需求结合的科学人才，"用科学教育来解决国家建设面临的问题。在专业设置、课程设置、教材选编、具体教学中处处体现国家发展的宏观及微观要求"。[2] 第二，将先进的工程训练和工程指导系统理论，应用于国内工程建设之中。

正是基于经世致用的思想和务实的学风，李国豪构筑起"掌握科学技术""服务社会"的高等教育的根本认识。

---

1 程国政：《李国豪》，同济大学出版社，2013年，第186页。

2 参见李国豪在职工代表的会上和校系干部会上的讲话《同济大学工作报告》，档案号2-1980-XZ-85，同济大学档案馆。

李国豪认为，教育的本质集中表现在教育的作用上，教育的作用就是按一定的社会形式，培养一定的专业人才，为一定的社会服务。这种教育本质观的两个基本原则要求是：第一，教育既要谋个性之发展又要造就专业之技能；第二，教育既要为个人服务更要为国家建设服务。

“专业学习”与“服务社会”是李国豪教育本质观的两大组成部分。李国豪认为，“专业学习”的中心是强化科学技术的学习，“服务社会”的主旨就是为国家具体的建设服务。“专业学习”是高等教育存在的基础；“服务社会”是高等教育的归宿。在1980年10月由李国豪主持修订的《同济大学工作报告》中，他将这一教育本质观表达得淋漓尽致：“要把学校建成为既是教育中心又是科学研究中心。为了培养德智体全面发展的大学生和研究生并解决我国社会主义现代化建设中的科学技术问题，要整顿、提高老专业和老研究所、室，巩固、充实新设专业和研究所、室，提高、充实的关键在于开展科学研究，培养优秀师资。教师必须既从事教学又从事科学研究，既培养出优秀人才，又为发展我国的科学技术做出贡献。”[1]

教育必须以学习和研究科学技术为目标，必须始终以服务社会为根本宗旨。正是在此前提之下，李国豪坚持，大学的专业设置“务求是合于国家的需求的科学技术”，大学所培养的人才除了要掌握专业技能外，还要在精神和道德方面适合国家、社会和国民群体的需要，也就是适合为国家服务的诉求。大学在培养学生的过程中，应当根据社会需要和专业特点确定学制，突出实际的效用。如对同济的工程教育，李国豪就坚决要求，工程教育务必要扎根于实践。

李国豪一生的教育实践，都贯穿着这一为国家建设服务的教育本质观。这一教育本质观中所蕴含的科学技术发展与振兴国家建设相因的教育思想，是李国豪教育本质观的主要特征。

1　参见李国豪在职工代表的会上和校系干部会上的讲话《同济大学工作报告》，档案号2-1980-XZ-85，同济大学档案馆。

二、李国豪的教育目的观

教育目的是教育的出发点和归宿，是有计划的人为设计和一定的社会政治、经济要求结合的产物，教育目的最终体现着对培育产品的价值定位和根本的教育理想。在教育的过程中，教育目的的作用表现在，它是培养人的总目标或总要求，它不仅规定着把受教育者培养成为什么样人的根本性问题，还规定着教育的运行方向。

对学校而言，教育目的是学校教育工作的出发点，学校一切工作都是围绕着教育目的的实现组织与架构起来的。通过设定的教育目的，学校的课程计划、教育内容最终才能得以确定，而教育的效果也唯有据此目的的实现程度方能够得以检查和评价。大学的教育目的的实践意义在于，它不仅能够决定大学为什么而教以及应该怎样教的问题，而且还能够反映不同的大学欲达成的最终目标和最后的结果。

历史上，有关教育目的的构设基本上都摆脱不了两种经典的教育目的观的影响，一是“个人本位”的教育目的主张，一是“社会本位”的教育目的主张。

“个人本位”的教育目的主张，以个人价值为中心，根据个人自身完善和发展的精神性需要来制定教育目的和建构教育活动。它反对社会对个人的束缚，强调个人的自由发展，将人视为万物的尺度，主张教育的首要目的不在于谋求国家利益和社会发展，而在于发展人的理性和个性，使人真正成其为人（卢梭、纽曼、杜威等）。教育目的必须根据个人自身完善和发展的需要来制定，力求使人的本性得到最充分和最理想的发展，教育的首要任务是反对和拒斥社会对人的发展的干扰，因为有利于个人发展的教育就一定有利于社会发展，而有利于社会发展的教育却不一定有利于个人发展。

“社会本位”的教育目的主张，教育应以社会价值为中心，教育应根据社会发展需要来制定自己的目的和建构教育活动。个人的发展依赖于社会，受制于社会，人的身心发展的各个方面都靠社会提供营养，人的一切都从社会得来，完全的个人是不存在的，人之所以为人，只因他生活于人群中并参与到社会生活之中，个人不具有任何决定教育目的的价值。教育的首要任务就是使个体社会化，使个人适应社会生活，成为对社会有用的公民。教育过程就是把社会的价值观念或集体意识强加于个人，把不具有社会特征的人改造成为社会的人的过程（赫尔巴特、涂尔干等）。

虽然在实际的教育实践当中，纯粹的个人本位论者或绝对的社会本位论者其实并不存在，但“个人本位”与“社会本位”的价值选择及其二者的价值取舍却会极大地困扰众多的教育家，进而深刻地影响到具体的教育实践活动。

不同时期的教育家总是力图通过某种折衷把两种价值在不同程度上统一于教育目的和教育活动之中。在每个特定的历史时期，受具体的社会历史条件的影响，一些教育家是以个人价值为基点来实现二者的统一，一些教育家则是以社会价值为基点来实现二者的统一。

李国豪的教育目的构设，基本上是以社会价值为基点来实现二者的统一的。

在李国豪看来，究竟将教育的目的植根于个人的发展完善还是社会进步的需要，主要取决于社会文明生活的需要。人类生活不外两大方面，个人与社会。个人和社会是理解人类生活的两个重要组成部分，也是人类生活的两大基本内容。个人和社会的关系是互相促进，和谐包容的。个人是构成社会的基础，社会是个人赖以存在的条件，也是教育的重要资源。个人和社会是一个连续体，社会是个人的最终目标。

基于对个人与社会的关系的双重肯定，在构设教育目的这一大学管理的核心问题时，李国豪提出了许多极具价值的见解。

首先，李国豪充分肯定发展和完善个人的重要性，赞成教育以培养具有正确德行的理性的人为根本目标，指出教育当以培养人具有高尚的道德，培养人具有正确思维的能力和掌握科学的方法为己任。他“希望同学们思想好，学习好，身体好，……希望同学们树立信心，胸怀大志”。[1]

其次，从“社会本位”的价值取向出发，李国豪又积极要求教育为社会和国家经济的发展服务。李国豪对以往大学教育在这一方面的表现不尽满意。他认为，通常大学教育对受教育者的关注更多在于专业知识的学习，培养人才模式的典范是掌握知识，历来少有注意受教育者的实际能力以及掌握的知识与国家建设具体的需求度，人才评价的标准相对狭窄，带有浓重的学科主义色彩。现实中这种大学教育所培养的人缺少扶危救难之功，李国豪大力强调大学教育的目的要直接与国家建设需求紧密结合。

他要求大学教育要尽量向国家社会提供解决实际问题的建设人才，通过使受教育者获得面向工程实际的科学技术知识，直接服务于国家的生产行业。他明确指出：“希望同学们把自己的前途和祖国的命运紧密相联，投身民族复兴的伟大事业，为国家多做贡献。”[2]

再次，李国豪认为教育必须要培养“专才”。事事需材，除伦理道德外，更要有“专门之才”。故他主张高等教育应造就德行兼备、道艺兼通的具有真才实学的专门人才。

在同济大学的教育目的设定问题上，李国豪提出了详细的培养目标。

李国豪认为要使学生德、智、体全面发展，成为健全的社会有用之材。第一，要注重学生道德和思想，以养成高尚之人格。第二，要教授工程上必须之学理技术，注重实地练习，以养成切实应用之知识。第三，注重学生身体之健康，以养成勤勉耐劳之习惯。他认为这三个方面

1 周星增：《“我当名誉校长不是为了钱，是为了教育”》，载程国政：《李国豪》，同济大学出版社，2013 年，第 299 页。

2 同上。

缺一不可。

特别是在养成受教育者高尚之人格方面，李国豪极力主张教育要以培养学生会"做人"为目的。他在不同的场合反复强调，教育的根本任务就是为国家培养人才，其基本内容包括教育学生如何做人、如何掌握基础知识和业务能力、如何锻炼科学思维方法等。如果教育只注意培养人力而不注意培养人性，受教育者只懂得发展科技而不知善用科技，其后果将是相当危险的。教育的目的，不单单是要获得越来越多的关于世界知识的细枝末节，更一定是要去理解这个世界和生长于其中的我们的自身行为规范。教育学生应把教做人放在首位，在他看来，读书人之所以学习和做学问，其目的就是学习做人，在学会做人的基础上才是掌握专业，不学习做人就谈不上什么学问。他指出："做一个高尚的人，做一个对国家有贡献的人，树立这样的志向，对同学们的健康成长十分重要。"[1]

李国豪根据自己对教育任务的独特理解，提出了具有特色的培养人才的教育原则：最要紧的是有是非，最着重的是爱国主义，最关键的是学术。在学生培养上，他不仅要求注重实用，注重理论联系实际，更要求讲求道德，他一再表示，"学术不可不精，而道德尤不可不讲"。

李国豪之所以如此重视道德教育、强调"做人是第一位的"，除了源于他对重视品格陶冶和人格塑造这一中国古代优秀教育传统的继承和发扬外，更重要的是，他认为，"在校不能成为良好之学生，出校必不能为良好之公民"。因此，他始终把教学生学做人、做一个对国家和社会有益的人放在首位。

基于上述对教育目的的认识，我们基本可以勾勒出李国豪两个维度的教育目的观。

维度一：教育目的包含的范畴。在李国豪看来，大学在制定教育目

1　周星增：《"我当名誉校长不是为了钱，是为了教育"》，载程国政：《李国豪》，同济大学出版社，2013年，第299页。

的时，首先，一定要考虑国家的需求，唯有符合国家社会的未来需求，大学的教育才称得上是成功的。其次，一定要着眼于受教育者的未来。教育者要为受教育者的未来着想，教育者必须关心受教育者将来作为成年人的基本需求，大学必须为受教育者顺利地达到这些目的而事先做好准备。教育目的的制定应该考虑到明天的生活。最后，必须在受教育者的人格造就上致力，促使学生学会“做人”。离开了这几点，很难谈得上有好的教育目的。

维度二：教育目的构建的层级。李国豪将教育目的划分为三个层次。第一个层次，从受教育者身心发展的角度来考虑教育目的。制定教育目的务必要关注受教育者的身心发展特性。良好的教育和有智慧的教师必须尊重和顺应受教育者的身心特性，要尽可能保护受教育者的身心健康发展。第二个层次，要从社会生产的发展趋势和经济需求来考虑教育目的。应当根据专业分工和科学技术的发展状况来进行恰当的专业教育，在专业教育的基础上尽可能地培养受教育者多方面的兴趣，使他们将来能适应国家生产建设的需要。第三个层次，要从政治的角度考虑教育目的，实际上就是如何推进道德教育。道德教育是人类社会发展的一个永恒的话题。道德教育的目的就在于借助知识的传授，使受教育者能明辨善恶，陶冶意志，养成去恶从善的品德，从而为国家社会谋利。

表面上看，李国豪教育目的观的核心点亦是建立在与以往相同的重视道德教育、重视人格培养以及如何学会做人之上，似乎同中国传统教育历来强调的“建国君民”“化民成俗”，重道德伦理修养，以期实现贤者治国安邦的礼治道德教育类似，但实质上，李国豪所要求的学会做人，重视和提倡的道德教育，更强调的是服务于日常的社会活动与健全的个人生活，他所倡导的道德教育的根本目标不再局限于抽象的说教与宏大的目标，而是立足于培养适应于时代需求，掌握先进科学技术和专业知识的专门人才的基本品性。

李国豪的教育目的观具有多元化的指向。无论是他的道德教育目的观，还是服务社会的教育目的观，抑或是专业人才培养的教育目的观，都相当程度地显示了作为一个科学家及一个教育实践家的务实与睿智。

三、李国豪的高等教育理念

高等教育理念是人们对大学精神、大学性质以及大学使命的基本认识，是人们对待大学教育活动总的观点和态度，不同的高等教育理念，会深刻影响高等教育的发展走向。

不同的时期会有截然不同的高等教育理念。在高等教育发展的几百年历程中，在关涉高等教育的理念问题上，大致存在四种不同的大学理念模式：即人文主义大学理念，知识(学问)中心主义大学理念，社会本位(工具)主义大学理念和人本主义大学理念。

人文主义的大学理念产生于英国的古典大学，主要以牛津大学和剑桥大学为代表，以教养和人格最为重要。大学的本质和最重要的目标不在于知识和技能的训练，而在于人的德行、情操和教养的养成。教养比高深知识更重要。大学的陶冶价值高于认知价值。为达到这一目的，大学设置自由学科，实施普通教育和博雅教育，反对专业训练。

知识(学问)中心主义的大学理念产生于中世纪大学，形成于近代大学，以德国为代表。这种大学理念将知识和学问本身作为目的，认为大学的本质就是研究高深学问，探求和传播真理，它要求大学必须教授那些具有永恒价值的知识和学问，培养学生的理性和探索精神。中世纪大学的人文主义理念和近代大学的学问中心主义理念，遵循的是大学的内部逻辑。反对外部力量的干涉，固守学术自由自治。

社会本位主义的大学理念产生于工业革命后，大工业的发展要求大学为迅速变革着的社会服务，培养学以致用的实用型人才。追求知识和真理不是大学的目的，大学不仅仅要遵循知识学术自身的逻辑，更要体现国家、政府、社会、市场的意志和要求；大学不能只满足于求真，更要求用，而且求真是为求用服务的，以“用”为最终目的。大学要由政府来控制，由市场来引导，由社会来干预。知识中心主义的大学理念和社会本位主义的大学理念，实质上都是一种唯理性主义教育理念。前者是科学理性、知识理性，后者是技术理性和工具理性，归根到底是科学主义和技术至上主义。

人本主义的大学理念产生于20世纪初，它的信条是“存在先于本质”，反对理性和权威，反对传统的科学主义教育和工具主义教育，主张“人”的教育，重视人的价值，尊重学生的主体意志、主体精神、主体人格和主体选择。强调要把学生看成是一个完整的生命存在，强调学生的意志、直觉、感悟、体验、情绪、欲望等因素在其发展中的作用。

作为科学家的李国豪所秉承和坚持的，基本上是知识（学问）中心和社会本位的大学理念。虽然李国豪没有直截了当地表达他的这一理念，但从其有关的讲话和思想论述以及具体的管理主张中，我们还是可以窥见他的这一大学理念认识。

李国豪认为知识探究是大学的基点，大学作为高等教育的实施机构，必然要体现高等教育的逻辑起点——高深学问及有用知识的研究。大学要遵循知识自身存在的逻辑去发展知识、发现知识和构建新的知识领域，大学就是研究知识和发展技术以及探索新问题的机构，一切大学，不管它的形态表现和内容是什么，都必然要围绕着知识探究，尤其是以有益于社会发展为核心的科学研究而展开。无论什么时候，大学目的、大学课程的设计、大学指导思想，等等，最终都必须表现为对社会实际的关注和对大学科学研究的本真特征的突显，并以此来训练受教育者的思维和心智。

在积极倡导大学要遵循知识自身存在的运作逻辑的同时，李国豪还极为关注知识的外在实用价值，强调研究知识应该为解决实际的社会生活问题服务，主张以促进社会发展为探求知识的目的。他反对将大学的知识研究和知识的存在状态置于一种“产生—保存—传递—产生”的知识“内循环”中，而全力倡导将大学的知识研究置于“产生—保存—传递—运用—产生”的知识“外循环”之中。

李国豪在这里所谓的“运用”是指“对国民经济有价值”。[1] 尽管乍看起来，李国豪所倡导的知识“外循环”只不过是多了一个“运用”环节，但正是这一运用环节的加入，使得大学办学的运行方向在本质上发生了改变，并一定程度地反映了李国豪的核心的理念追求。而且，也正是这一环节的加入，使大学的科学知识研究不再是一种纯粹的学究式研究，而变成“为国家服务”的，进入了社会建设生产领域以解决国家工农业发展所引起的一系列建设问题的实际研究。大学必须作为知识产业的中心，大学应当成为实现国家目标的一个重要工具，大学不仅应当满足国家在大学生数量上的需求，更应当满足国家在重大建设事业日益扩大方面的需求。

基于上述认识，李国豪进一步提出了关于大学职能的定位。

首先，国家利益至上，大学的根本职能是服务于国家的经济建设。高等教育是整个国家事业的一部分，大学由国家主办、资助和全盘管理，这就决定了大学必须把国家事务放在重要位置。但同时又强调，国家利益至上并不是说由国家来具体地管理大学事务，由于受到德国教育的影响，他主张大学既要体现国家精神，又需保持其作为科研和教学机构的相对独立性，并将二者有机结合起来。

其次，大学的根本价值就在于科学研究的职能。李国豪曾在多种场合中指出，大学存在的最现实理由就是，在深入、广泛的意义上培植科学研究，并使这种科学研究服务于社会的发展和国家的经济建设。对李国豪这一理念有切身体会的俞载道（李国豪的第一任助教，我国著名的动力学及随机振动学者）曾回忆说：“见面共处没几日，他（李国豪）

1　程国政：《李国豪》，同济大学出版社，2013 年，第 160 页。

就对我说，作为一名大学教师，仅仅能‘传道、授业、解惑’还不够，还要培养过硬的科研素质，最起码要力争在大学毕业后5年内，科研起步并做出一点成绩来。”[1]

在上述大学的科学研究定位的基础上，李国豪还就发展科学和人才培养之间的关系给出了建议，提出了“由科学研究而达至训练”的教育主张。他认为大学的活动目标之一当然是发展科学研究，但其另一个功能目标还在于促进学生乃至全民族的科学修养的提升。科学研究虽然并不是为提升科学修养而刻意准备的，但它天然适宜于促进学生发展，大学在探索科学和研究的过程中既能够为国家建设服务，更可实现培养学生的目标。

李国豪并未专门去做高等教育学研究，也未刻意达成某种教育理念，但凭借其多年的一线教育实践和其科学家的智慧，他所形成的教育理念与教育史上著名的“威斯康星思想”有异曲同工之妙。

20世纪初，在轰轰烈烈的工业革命背景下，美国大学校长们改变了传统的“重学轻术”的倾向。他们把教学和科研活动延伸到课堂和校园之外的社会生活之中，建立了供师生观察实验和科研之用的各种基地，鼓励师生把掌握的知识及时应用到工农业生产实际，从而使大学的教育理念实现了里程碑式的发展。1904年，美国威斯康星大学校长万·亥斯提出了著名的“威斯康星思想”。这一思想的核心点在于，现代大学应当有两大使命：第一，帮助政府在全州各个领域开展实用科学和应用技术推广；第二，通过教学扩展帮助本州公民提高学识素养。

李国豪的教育理念一定程度上，与“威斯康星思想”中所包含的教育理念遥相呼应。

鉴于每一种教育理念的形成和发展取决于其所处的具体的社会环境和历史条件，换句话说，每一种教育理念的形成和发展都取决于当时

1　程国政：《李国豪》，同济大学出版社，2013年，第194页。

的大学自身变革与发展的需求，因此，要更为深入地理解李国豪的教育理念，或者说，要搞清楚李国豪之所以能够形成与“威斯康星思想”遥相呼应的教育理念，还需了解李国豪教育理念形成所依赖的具体的内外部环境条件。

大致说来，李国豪教育理念形成的内外部条件包括三大方面。

第一方面，早年的同济学习、助教活动与德国留学体验。同济大学的德国体制，德国大学对知识本身的关注，德国大学对科学研究的执著追求以及德国教育多元化的充分发展，德国大学教育的教学科研层次分明和职能各异，它所体现的现代世界大学教育改革的走向，给李国豪教育理念的形成提供了基本养料。

第二方面，对苏联经验模式的吸收与反思。新中国成立之后，我们全面学习苏联经验，在教育方面，过度夸大高等教育要为社会政治服务的功能，按照苏联的模式建构中国高等教育制度(诸如院校大调整，单科大学的创建，学科专业的划分等)，把高等教育看作是政治工具，对高等学校实行高度集中的统一计划管理(高等学校在招生、专业和课程设置、人事安排、学籍管理等方面完全听从于政府的行政命令，大学自身的自主权完全被剥夺)，使高等教育沦为政府行政机关的附庸。这种全面学习苏联所取得的经验教训，为李国豪教育理念的形成提供了有力的反向参照系。

第三方面，新时期高等教育发展的急切呼唤。文化大革命结束后，百废待兴，国家建设急需人才，而大学的传统遭到严重的破坏，大学的发展又面临着新的困惑。整个社会迫切需要探索新的大学发展道路，这一现实的压力给予了李国豪教育理念形成的内在动力。

正是在上述内外部环境条件下，在充分运用其实践智慧的基础上，李国豪构建了他的引领大学迅速前行的富有特色的教育理念，既不忘经典的大学研究走向，又极力倡导大学服务社会的职能。

李国豪的教育理念并不仅仅作为一种自身行事的指导观念，在其非凡的人格魅力和卓有成效的工作作风影响之下，他个人所秉持的办学理念竟不期然地转化为他的团队的办学理念，进而成为同济大学的共同理念。

四、李国豪的教育国际化思想

在中国讲国际化，特别是教育国际化，必然面临着一个棘手的问题，即中西文化的融合问题，换言之，就是西方文化的中国化问题。这不单是一个文化移植的问题，更是一个事关国家民族前途的问题。

作为一名不遗余力倡导教育国际化的教育活动家，李国豪当然不得不直面这一难题。

20世纪70年代末，中国迎来了历史性的变革，在历史转型的关键时期，李国豪以其特殊的地位和影响力，特别是以其卓越的智慧和眼光，以其对中西文化的深刻认识以及基于其解答理论与现实问题的超凡勇气，通过艰苦的努力，成功地化解了计划经济时期遗留的巨大的文化观念障碍，开辟了以中德合作为典范的中西文化交流道路，将同济大学顺利地推入了国际化的进程。

李国豪认为，同济大学要大发展，必须插上国际化的翅膀才能飞得更高更远，而这一国际化翅膀就是同济大学的德国传统。在新时期，同济大学需借助与德国的合作步入新的征程。

1978年，李国豪为了推进教育国际化，大胆地把他的一些研究助手派往德国、美国进修。在当时百废待举、学校正急缺教学科研人手的情况下，把最得力的助手派出去进修，这不仅需要有排除万难的决心，更需要面对现实工作的阻力。他曾说："我当时是咬紧牙关，顶住压力才派他们出去的。"

为了加速同济大学国际化的进程，他还在修订同济大学的新的发展计划时，提出要直接聘用德国教授。

除了不断派遣教师出国进修外，他还十分重视开展国际学术交流。

他认为只有博取百家之长、广求世界知识，才能使学生放宽眼界、开拓心胸、广纳人类无限的知识和智慧，所以他每年都邀请多位国内外著名学者来校讲学或演讲，希望借此使同济师生沟通中西，放眼世界，获得唯真是求、唯美力修的素养。

李国豪大力推进教育国际化的努力，很快就有了超值的回报。不仅同济大学的校风、学风为之一振，两年后，他的研究助手陆续学成归来，亦个个都成了振兴学校科研的骨干力量。其中，徐植信教授成了抗震专家、副校长；项海帆教授成为风工程专家、中国工程院院士；石洞教授成了桥梁电子计算机辅助设计(CAD)的专家……

今天，教育国际化已得到较充分的发展，国外教育资源在我国的作用和地位已不可小觑。但在20世纪，人们的观念并非能够接受。李国豪当时所倡导的学习德国在中国教育早期的现代化进程中影响极大，他力主高等教育全面开放，不仅给“大一统”的僵化的计划经济打开了一个缺口，为西学在中国的传播和发展争得了一定的合法地位，使文教领域向西方学习在当时成为可能，更重要的是，由他所发起的中德校际之间合作起到了开风气之先的进步作用。

关于李国豪教育国际化的思想，概括来说，主要表现在以下几个方面。

首先，相信教育国际化是教育发展的共同趋势。李国豪认为，知识无国籍，科学无国界，中华民族欲使自己的民族文化永立于世界之林，必须去陈布新，融合中西，创造和发展新的文化。他坚信教育国际化是世界物质和精神生产国际化的必然结果，是不可阻挡的大趋势。从某种意义上说，教育国际化表征的是世界各国教育发展中带有普遍规律性和鲜明时代性的共同趋势，是人类教育文明成果的集中体现。如果一个国家教育的现代化离开了国际的大背景与大趋势，就不可能实现真正意义上的现代化，而只能走到闭关自守、僵化不变的老路上去。世界各国教育现代化的历史经验表明，没有哪一个国家是在完全独立的情况下取得现代化进展的，世界各国之间教育的交流、借鉴、吸收与融合已成为常态。所以像中国这样的“后发型”国家，必须向欧美这样的“早发型”国家学习其具有先进性的东西。

其次，指出了大学进行国际化战略发展的任务。李国豪强调，在学校战略规划中，国际化应当成为一个关键性问题。大学在教育国际化发展中，当努力完成这么几项任务：第一，努力使本学校在国际高等教育事务中发挥一定的影响，产生一定的作用；第二，努力培养具有国际眼光，并为本国发展所急需的尖端人才；第三，大力发展国际高水准交流与合作。为达到此目的，李国豪提出了强化国际内容的教学，使高等教育制度、教学与研究具有国际通用性和开放性，扩大接受外国研究人员的范围，进一步加强国际学术交流等政策性主张。

再次，在教育国际化中主张拿来主义。李国豪一再提出要用扬弃的方法，介绍和引进德国文化。这种坚持“破”与“立”相结合、继承借鉴与开拓创新相结合的中西文化教育观，既不同于“全盘西化”和文化复古主义，又有别于“中国文化本位”论和文化折衷主义，显示出中国新时期杰出知识分子的成熟的中西文化教育观。

最后，主张积极发展留学教育。早在德国留学时期，李国豪就切身地体察到了西方科学的先进，受到了极大震动。进入学校决策层后，作为务实求真的实干家，李国豪极力主张通过留学教育加快学习西方科学技术的步伐。他不仅对留学教育倾注了非凡的热情，诸如积极出谋划策，构想留学方案，组织实施赴德留学，支持留学事宜等，还大胆重用学有所成的留学生，保护留学成果并厘定同济大学的留学政策。

李国豪具体的留学教育思想大致体现在以下几点。

第一，针对国家的需求发展留学教育。留学教育必须以促进本国的教育，特别是高等教育的发展为目的，强调派遣留学生要根据国家的需要，即首先要考虑国家建设和教育发展的需要。

第二，重视留学生的培养及选拔，强调作为一名留学生必须要肩负起推动科技建设的重任，要求学生必须要志存高远，要有良好的个人品质。为使留学教育取得较好的成果，要求选拔资质聪颖且能担重任的学生留学。

第三，要求严格管理留学教育，奖惩分明。

第四，强调留学教育的基本原则，要求理论联系实际，学以致用，学用结合。

第四章　李国豪教育思想的核心要素：学生、教师与德育

在长期的教育一线实践中，李国豪始终关心教育理论的变革，积极学习先进的教育经验。在教学科研的同时，他也一直在思考着大学究竟怎样办才能促使学生真正发展、教师人尽其才等这些关乎教育发展规律的关键问题。他在这方面的言论、主张和实践尽管并不十分完整对应，却仍然构成了较为系统的、有着丰富内涵的教育思想。

李国豪教育思想的核心要素主要包括：关于学生的认识、关于学习的见解、关于教学的理解、关于教师的评价以及关于道德教育的把握。

一、李国豪关于学生的认识

关于学生本质特性的认识，是教育思想发展及变化的一个最为基础性的元素。它直接导致内容及方法迥异的教育思想。对学生本质特性的认识通常源于基本的人性观，即对人性的基本看法。

作为科学家的李国豪很少就人性展开讨论。不过在他的《思想日记》中，还是能够找到他对人的本质特性的基本判断。归纳起来，有以下几个方面的基本认识。

第一，人是理性的、道德的以及追求理想的综合体。理性是人性中的一种基本特质，人性中除了认知、辨别、追求真理的特点外，还有追求理想、追求善的欲望。人的一切理智性活动，实际上都一定程度地是和对理想的追求及努力实现理想目的的行动相连贯的。人不只是上述的理性动物和追求理想的动物，人同时还是实践道德行为的存在者，人还

有极其珍贵的精神追求。而这种更高境界的精神追求恰恰是人性中最为根本的一个本质特点。人的活动并不完全由物质条件决定。人的意志以及情感的作用及其他非物质的欲求,体现着精神的另一面。

除了在《思想日记》中多次提及对人的本质特性的认识,李国豪对人性的认识还见于给儿子李乐曾的信中:“我是快走完生命途程的人了,在某些人看来,出游过西欧各国,当了几十年大学教授,甚至大学校长,还有学部委员等等,也许是可羡慕的。但是,我现在回顾、总结将近结束的几十年途程,感到空虚、不满足。”“我以为正确而有意义的生活是:不计较工作的地位、待遇和前途,但求工作的意义,努力做出一些切实有益于劳动人民和促进社会发展的事来。”[1]“你们孩子们都衣食无忧,要趁此年青时期刻苦学习,争取将来能为人民多做一些事。……希望你的眼光不要局限于目前的环境,排除那些追求个人舒适生活和工作的思想影响。”[2]

第二,人是一种可教的动物。同历史上的著名教育家一样,李国豪认为在人的一生发展过程中,只有经过恰当的教育,一个人才能成其为人。因此,凡是教育都应该充分地引导人、培育人。认为人的可教性是存在的,也就是完全相信人是可教性的动物,所以,教育人其实就是帮助人开始一种改变,是一种“形成”的过程。就是将自然属性的人逐渐转变为具有道德属性和社会属性,进而再推向理想属性的真正的人的过程。教育是唯一使人成为人的事业。

李国豪对人的可教性认识,实际上来自对人的学习能力的充分认识。他几乎无时不在强调学习的重要性。他在1955年的工作日记中写下:“一、工作任务:担任一班钢桥设计的指导和讲课;做好专家工作;调整教务处工作,建立科学研究处;指导焊接和斜桥梁排的科学研究;写一篇关于弯扭转出的新论文。二、学习任务:学习联共党史并阅读有

---

1 程国政:《李国豪》,同济大学出版社,2013年,第307页。

2 同上,第308页。

关列宁的文章；阅读新出版的《斯大林选集》和《毛泽东选集》；提高俄文水平，要求熟读《俄语教科书》并阅读一本进一步的文法书；阅读苏联桥梁建筑方面的参考书，以提高指导课程设计的质量；结合科学研究，阅读焊接、斜桥理论和弯扭转方面的书。”[1] 而在1972年4月5日写给儿子李乐曾的信中更是写道：“要抓紧，抓紧，再抓紧！学习，学习，再学习！”[2]

第三，每个人都具有学习的能力。这是中国传统教育思想（孔子“有教无类”思想）在李国豪身上的体现。每个人都能够通过学习而成为一个真正的伟大者。人之所以为人，在于人具有认知善恶的能力，具有经过学习而辨别真伪优劣的能力。正因为人有辨别善恶的能力，有习得更多才能的能力，才能摆脱物质因素加诸个人的种种约束。换言之，人类一切文明成果都是人学习的结果，都是人掌握科学知识的结果。因此，从科学技术的进步以及社会文化演进的观点看，学习是使人类社会得以绵延发展的根本保证，也因此，人应该每时每刻投身于学习以提高自己。

第四，人是社会的、政治的动物。虽然个人与个人之间必然有一定差异性，如体质、习惯、爱好等，但是，人与人之间更有根本的类似性和共通性。基于这种共通性，人才有共通的社会生活。共通的社会生活不仅需要互助与合作，更要有共同的生活理想与生活目的。这种共同的生活理想与生活目的一定程度上就是政治，所以人必然的是一种政治的动物。鉴于人本性上是社会政治的，因而人要生存于社会，就需要政治、道德素养。良好的政治、道德素养以及理智习惯的养成，是帮助每个人充分地融入社会的基本途径。李国豪能够在文化大革命中表现刚毅，更难能可贵的是在文化大革命后斗志昂扬，以及晚年对国家社会发展的倾情关注无不是基于上述对人的本质特性的认识。

---

1 参见《思想日记》，档案号2-LGH-RW-11-6，同济大学档案馆。

2 程国政：《李国豪》，同济大学出版社，2013年，第308页。

正是基于上述的人性观，李国豪形成了他的基本的学生观。在“人是社会的、政治的动物”以及“人是一种可教的动物”的认识基础上，他把学生看成自己的朋友，平等地去对待他们中的每一人，他坚信，只要真正地爱学生，学生就会愿意接受教师传授的知识。相反，教师如果对自己的教育对象缺乏情感，把自己凌驾于学生之上，动辄训斥，或以学生家长的地位高低来划分学生的优劣，则很难使学生喜爱他所任教的课程。在教学过程中，李国豪注重与学生接触，进行情感交流，从学习、生活各方面去关心他们，让学生首先从心理上接受自己，有了这种融洽的师生情感作为基础，学生自然就会“亲其师，而信其道”了，达到教与学的共鸣，收到良好的教学效果。

有一则处理一名犯错误的学生的例子，[1]生动地反映了李国豪的学生观。有一次，李国豪听说一名姓张的学生从珠江口偷渡去香港，途中经过激烈的思想斗争，又及时折返学校的消息。他听后既痛心又高兴，自忖学生出了问题，校长也有责任，随即让工作人员约姓张的学生马上来校长室谈话。

张某同学听到校长唤他谈话，心立即像沉到水底一样冰冷。

可是，李国豪温和地说道：“你的情况我知道了，你当时是怎样想的？”张某忐忑的心稍微平静下来了。

他痛苦地诉说了途中的思想斗争及至他反悔回校的思想经历。他忍着泪水忏悔：“校长，我错了，我犯了严重错误，我对不起您，对不起学校和同学们，请您处分我吧……”

李国豪像平时一样和颜悦色地说：“迷途知返，这是值得欢迎的。你应该永远吸取这次教训，专心学习，对社会上的某种风气要加强鉴别、分析能力，随波逐流是没有出息的。听说你读过一些美国历史书，我希望你也读点中国的历史书，尤其是中国近代史，了解中国的解放是

1 参见代琇、庄辛：《一片丹心化彩虹——记桥梁力学家李国豪》，同济大学出版社，1997年，第82-85页。

来之不易的，我们前人的各种政治主张、各种道路都走过了试过了，最后才明确认识到只有社会主义才能救中国。一个受过高等教育的大学生更应当热爱培育自己成才的祖国呀！”

在校长办公会议上，有人主张为了消除该生对同济大学的恶劣影响应从严惩处；有人主张对迷途知返者应从轻发落；有人主张此风不可长，必须利用这一事件在全校大张旗鼓地进行批判……会上，李国豪对张某的行为作了细致而全面的分析：张同学从小失去母爱，学校理应对他给予更多的关怀和爱护。最重要的是根据调查反映，张同学在校时一贯表现还是比较好的，学业成绩也不错。这次是初犯错误。特别值得注意的是，他最后战胜了自己，迷途知返，还主动向学校作了坦白交代，检查也比较深刻。所以，从教育青年的角度出发，李国豪建议免予处分，以教育为主。

李国豪还提到：“现在的大学生和我们是两代人，两代人之间自然有‘代沟’。我们一直都在研究桥梁问题，我觉得在两代人的心灵之间，也应该架设一座相通的‘桥梁’，多一分理解，要正确地引导学生、教育学生，首先要让青年人信任我们。”李国豪入情入理的分析，感动了与会的同志，因而免予处分的建议得到了大家的赞同。

基于“人是可教的”以及“人是理性的、道德的以及精神的存在”的人性观，除了上述对学生的理解“宽容”之外，另一方面，李国豪对学生的健康发展还有极其严厉的一面。

李国豪对学生要求十分严格，这在同济是出了名的。一次，一个学生在教室里做功课的时候，一边绘图一边口里哼着歌曲，正巧被李国豪撞见，他当即向全班同学严肃指出，这是一种不全心投入的态度，应引起注意，加以纠正。

他不仅对学生管理严格，一丝不苟，就是对教师也极认真。有一位教水文学的教授，不留心把德国莱茵河畔一个城市的德文字母写错了，李国豪在课堂上立即加以纠正，一点不讲“情面”，杜绝对学生的误导。

正因为他如此严格，治学一丝不苟，事事留心，同学和教师们都十分“畏惧”他。也正因如此，学生们对待功课都毫不马虎，扎实学习，扎实实验。同济大学历年来保持良好的学风，应当说与李国豪所倡导的“严字当头”不无关系。

除了热爱、关心以及严格要求学生之外，构成李国豪学生观更为重要的一个部分还有李国豪的人才观。

重视人才是李国豪学生观的一个出发点。李国豪对人才在国家建设中的重要作用有极深刻的体会，他认为人才是任何一个国家技术成功与国家富强的重要保障。

李国豪在教学之余，常对人说：“培养人才要不遗余力，也要不怕担风险。”他是这样说的更是这样做的。

1957年，反右斗争如火如荼。李国豪的一名成绩突出的研究生、年轻的共产党员项海帆，被划成“右派分子”。眼见这个思想活跃、业务学习基础坚实且极为勤奋好学的好苗苗将遭到摧残、抛弃，李国豪深感惋惜，但是他作为校长，不便正面为自己的学生分辩，只好将大量的研究工作压在项海帆身上，让项海帆到自己研究小组工作。这在当时极有可能被人套上“包庇右派分子”“丧失阶级立场”之类的黑帽子，是冒了大风险的。

当时，关心李国豪的人也都暗暗为他捏了一把汗，但是爱才若渴、独具慧眼的李国豪仍然以他坦荡无私的胸怀、高瞻远瞩的眼光，认定项海帆是可造之材，同时他也坚信自己一言一行都是一心为公、光明正大的。

项海帆在李国豪指导下，讲授选修课和辅导课，其后独立主讲“桥梁结构与稳定”等课程，成绩斐然。李国豪曾旁听他的课，看到他备课充分，讲解条理清晰，且以逻辑性强见长，不禁大加赞赏。

后来，项海帆终于摘掉了右派“帽子”。1978年，李国豪组织成立结构理论研究所，项海帆成了他的得力助手，参加编写《结构抗震动力学》专著。随后李国豪又推荐他赴德进一步深造，学成后仍回学校任教。

再后来项海帆在其长期从事的桥梁结构振动、抗震，尤其是风振的研究方面，取得了突出的科研成果，并于1995年光荣当选为中国工程院院士。

慧眼识英雄，李国豪之识项海帆，恰似当年德国达姆施塔特工业大学的克雷帕尔教授识中国青年学子李国豪一样。应该说李国豪在乌云密布中，冒着自己戴"帽子"的危险，大胆保护项海帆，其精神难能可贵，其惜才、爱才之心光可照世。

二、李国豪关于学习的见解

作为科学家与教育家的李国豪在其长期的教育实践活动中，通过具体的教学实践，对学习的内在要素进行了别具一格的探索，并一定程度上形成了自己对学习的独特理解。

李国豪认为，学习并不是生长过程中自然而然的事情，学习是个体主动活动的产物，不是被动意义的再生产。由于认识到学习建立在个体积极主动的活动基础之上，学习结果是个体自身努力的产物，是学生力量具体的显现，因此，受教育者自我教育和自我实践对学习的促成具有重大意义。

李国豪对于学习的独到见解包括以下几个方面。

第一，学习贵在"自得"。在教育的过程中，真正学到许多真实有用的知识和本领实际上是要通过"自得"。而要"自得"，便绝不能做"思想的懒汉"，他在40年代做系主任时，就要求学生咬牙掌握基础课程，在后来做了校长后，更是"严令"研究生和专业教师必须将图书馆的专业书籍和专业期刊一本不落地研读。

"自得"是中国传统的教育观，先秦儒学的核心教育观便以"自得"为尊。李国豪继承和发扬了儒家的这一传统思想，将"自得"扩展为现代意义的深入理解和意义的自我构建。

所谓“自得”，也就是学习贵在消化，基于自我认识的基础上把握要义，并转化为自己的知识。李国豪强调要通过深入的理解，用自己的认知结构去同化知识，并转化为新的认识结构，这种主客同构的自我构建思想，正是当今知识爆炸时代新的教育理念。事实上，李国豪的“深入理解和自我构建”的学习观，更多的是给我们展示了一种学习的方法论。

要真正获得“自得”，也就是要真正获得“深入理解和自我构建”，达到内化知识，就必须要做到“眼到、口到、心到、手到”，特别是“手到”。所谓“手到”实际就是指动手实验，“手到才有所得”，只要通过动手实验，才能真正把平常所接触的东西内化成自己的思想。李国豪一向重视“实验”的根本原因就在于此。李国豪一再指出，要使你所学习的东西变成你自己的，最有效的方法就是亲自动手。凡事都必须经过实验，才能判断其真假；在学习中，学习者不只是要独立思考，还应当重视事实的依据、实践的检验。只有这样，学习者才会避免主观臆测，从而获得真知灼见。同时，也只有在动手和实验的过程中才能真正展开属于人的本质的丰富性，才能确证和实现人的本质力量。

从更深一层说，为了获得“自得”去实验动手，还是一个再创造的过程，而创造是思维中最难的一种，通过实验动手来培养学生的创造性思维，这其实也是李国豪对工程教育把握的深刻之处。

第二，自学是最重要的学习能力。李国豪指出，要特别注意养成自学的良好习惯，即，要养成主动寻求知识和熟习技能的良好习惯。他曾对学生项海帆说：“研究生主要靠自学，老师讲课只讲一些重点和难点。”他在晚年谈到如何培养好的博士生时特别强调：“我不赞成博士生在研究中一有困难就找导师，我倒希望博士生自己遇到‘困难’‘烦恼’时，自己去解决，去克服，这样他过后感到是一个锻炼。……把着手来指导研究生的方法，我认为对硕士生就不允许，博士生更不应该这样。”[1]

李国豪要求每个人都必须养成一种良好的自学习惯，每个人都应该活到老，学到老。在学校里学习有老师指导，但人的一生在学校里度过的时间只占一小部分，大量的时间不是在学校里。走上社会工作岗位之后，主要应靠自学。通过自学而掌握的东西点点滴滴在心头，往往更有利于指导自己的工作和生活。学生在学校期间一定要努力学会自学的本领，养成自学的习惯。只知道捧着课本死记硬背是没有用处的，至多只能应付考试。学会了自学的本领，养成了自学的习惯，将来离开了学校，才能在工作和生活中不断地自我充实，自我修养。自学的好习惯不应该等到离开学校之后才去培养，必须在学生时代就养成，而且越早越好。

李国豪认为，自学能力和自我教育能力是受教育者成才的两个基本能力，它们不仅对受教育者其他能力的形成有自我造血功能，而且起着巨大的驱动力作用。培养受教育者自学能力及自我教育能力，不仅是教育的基本任务，更是现实生活的需要。一个人在学校中进行系统学习的时间是相当有限的，毕业之后剩下的大部分时间都要依靠自学来逐步完善自己的知识结构和能力结构。而出了校门之后在广阔的社会生活中，人们也要依靠自我教育能力来进行一种自我约束，这同时也是人与社会和谐共处的一个基本要求。所以李国豪在教育实践中时刻不忘发展和提高学生这两个能力。

自我学习能力中既包括智力因素，如观察力、思维力等，也包括非智力因素，如情感、意志、动机等。良好的自我学习能力，不单能够直接地解决大脑的操作技术问题，使学习变得更加有效，而且还能够解决大脑的动力机制问题，使学生能够不断地自我督促、自我超越，形成自发的主动式探究学习。自我学习不仅仅是人们成才的一个必要手段，而

1 李国豪：《谈谈怎样培养好博士生》，《同济教育研究》，1987 年第 1 期。

且更是伴随人们一生的生活方式。自我学习不仅包括在他人引导下的有计划、系统的学习，还包括个人自主确立学习目标，进而广泛涉猎的学习。由于自我学习源于内心的需要，有着强烈的动机倾向，所以它是一种自我完善的根本能力。古今中外，事实上，无数的优秀人物都是靠自学成才的，如爱迪生、华罗庚等。

而自我教育能力是指一种自我约束、自我管理的能力，是更为重要的一种能力。自我教育能力能够为自主学习提供精神支持和保证，能够真正地调动每个学生内心深处的愿学、能学的积极因素，使他们积极主动地学习。学生拥有了这种能力，就能在离开老师的情况下同样受教育，而且态度更积极，认识更深刻，行动更坚决。一个人接受一种约束、一种管理，都必须经过从他律到自律的一个过程，并最终锁定在自律上，自律是最有效、最稳定的一种状态。一旦自我教育能力形成，就必然会取得巨大的学习成果。

第三，学习须达成全面与精深相结合。所谓全面深入，也就是说学习要达到“十分之见”，在学习中务必要巨细毕究，本末兼察，不能挂一漏万。只有将事物的古今沿革，来龙去脉都弄清楚，才能称得上是真正的学习，才能达到深入认识，也才能谈得上有真正的收获。

所谓准确精练，是指对概念范畴的通透清晰，它是达到“十分之见”的基础。准确就是要察尽事物之分理，精练就是要摆脱干扰变量。只有这样，才能避免“察之昧”，才能“思之贯通，不遗毫末”，最终达到“致其知”的目的。

李国豪认为，历来学习博难、精审亦难。更普遍的是务博不务精，使博流于空泛，他特别强调学习要专精，应“贵精不贵博”。与其大略知道十门似是而非的学问，不如真正精确地去把握一门，这样才能真正地去服务社会。

李国豪在长期的教学实践中还总结出诸多的学习原则与具体的学习方法：要继承孔子“学而不思则罔，思而不学则殆”的优良传统，要求学思结合。学习必须踏踏实实，循序渐进，反对浮光掠影摆噱头，反对“突击”，在学习上如果浮光掠影，只能是自欺欺人，而一味追求速度，则也会欲速不达。

三、李国豪关于教学的理解

李国豪认为，中国以往的大学教学，虽然在实践中积累了丰富的经验，提炼出许多的教学智慧，但从总体和根本上讲，教学方法却存在着硬性灌输、脱离实际、死记硬背等痼疾，教育方法呆板，理论与实践脱离。随着时代的迅猛发展和知识的增长速度加快，传统的以传授知识为主要内容、以大量记忆为核心的教学方式已经很难适应新的形势(首先，学生们显然无法记住如此多的内容；其次，学生们辛辛苦苦记住的大量知识往往由于知识的更新速度加快，几年后所学习的知识便变得陈旧)。为此，必须将教育的重点从传授具体的知识转移到培养学生的分析推理、解决实际问题的能力上。

他在教改的日记中写道，“学制、专业设置、课程、教材”必须“少而精”。[1] 他说：“对于专业课，争取到工地、工厂、设计院、现成建筑物场所参观、访问、蹲点，参加劳动，请老工人和技术员作报告来学习；对于基础课，当前首先要恢复各专业肯定需要的实习、实验课，例如测量实习、金工厂实习、建筑材料试验、电工试验等。”[2]

在课堂上，教师也不宜再一一宣讲所有的内容，而应选择有代表性的重点和难点，通过共同的分析使学生自己经过“迷惑”“钻研”后去掌握处理问题的方法。

特别是在研究生教学上，他一再强调：“研究生要靠自学，老师讲课只讲重点和难点。”[3]“改革研究生的培养计划和培养方式。过去研究

1　程国政：《李国豪》，同济大学出版社，2013 年，第 90 页。

2　参见《思想日记》，档案号 2-LGH-RW-11-4，同济大学档案馆。

3　程国政：《李国豪》，同济大学出版社，2013 年，第 89 页。

生的培养，要求读的课程太多，并且用大学生上课的方式；在科研上，导师指导的也太多，这样不利于培养研究生的独立工作能力，要改进。”[1]

我国以往的大学教学中，教师只知将专业知识如数传授给学生，而学生终日呆坐，诵习记忆，既不能实际操作，也不能解决问题。这种教学最大的问题就是忽视了学生的能动作用，违背了教与学的基本原则。应当发掘学生的能动作用，让学生充分发挥自身的能量，培养学生的自学能力，这是教学的基本准则。

正是基于此，他极力提倡学生自主学习，而教师要完成的最大任务是起到组织者和引导者的作用。在具体的教学活动中，他提倡学生的怀疑意识和批判精神，鼓励学生真实、自然地表达自我，突出学生的自我意识。无论是工程的教学还是桥梁的教学，他都提倡用“看书”代替“讲解”。让学生通过自己阅读来获取知识，充分发挥学生的自主性和主动性。鼓励学生自备工具书，让学生通过查阅相关资料来协助自己学习。在课堂上主要采取自由问答、自由讨论的形式，这种讨论的氛围促使学生积极主动地学习。尽量发挥学生的自主性，“令学生自己出题目”，让学生相互讨论、改进学习中出现的问题。这种自主学习方式的倡导，意味着他将学生看成真正意义上的人。他认为学生是能自主学习和思考的人，而不是被灌输现成知识的工具。他相信学生们有潜在的巨大的学习能力和创造力。

在教学的思考上，他用力最多的是探索如何唤起学生的学习兴趣。而要唤起学生的学习兴趣，最重要的就是要有好的教学方法和好的教材。因此，他除了在多种场合阐述他的教学方法外，还结合新的要求编写了教材，他不仅自己编写教材，还精辟而系统地阐述了关于教材编写的观点，在理论和实践两个方面为我国现代工科教材的建设做出了杰出贡献。

1　参见《李国豪75周年校庆前教职工代表大会上讲话》，载程国政：《李国豪》，同济大学出版社，2013年，第137页。

在李国豪的教育思想中，他对“教学”的理解最独到之处就在于：教学实际上是促进学习的一种方式，教学在根本上是帮助学生“查地图”，而不是直接带学生到目的地。他始终强调教师的责任是提供影响学习者的一组事件，这些事件是居于学习者之外的，体现在教科书和教师的对话之中，当这些事件组成了所谓“自我学习”的活动过程时，就完成了一个有效的教学事件。具体地讲，就是在充分考虑到学习的内部条件（可供学习者存取的长时记忆的内容及其相应的认知过程）和外部条件（来自学习者环境的相关刺激）的基础上，依据学习过程的阶段，安排教学的事件目标和任务，让学生自我激活、自我维持以完成学习的内部过程，从而促进有效学习的发生。他的得意弟子项海帆曾回忆说，成为李老师研究生后听到最多的教诲就是，研究生主要是要靠自学。“老师还讲了他自己的经验：在德国时每访问一个陌生的小城，他都先找一份地图，按图走遍大街小巷，很快就熟悉了，研究学问也一样。”[1]

就教学的实际展开来看，李国豪就是这样做的，他采用启发式教学，注重原理、基本概念的导引，在把握原理、概念的核心规范后，要求学生进一步自我探究。开始时，学生并未感到有特别大的收获，但过两三年后，他们才体会到基础、概念都非常清楚了，受益很大。

李国豪认为不宜让学生负担太多，主要要求他们掌握学习方法。他打了一个比方说：“你去杭州游玩，如果有人带你去，觉得很省力，什么景点都看到了。可是，下一次如果你一个人去，可能路都不会走了。如果有一张地图，照着地图去找名胜，第一次很吃力，但下次再去，就会觉得熟门熟路了。对学生就应该给他一张地图，而不是做他的向导。”

为了促使学生形成良好的自主学习方式，他一再强调教师的教学方式必须要发生变化，教师必须扮演好组织者和引导者的角色。

李国豪依据自身的多年教学实践经验建议：首先，教师要完成双重

1　程国政：《李国豪》，同济大学出版社，2013 年，第 157 页。

组织。一是组织教学内容，针对学生的情况和教材的内容，给出学生每次自学的内容，或以一个章节为主，或以一个完整的工程为主，教师可以自主处理教学内容。这既是给教师选择教学内容的自由，也是对教师鉴别能力的考察。二是组织学生讨论。课堂上多用讨论，少用讲解。教师指定讨论的内容和分量，根据不同的材料指出讨论的论点，针对学生的讨论做出适当的引导，这就需要教师具备相当的组织能力和知识水平。其次，教师要成为引导者，教师不要给学生灌入固有的知识，教师应只做学生求知路上的引导者，承担补充改正的义务，注意引导学生对工程学科的兴趣。

不仅如此，李国豪还特别要求通过阅读文献培养学生敢于质疑的精神，他提倡学生应当学会批判式阅读方法。

依据自己的研究体会，李国豪鼓励学生，在大量阅读文献的过程中，要敢于大胆地推翻长期积淀下来的附会的见解，用科学的眼光重新解释，推翻陈见，用自己的眼光去重新评判，采取批判式的阅读方式，而不是欣赏式的。

所谓批判式的阅读，就是先“质疑”后“解疑”，即阅读时带着怀疑的眼光对问题的内容及观点等提出疑问，然后根据翔实的资料做出一个合乎情理的解释。这是一种典型的发现式的阅读取向。在具体实施上，他要求凡读书皆在自修中进行，课堂时间主要用于讨论。自修的过程就是学生产生疑难的过程，即“质疑”的阶段。这一阶段是阅读的开始，同时也是思维的起点，“学起于思，思起于疑，疑难是思想的第一步”。课堂组织讨论就是寻找解决疑难的办法，也即“解疑”的阶段。

在工程教学实践中，他特别要求学生以批判性的眼光来看待工程，倡导以“质疑—解疑”为工程教学的基本程序，培养学生的创新能力。

另一方面，教学对教师自身发展亦具有十分重要的意义和作用。教学的过程，是发现自己不足的过程，也就是产生自我学习压力的过程。而且，这种危机感、压力感、差距感会伴随着教学的深入而愈加强烈。换句话说，教学本身就是学习的催化剂和压力器，可以激发教师苦学求知的热情和积极性。为终生遨游学海，自我塑造和完善，奠定了一个良好的精神基础或前提条件。

李国豪常常引用两句名言："学然后知不足""教然后知困"。他说，在"教"的实践中，才能发现其实自己在很多地方还是似懂非懂、糊里糊涂的。在"学"的过程中，才能发现自己的知识其实非常浅薄，近似一张白纸。反之，如果我们不"教"不"学"，就会眼光狭窄、头脑简单、盲目骄傲、不学无术。而且，我们越教越会觉得教鞭难执，自己知识短缺，亟需不断充实提高；越学越会觉得学海无涯，时不我待，亟需废寝忘食、勤学苦练。

李国豪所理解的教学，其核心内容大致包含以下几个方面。

1. 理工科教学必须遵循符合工科特色的教学原则与方法

第一，提倡"直观教授"。在工程教育上，应以直观教授为主，"多用实物教授之"。教师应首先让学生观览材料的全体，再详细观察各部分，最后将各部分组合成一个整体。教师的讲解语言要"平易明了，使学生容易领会"。

第二，运用科学的记忆方法实施教学，使学生集腋成裘。他认为，在课堂教学中，记忆是最为重要的，"学生无记忆则不能教授"。记忆的强弱，除了个别特殊的天赋以外，一般与注意、反复、兴趣和联想四者有很大的关系。所以，他要求：一是要加强注意的强度。在教授时，不要使学生一时记忆过多的东西，避免学生因身心疲惫注意力减弱。二是要注意知识的反复。在运用反复法时，要注意时间的间隔。三是要提升学生的兴趣。强调用一些"巧妙之教授法"去引起学生的兴趣。四是运用动手实践之法。在所有的记忆方法中，最重要的莫过于"动手实践"的教学法。用动手实践的方法，通过引导学生动手使学生将新旧知识与实际"联结"起来。如此，才能使学生持久掌握知识。

第三，要求培养学生的想象思维。要培养学生良好而健康的想象思维，最关键的就是不仅要提供给学生丰富的教学教材，而且要根据学生不同的思维特点，有选择性地提供教学材料。为此，李国豪还分别从概念、原理和推理三个方面阐述了在教授中培养学生“思考”能力的方法。

在概念方面，他十分强调概念的明晰。要使学生获得明晰的概念，一要给予概念以严密的“界说”；二要采用分类，将形成概念之各种概念列举无遗。在原理方面，他认为，原理的把握，除了要有丰富明晰的概念外，还必须有比较对照的适当实验，没有实际的验证，由于学生经验不丰富，往往不免误解。在推理方面，李国豪从学生的思维状况出发，主张将演绎法与归纳法结合运用。先就个别实例详加考察而后概括，或先提示一般原理，而后推及个别实例，他特别强调在培养学生推理思维中应注意不要妄下断语。

第四，重视学生的个性培养。个性不仅关系到人的命运，而且对人的心理影响甚大。所以作为教师，不得不注意个性教育的方法。在教育上涵养个性的方法：一是教师以身作则，以高尚的品格牵引。二是关注学生的“需求”，培养学生的求知欲和审美情感。三是对不同的学生“因材施教”。他不赞成教师在教学中不顾受教育者的实际情况按部就班教学。

2. 在教学中应特别关注学生能力的培养

虽然任何学问都包括知识和能力这两个方面，但具有能力比起仅仅具有一些知识重要得多。因此，教学的核心应该是发展学生本身的能力，而不仅仅是传授知识。李国豪把“科研”作为培养学生才能和教会他们形成自身能力的重要途径。

基于这种认识，李国豪反对让学生做大量的习题，一个教师，如果把分配给他的时间塞满了例行运算来训练他的学生，就扼杀了学生的兴趣，妨碍了他们的智力发展。因此，他主张与其穷于应付烦琐的教学内容和过量的题目，还不如选择一个有意义但又不太复杂的实践问题去帮助学生深入发掘题目的各个侧面，使学生通过这个问题就如同通过一道大门而进入一个崭新的天地，打开科学发现大门的金钥匙往往就在问题的解决之中。

在大学最应该注重的是培养学生不断获取知识和理解知识的能力，这意味着更多地向学生传授关于学习与研究的基本方法，掌握这些方法对未来的发展至关重要。随着社会的迅速发展，学生在一生的工作中会遇到许多需要运用自己的思考才能解决的问题，因此，应当成倍地给学生增加机会让他们学习解决疑难问题的办法。这种教学方法需要更加积极的课堂讨论，需要培养教师用苏格拉底教学法进行教学，并要给学生布置启发其思维发展的作业。

当今的学生，遇到的是一个更加困难、更加可变、更加复杂的世界，在这个世界上许多问题是没有现成答案的，在这种环境中仅有知识是不够的，应当鼓励学生学会清晰地思考，通过自己的分析得出正确的结论。

李国豪教学观的一个显著特点就是重视学生的科学研究，重视培养学生的科研能力。大学的学生，并不是熬资格，也不是硬记教师讲义，受教育者应当在教师指导下，自动地研究学问。李国豪特别鼓励高年级学生进入研究所从事科学研究，在教师的指导下选定课题，参加研究所定期举行的研究心得报告会，参加定期或不定期的学术演讲会，听取校内外专家的学术报告。为了鼓励和帮助学生参加科研工作，李国豪还为研究成果优秀者设立了奖学金，为家境贫苦者设立了助学金。

3. 提出教授学生进行科研的方法

李国豪倡导师生“一起研究”的科研教学方法，即教师把学生纳入项目研究团队当中，教师和学生共同完成研究任务。师生“一起研究”的教育方法非常有利于学生创造性的培养，因为它能促进学生的创造性思维和创造性发现。师生在“一起研究”的过程中，各自想法的相互撞击以及其中必然包含的教师对学生想法的引导或指导，能触发学生与众不同的疑问、猜测、想象和联想，并使这些在进一步的分析和综合研究中趋向合理。而与众不同并趋向合理的疑问、猜测、想象和联想正是创造性思维的重要表现形式。学生提的问题，尤其是教师回答不了或不知道而“和学生一起商量”的问题，其中有的可能是或已经就属于某种程度的创造性问题或创造性发现。即使是非创造性的问题，教师与学生“一起商量”“一起研究”，也有利于学生把它们与创造性的问题联系起来，进而推动学生做出创造性发现。

在“一起研究”的过程中，往往穿插着教师对于怎样分析问题和怎样解决问题的看法。这等于是教师在给学生讲授思路和方法。学生能体会到教师分析问题和解决问题的思路和方法，并自觉不自觉地思考、评价、与自己的思路和方法比较。此外，学生可能还需要去寻找更好的思路和方法。所有这些，无疑能促进学生对思路和方法的掌握或改进。

李国豪认为，“一起研究”对于学生自学能力的培养也有很好的促进作用。首先，师生“一起研究”中已包含着学生的自学，因为学生必须先自己看，乃至先自己研究教师分发给他的研究项目或其他学习材料，然后才谈得上师生“一起研究”。这种带有研究性质的自学是一种比较深入的创造性学习，它对学生自学能力的提高是显而易见的。其次，在师生“一起研究”的过程中，尽快求得满意答案的念头，会使得学生不再囿于正在教学的某一章、某一节，而是去查阅书本前后的相关内容，去查阅有关的参考资料，去询问或请教其他人。这使得学生的自学更为广泛、更为深入，对创造性学习和自学能力的提高更有帮助。

从教育学的角度看，李国豪所提的有关教学的核心内容，对于培养学生的性格、兴趣和态度以及对学生专业能力的形成来说，具有极大的合理性。具体表现在以下几个方面。

第一，有助于学生形成“敢”字当头的性格。对于学生而言，教师就是一种权威，书本的作者更是权威乃至大权威(名人、大学问家)，因而学生往往不敢向教师表达自己与教师、书本不同的意见，尤其是不敢当众(比如在课堂上)向教师表达自己的不同意见。这时学生最需要的就是教师的鼓励,而“批判式阅读”、师生“一起研究”恰恰体现了教师对学生个体的尊重与鼓励,一种使学生切切实实感受到的尊重与鼓励,这能让学生消除顾虑和胆怯,大胆地说“不”。

第二,有助于学生消除依赖性,增强主动性。依赖性和主动性都是性格的具体表现。要求学生重在自学,要求学生寻求自身的“地图”,强调师生“一起研究”要促使学生独立思考,摆脱依赖。老师督促学生自学、将讲义发给学生,“与学生一起研究”,实际上就是教师在调动学生的主动性;教师就学生的提问“和学生一起商量”,不但是教师对学生意见的一种尊重与鼓励,更是教师对学生主动性的一种肯定与鼓励。

第三,有助于学生产生和增强思考问题、探索问题的兴趣。从教学实践来看,教师将研究项目或学习材料分发给学生,让学生自我消化、与同学“一起研究”,远比教师死讲、学生死记死抄死背更能引起学生思考问题和探索问题的兴趣。学生提出问题,教师回答不了,这可能使学生失望,但也会使学生求得答案的欲望愈加强烈。这种欲望本身已包含着学生对该问题的某种兴趣成分。教师和学生“一起商量”这样的问题,则很可能使学生的兴趣明朗化和浓厚起来。

第四,有助于学生形成虚心、求实的科学态度。学生自学,使其能够真正体会“自身的不足”;而教师与学生“一起研究”,既体现了教师的虚心、求实,同时也是教师以身教的方式教育学生要虚心、求实。身教重于言教。学生容易受这种潜移默化的影响,从而形成虚心、求实的科学态度。而这样的态度恰是李国豪一生所提倡的。

就教育学角度来看,李国豪“教学”的主要特点,表现为以下几点。

第一,注重通过聚焦激活受教育者的“有意注意”。李国豪在教学上的一个鲜明特色就是关注重点和难点问题,揭示学科的主旨,引起学生的强烈兴趣,而关于学科的体系及众多组成要素则要求学生通过自学加以充实。由于以突出的重点和难点作为构设课程的主干,因此,课程所有的内容都便于被一种理性的系统化方式组织，这使得他的讲课不仅思路明确、逻辑性强，而且极具启发性，容易推动受教育者的进一步探究。

第二，崇尚真实的问题情景教学。李国豪在教学方法上的另一个特点是，强调以实验、实习等真实情景深化学生思维。实验、实习，对于开阔研究者的眼界，不断获得新知识是非常有益的。他在教学中除了关注重点和难点等核心问题的解析之外，更注重组织学生实验、实习。他在《谈谈怎样培养好博士生》中指出，教授学生“做实验有两个目的”中的一个关键“目的”是“培养认识论的观点”。“我们搞的理论分析往往作了简化假设，最后得出结果。这样的理论分析是否对，不是靠脑子想，或利用过去的方法进行分析来得出的，而是要通过实验来检验，就是要看理论分析的结果能不能反映实际。如果理论分析与实际不符，就要重新考虑了。这是一个认识论的重要问题。搞科学研究，不建立这个观念那就很危险。”[1]

第三，鼓励受教育者相互启发。要充分发挥班级教学的优势，鼓励学生之间互相讨论和启发。教师只有在学生普遍受阻的时候才给些方向性的提示，教学活动的重心在于学生以及学生间相互的学习，而不在于教师的讲授。教师的主要任务是启发学生思考、引导学生解决问题、督促学生互相砥砺。不能硬把他们赶上事先预备好的道路，这样学生才能体验到发现的乐趣，才能真正掌握推理的方法，提高思考问题、解决问题的能力。

第四，注重人格感化。道德教育的显著特点是注重人格感化。李国豪以身作则，以自己的模范行为去感化学生，使他们如沐春风，在潜移默化中受到熏陶，接受道德规范。由于对别人的要求是建立在他自己“以身先之”的基础上，因而具有很强的说服力，容易为学生所接受，

1　李国豪：《谈谈怎样培养好博士生》，《同济教育研究》，1987 年第 1 期。

变成他们自己的要求与行动。

四、李国豪关于教师的评价

李国豪认为，教师不仅是一种职业，更是塑造人的知识、能力和思想人格的光辉事业的从事者。教师不但以他的智慧，像火种一样去点燃学生的心灵之火，教师还应将自己化作阶梯，帮助学生一步步攀登人生的高峰。

李国豪曾在多种场合下，论述他对教师在大学发展中的地位和作用的认识。大学发展的一个重要因素就是教师，大学的荣誉就在于一代又一代教师的质量。一支优秀的教师队伍是大学发展的巨大内在动力。

李国豪说："学校就像京剧团，校长也就是剧团团长，我看同济第一位重要的倒不是我这个校长。京剧团里有了梅兰芳和马连良，团长也就好当了，同济有了好老师，我这个校长自然也好当了。""我看像同济这样的大学，如果能够有 8 个、10 个国际一流水平的骨干教师，在他们带动下再造就一批高水平的中青年教师队伍，这样，我想之前我们国立同济大学在国内外的学术声望是可以得以振兴的。"[1]

在李国豪看来，大学有三大基本职能：第一，培养高级专门人才；第二，发展科学；第三，直接服务社会。大学要实现这三大职能，主要依靠广大教师。首先，培养和造就优秀人才，主要是通过教学活动来实现的，而教学依靠的正是教师。其次，一所大学的学术水平如何，科研成果多少，标志着大学发展水平的高低。而发展科学、提高大学的科研水平必须依靠广大教师。世界上许多有突破性的科学理论或尖端技术，往往是在大学讲坛或实验室首先被提出或发现的。再次，直接为社会服务，依然也是通过教师的教学和科研等基础性工作来实现的。教师是大学发展的重要动力。历史上对人类做出伟大贡献的科学家、思想

1　程国政：《李国豪》，同济大学出版社，2013 年，第 111 页。

家、社会活动家，大多数都荟萃于大学或在大学当过教师，人们把大学教师称为“专家”“学者”，把大学教师同文化发达、科学昌盛、政治民主、经济繁荣、人类进步紧密联系在一起，把大学教师的声望视作一所大学乃至一个国家学术水平的标志。因此，一所大学能否取得成功，能否跻身于世界一流大学之列，关键在于它是否拥有一支高水平的师资队伍，有了这样的师资力量，才能培养出优秀的人才，才能在教学、科研、社会服务等方面取得丰硕的成果。

李国豪一再强调，学校之间的竞争，归根到底，是人才的竞争、教师的竞争。除了强调教师在大学的办学与发展中的巨大作用外，李国豪还特别指出，在具体的教学过程中，教师的决定性作用表现在：第一，鼓励、引导学生学习，得到真正的学习结果，能应用于实际生活；第二，培植学生的理想，增进学生的品性，提高学生的能力，健全学生的人格。第三，转移学校和社会的风气，推进社会文明。第四，为民众服务，为提高民智、普及文化做出贡献。

正是由于意识到教师对一所大学的关键作用，认识到教师通过言传身教，不仅向学生系统地传授知识，而且影响着受教育者的思想、品德等各个方面，潜移默化，对受教育者的成长具有重大的决定作用，李国豪极为看重师资队伍的建设，要求必须充分重视发挥教师的积极性，尊重教师的劳动，在办学过程中他反复强调要选好师资，指出“没有好教师，就没有好学校”。

那么，什么是李国豪心目中的好教师呢？

首先，李国豪认为，我们对于自然的环境和人为的环境，都要有科学的头脑，教育是实现理想社会的重要手段，理想社会的实现最终要靠科学技术推动，教育必须要运用自己的力量去普及科学，因此，好的教师应当具有科学的头脑和务实的精神。好教师对于科学研究和教学都应有浓厚的兴趣。一个在科学研究上不求上进的人是不配教人，不能教人，也不愿意教人的。他认为，好教师要不断学习，好教师必须一面教一面学，要追求真理，勇于创新。

其次，好的教师必须是有道德修养的，要有爱心，有高尚的道德。具体表现在：第一，要热爱学生、热爱教育。对学生既坚持原则，又像慈母一样，对学生的思想、学业关怀备至。关注学生人格的培养，能够和学生打成一片，共事共学共修养；对学生要一视同仁，不能厚此薄彼。热爱教育和热爱学生，是李国豪判断好教师的灵魂与核心。第二，严谨治学，严格管理。好教师不仅处处以身作则，更能严谨治学、严格管理，这既是教师必备的优秀品德，也是学校进行教学活动的基本前提。对好教师采用“严格主义”的立场，绝不是冷酷无情，而恰恰是为了使学生有所遵循，有所依据。第三，好的教师须拥有良好的人格品质。教师是非常特殊的职业，不单是要知识好，方法好，而且要有道德，有责任心，有仁爱心，有真诚、坦白、乐观、谦虚、公正诸美德。也就是，好教师必须要有崇高的理想，有坦白的胸襟，有百学不厌、诲人不倦的精神。

李国豪提出选择优秀师资的三条标准。第一，须有专门的知识，肯不断研究，热衷于学术事业。第二，须对教育有深刻的认识，并有浓厚的兴趣。知道教师的使命不在于“教书”。第三，有道德，具有坚定的信心，有爱国的热忱。

此外，在教师来源上，除对学历、经历、经验、教学等专业方面严加选择外，聘用来校后，还要善于使用和安排，最重要的是要注意指导、督促和进一步培养。

五、李国豪关于道德教育的把握

李国豪继承了中国教育传统中重视学问之道与成人之道相统一的思想，将道德教育视为教育之本。在道德教育的具体目标上提出应培养会“做人”的有德之人。

李国豪给每届学生上的第一堂课就是师生共同探讨人生问题，他以自己对人生的不懈追求努力使学生明白：个人的价值必须在他人和社会的映衬之中,也就是,个人在对他人和社会有了贡献之后其价值方能显现。他告诉学生做人是做学问的基础,只有先学会做人,才能把学问做好。

李国豪态度鲜明地主张“人”先“才”后。有“人”有“才”是“人才”,他一再教导学生做人就是要做好人,做好人就是要“尽自己所能为更多的人谋更多更长远的利益”。

在李国豪看来,会“做人”是因为有道德之故,道德乃是形成人格的基础。无道德,则无人格;而无人格,就不会对家庭、社会和国家负责。会“做人”就是拥有道德之品性,道德之品性是人的品性中最能持久的一种品性,也是保证人的行为得以“高尚”的最重要的因素。虽然这种品性是在人投身于真正的社会生活后才得以完全形成的,但在学校教育阶段,必须为这一品性的形成打下“强固的基础”。

道德要通过道德习惯、道德情感和道德认识等途径,进行道德实践而获得。李国豪反对道德教育的灌输法,重行为实践而不尚说教,重示范引导而不尚训斥,力求使学生在自然而然中养成道德行为。

关于大学的道德教育责任,李国豪指出:首先,在道德教育课程上,大学应当发展学生的道德意识和道德判断能力。通过道德课程为有关道德问题的判断提供哲学基础,并唤醒道德意识。大学的道德教育不应再是简单地传达一套道德观念,不应直接给学生提供现成的答案,不应强加给学生僵硬的道德教条,而应当用更多的时间讨论实际的道德问题,更多地利用思考来代替说教和灌输。教师应帮助学生用自己的头脑去辨别复杂的道德问题,以更少的说教和更多的讨论激活学生的道德意识,为其今后的生活打下良好的道德基础。

其次,在道德教育的环境上,大学应该在学校形象、规章制度等方面给受教育者以良好的引导。学校的规章制度不应仅强化道德规范和道德观念,更应当保护每一个学生的权利。学校应该为学生创造更多的道德实践机会,通过大量的道德实践活动,使学生真正理解并形成责任感和义务感，将道德伦理知识变为自觉的行动。

尽管道德教育历来是我国教育工作所强调的重点，受教育者从小学就开始有思想品德课程，中学和大学更是有不间断的道德教育。然而，道德教育的状况并不令人满意，尤其是在高等院校，由于年龄的关系，由于社会大环境的影响，更由于道德课程自身一贯采用的机械灌输的方法，学生对道德教育有明显的疏离。道德教育与现实情况有明显的脱节。

李国豪结合新时期的时代特征，提出了以尊重与责任为核心的培养受教育者道德品性的方略。

所谓尊重是指对人、物的内在价值的尊敬，包括尊重他人、尊重自己。尊重他人要求平等对待所有人，包括与我们异趣的人。对自我的尊重要求人们珍视自己的生命和生活。

责任则是尊重的延伸。对别人的尊重可使我们珍视他们，有责任品格的人遵守承诺，勤奋工作，在学校、家庭和工作场所总能尽职尽责，尽其所能。

从尊重和责任这两个基本的道德要素可引申出其他相关和更为具体的美德形式，如诚实、助人、合作、勇敢等。

对于上述品性的具体培养方式，李国豪提出以下几点。

一是学校利用各门学科的教授，以极其灵活的方法唤起学生此方面的兴趣。道德认识的获得有赖于个体的学习和修养，道德实践的过程实际上就是用道德知识指导道德行为的切己反省、改过迁善的过程。学校应当尽可能地利用各门学科的学习过程将学生的道德认知与道德实践融为一体，从日常的学习细节入手，唤起主体意志的能动性和道德自律。

二是养成良好的习惯。因为习惯是品性的重要因素，所以在培养习惯之时，不可中辍。道德教育的目的之一，就是让学生养成各种良好的习惯。好习惯的养成，不仅是个人的事，更是直接关系到整个社会的大事。广大青少年要做社会的合格成员，必须养成尊重他人、文明礼貌的好习惯。

三是教师以身作则，以自己的言行和严以律己的榜样感染学生。教师的言行和品性是学生品性形成的基础。德育最基本的原则和方法就是：言传身教，以身作则。

李国豪上述道德教育方法中最突出的是行为实践。行为实践既包括教育者的身体力行、示范引导，也包括受教育者的参与、实践。李国豪在具体的教育教学中始终坚持这一条。他认为学生光是被动接受书本知识或教育者的口头训示是毫无效果的，重要的是要身临其境，身体力行，道德是具体的，没有脱离实践的知识或道德，或者说，脱离了社会的知识或道德是无用的。因而他十分强调要参与实践，要在实践中获得善恶观念，要用行动去表达个人的美德。

关于人格教育，李国豪始终将其看作整个教育事业的一个重要组成部分，认为教育的根本目的就在于使受教育者的人格得到完美的训练。通观他的教育实践和他的同事学生对他教学的回忆，人格教育观贯穿于他的教学过程的始终。尤其值得称道的是他始终将教师的人格魅力作为人格教育的主要途径之一。

在人格构建方面，李国豪堪称一代楷模。少年时代的李国豪便志存高远，15 岁时就联合同学发起“不吸烟、不喝酒、不打牌、不坐人力车、不进茶馆”的“五不主义”活动，相互鼓励，勤奋学习。

1950 年代同济大学建造供教授居住的面积较大的“教授楼”，按照资格李国豪早该享受这样的待遇，但李国豪先人后己，直到 20 年后始迁入已经陈旧不堪的“教授楼”居住。待后来迁至华山路“枕流公寓”居住以后，他又感觉房子太大，过于浪费，又主动要求搬进住房面积较小的复兴西路居住。

李国豪 1955 年被评为中国科学院首批学部委员，1956 年被定为一级教授，他为另两位更年长的副校长均为二级教授而感不安，就向上级要求将自己降为二级。李国豪曾说：“我主持工作，不争工资、不争住房、不争级别，样样比人低反觉心安理得、无私无求。而追求的是做好工作、科研出成果、教好学生！"李国豪的人格和风范，令人感动。

李国豪极为看重爱国主义，他把在关键时刻能否牺牲个人的暂时利益以保存国家和民族的利益看作是爱国主义的标准。20 世纪 70 到 80 年代他主政同济大学时期，曾公开批评一些公派出国而未如期回国的教师。[1]

李国豪是一个忠诚的爱国者。他出生在旧中国，早年的经历与遭遇，在其心灵深处留下了难以磨灭的印记。列强的侵略，中华民族的救亡图存等深深刺激了他的爱国热情。青少年时期，他就形成了坚定的爱国主义思想。赴德留学后，他受到西方文化影响，目睹了西方的科技昌明，更是直接促成了他立志科研报国的爱国主义思想。

在爱国主义教育中，李国豪坚持的是具有国际主义情怀的爱国主义教育观。他坚决反对那种狭隘的带有民族主义色彩的片面的爱国主义，提倡真正的爱国就是全面地学习发达国家创造的人类优秀文明成果，就是大胆地接受外国的先进科学文化，他特别强调大学及大学的教师要学习和借鉴西方先进的办学和教学经验，他赞成把西方优秀的文化原则引进中国的德育领域，要求受教育者养成独立、自主的人格，他的这一爱国思想至今仍对同济产生着巨大的影响。

李国豪的二儿子李乐曾曾深情地回忆，父亲的爱国主义情怀极为深刻地影响了他们一家。他说："我和哥哥沪曾都曾留学德国，我去了德国三次，哪怕那边的学习、工作、生活环境再好，可我们从未考虑过留下，而是学习告一段落便束装回国。我和哥哥都认为我们应该像爸爸一样，学成之后就理所当然地回来，为祖国服务。"

1　余安东：《忆国豪老师二三事》，《同济报》，2005 年 3 月 5 日。

第五章　李国豪教育思想的关键重镇:工程教育论

李国豪一生的教育活动始终都是围绕着工程教育展开的,他对工程教育近半个世纪不间断的探索和实践,架构了其教育思想的大厦。毫无疑问,李国豪对工程教育的实践探索,是其整个教育思想中的关键重镇。

站在世界大环境中,李国豪对我国"国弱民贫,工程科学教育落后"有切身之痛。他清醒地认识到西方国家之所以走在世界前列,关键在于他们的民众有较高的工程技术水平,掌握先进的科学技术知识,拥有先进的工程教育体系。

反观中国,在中国教育史上,就教育发展的具体内容来说,无论是孔子的"四科"(德行、言语、政事、文学),还是南北朝后的"四馆"(儒学、玄学、史学、文学),基本上都是限于文科,根本没有工程科学教育的影子。虽然隋唐时期,设立了算学、书学、律学等专科,但是教授这些专科的学校地位极低,规模也小得多。

第一次在学校传授时务(实用科目),分设多科,把民、兵、水利、算历等实用学科和自然学科正式纳入官学教学体系之中的,是宋代创立的分斋教学制度,此制度在学校中分设经义斋和治事斋,同时传授经义和时务,将时务学习与儒家经典学习置于同等的地位,由此开辟了中国工程技术教育的先声。

清末,在兴学堂、改书院的热潮中,分斋教学制度受到了社会的空前重视,在西学东渐中,随着西方先进的教育制度陆续被介绍到中国,分斋教学制度与西方教育制度融合，中国的工程教育初露端倪。

然而，由于政治、文化以及其他种种原因，工程技术教育在中国一直都处于低水平的发展状态。

还是青少年的李国豪认为，要改变中国的贫弱，其根本的出路，就是科学技术进步，而要使中国科学技术进步，其直接的动力就是发展工程教育。

在目睹了德国发达的制造业对国家的贡献后，李国豪更加坚定地相信，工程技术是改变社会面貌的最为重要的手段，国家要富强，社会要进步，一个根本要素就在于发展工程技术教育。

为了发展中国的工程教育，李国豪可谓呕心沥血，鞠躬尽瘁。

在中国高教史上，从事工程教育的大学校长或教育家、学者不在少数，但像李国豪这样一生都献身于工程教育实践一线，从20世纪40年代末一直到21世纪初倡行工程教育，对工程教育的目的、内容、性质、实施途径进行长达半个多世纪的不断探索的，他是第一人。

李国豪关于工程教育的思想内容集中表现在以下五个方面：第一，对工程教育性质的认识。第二，对工程教育目标指向的垂范。第三，对工程教育任务的解读。第四，对工程教育基本要求的强调。第五，对工程教育中教学与科研的关系阐述。

一、关于工程教育性质的认识

1949年以来，尽管我国的工程教育为国家建设做出了很大贡献，但发展步伐并不十分令人满意。

虽然国内有很多大学都在进行工程技术教育，而且也有为数众多（堪称世界水平）的工程技术院校，但国内工程技术教育的内容和水平却不容乐观。长期以来，大学工程技术教育不仅起点偏低，而且关于工程教育的办学方向与培养人才的目标也常常似是而非，对培养什么类型的工程技术人才并不十分清晰。在整个工程教育领域，存在着严重的将科学教育、工程教育及技术教育观念错置的问题。事实上，不仅在李国豪主政同济大学的改革期间，甚至在新时期的今天，仍有人将我国的工程教育与科学教育、技术教育混为一谈。

然而，就教育学的角度来看，科学教育、工程教育及技术教育其实是三种不同的教育，其目标、手段亦有明显的区别。

由于科学是研究自然和社会事物的构成、本质及其运行规律的系统性、规律性的知识体系。因此科学的目的与价值在于探求真理，弄清自然界或现实世界的事实与规律，求得人类知识的增长。所以，科学的特点是研究与探索、分类与归纳、发现与开拓，是对自然界和世界上客观存在的诸多事物的构成、本质与运行规律的揭示和更为逼真的描述。[1]

鉴于科学是对未知世界的发现、理解和认识，科学知识的基本形式是科学概念和科学理论，[2] 故而，科学的基本属性主要表现为对认识领域的探究及对好奇心的满足。具体说来，这一基本属性包含四项内容：首先，其根本的目的在于认识自然，把握规律；其次，其核心的内容是对自然规律的内在架构与运作机理进行系统化探究；第三，其最大的任务是发掘和探索未知领域的因果关联，继而解释我们周遭世界的成因；第四，其基本的形式要求是认知的结果须达成完整性和统一性的知识体系。

基于科学的任务及其内容，科学教育通常并无具体的功利要求。科学研究是以认识自然现象、揭示客观规律为主要目标而进行的实验性或理论性的研究活动，并且，其成果主要表现为科学论文和学术著作。因而，科学教育更为实质性的价值和活动指向通常表现为对科学思维、科学精神以及科学态度的锻造。也就是，科学教育所要达成的根本目标是使受教育者形成具有分析品格的科学思维或理论思维。这一目标追求的活动逻辑在于：首先，引导和推动受教育者认识事物、辨析

1　殷瑞钰：《关于工程与工程创新的认识》，《科学中国人》，2006 年第 5 期。

2　李伯聪：《工程哲学引论》，大象出版社，2002 年。

事物，进而发掘事物的内在规律；其次，支持和鼓励受教育者分辨真假、追求真理。

科学教育的最大特质就在于它清醒而自觉地反实用主义。科学教育在其所有的活动过程中始终坚持的原则是开拓和满足人类的认识极限而排斥服务于某个特定的或有用的目标。它不看重实际的功能效益，更反对聚焦于实际利益。就科学教育的全部活动重心而言，它的一切核心要求最终体现为：第一，发现、研究一般的原理，寻找事物发展规律及本质特征；第二，拓展知识谱系、丰富人类理性智慧；第三，推进科学活动、满足精神张力；第四，造就规范的科学思维活动。

关于工程教育，其实质内涵与科学教育大相径庭。所谓工程，“是由某一（或某些）专业技术为主体和与之配套的通用、相关技术，按照一定的规则、规律所组成的、为了实现某一（或某些）工程目标的组织、集成活动。工程具体表现为相关或系列的技术的不同集合；工程是相关技术的集成过程和集合体。工程的内涵常常与特定产品、特定的制造（工艺）流程、特定企业或特定产业相联系”。[1]

由工程本身的定义可以清楚地看到，工程的根本目的在于利用和改造，其目标直指实际的有效性。“工程是实际改造世界的物质实践活动”，它明确地要求确定的目标和实际的结果。

工程的核心属性是为了满足社会需要而改造世界的实践活动，是将科学知识应用于实际，通过结合物质、经济、人力、政治、法律和文化等要素满足社会需要的一种工艺流程。而“工程人员一般运用已有科学技术成果，常常通过试验手段，开发一种新技术或新产品，其成果主要以实用和商业价值为评判标准”。因此，相对于科学教育而言，工程教育的本质要求便是达致实际的工程能力而不是对未知世界的发现、理解和认识。工程教育绝不是单纯地掌握科学知识、把握科学概念和

1　殷瑞钰：《关于工程与工程创新的认识》，《科学中国人》，2006年第5期。

学习科学理论，而是以培养工程技术人员为教育目标的教育活动。换言之，高等工程教育在本质上是以培养能够将科学技术转化为生产力的工程技术人员为基本任务的一种专门教育。

正是由于工程教育以工程实践的要求为全部活动的出发点，因而工程教育所要关注的基本要素在于：培养和发现解决实际工程系统中呈现出来的客观问题的掌控能力；具备应对不同类型工程结构中物理量和几何量的操作能力；把握各种工程类型运动的连续性、协调性、节律性和"突变"性等。

也正是由于工程教育以实际的功效为全部活动的出发点，所以工程教育所要造就的思维是工程思维。工程思维所要求的基本品格是筹划型思维、效用性思维。其思维范式在根本上是"工程范式"，即关注横向思维、注重问题形成、重视工程实践、注重实际而具体的设计能力、解决问题的能力及明确的经济目标等，而不是自由地思考自己感兴趣的问题。换言之，工程思维在根本上是功利化的，它是"为行而思"的思维，是面向实践的思维，其追求的直接结果是现实的应用性目标。

关于技术教育的内涵，尽管技术也可以算作是一种特殊的知识体系，但更多的时候，技术表现为人们改造世界的方法、技巧和技能，技术知识的形成形式是加工、操作和使用各种材料、设备和装置的程序、规程和方法。[1]

与科学和工程相比较，如果说科学侧重于纯粹的认识与探索（注重的往往是公共知识和公共目标），工程具有强烈的实用主义（注重实际的功能效益），那么，技术则在很大程度上有其经济属性和产业特征。"技术往往是一类经过'开发''加工'的方法与技能体系。技术有更多更直接的经济目的。"[2]

1　李伯聪：《工程哲学引论》，大象出版社，2002。

2　殷瑞钰：《关于工程与工程创新的认识》，《科学中国人》，2006年第5期。

由于技术更多的是感性认识的经验累积，技术的活动必须见诸行动，技术的目的是更好地运用，特别是技术必须要进入“生产化”环节才能够实现，因此，技术教育的全部要义便在于遵循“实践—理论—实践”的公式，直接达致一种可直接运用于生产的实际技能的形成，其具体的指向是特定的职业岗位，其核心的要求是知识少学够用，以实际需求为纲，其基本的标准是能够立即投入到生产部门的具体工作中去。

基于技术教育的本质属性，技术教育在根本上要求：必须以完成某一生产任务为目的形成技艺；必须在生产的实际中进行学习；必须以具体的实践为基础，达致技能的圆熟；必须依据生产需要而发展实际能力。

科学教育、工程教育、技术教育在根本上是不同的教育形式，其核心诉求、目标指向以及运行模式实际上有各自不同的路径。然而，在近现代我国现实的工程教育的操作运行中，上述不同教育形式的实现路径被严重地错置混同了。

由于不能真正廓清工程教育与科学教育及技术教育性质的区别，在科学教育中，我们融入了过多的实用性职业诉求（导致庸俗肤浅）；而在工程教育中，我们又不顾工程实际，不考虑专门的服务生产知识，致力于抽象的概念把玩及规律探索，工程教育中充满了“理论研究”（导致不切实际）；在技术教育中我们又忘记了完全的技术操作，不顾直接明确的经济目标和岗位要求（导致学而无用）。

学术目标与工程目标以及职业目标在我们当下的高等工程教育运作中被混为一谈。由此导致的一个至为严重的后果便是大学的工程教育发展战略模糊、教育培养目标不明确。

作为有着丰富多样的工程教育实践经验的科学家，李国豪凭借其超凡的领悟力和科学家的直觉，深刻把握了工程教育的本质特征。

李国豪认为，工程教育的一个基本性质就是，直面工程实践，将工程实践的问题作为研究的出发点，解决国家建设中的各种工程实践问题。工程教育的重要使命就在于造就工程方面的高级建设人才与解决工程的实践问题。

因此，在培养工程技术人员时，务必要关注他们的工程师素养。早在1954年，他在《关于期终考试向系、室主任和教师的讲话》中就讲道："教师要以十分实事求是、认真负责的精神来拟定考试题目和评定考试成绩。题目太多太难、评分标准太高是不对的，题目太容易、评分标准太低也是不对的。一方面要正视学生今天的水平，另一方面也要保证一定的质量，要学生将来基本上能担负起高级技术员（专科）或者工程师（本科）的任务。"[1]

由于接受过多年德国工程教育的熏陶，李国豪完全信奉德国工程教育中的实践精神，强调学用结合、注重将学科知识推向具体的应用，极力要求从实际建设工程中出现的问题出发探讨工程教育的发展之路，这与他对工程教育内涵的深刻把握紧密相关。他认为，真正的工程教育绝不应该是学科化、专业化的学习过程，而应该是将学科的原理转换为具体的应用技术进而解决工程实践中的问题的过程，工程教育更多的是对专业学科中蕴涵着的技术与方法进行把握及落实。

为了真正培养解决实际工程问题的工程技术人员，李国豪特别指出："由于我们是搞应用性学科的，因此（我们）大多数论文一定要有工程背景，要对国民经济有价值，否则论文再好，也是很可惜的。"[2]"我们的论文要回答实践中的问题。"[3]

李国豪几乎一生都在强调：工程教育必须从工程自身的实际应用特质出发探求发展之路，这就要求，工程课程目标的制定不能离开对实际工程的分析，工程课程内容的改革不能脱离实际的工程对象，工程教

1 参见《思想日记》，档案号2-LGH-RW11-6，同济大学档案馆。
2 李国豪：《谈谈怎样培养好博士生》，《同济教育研究》，1987年第1期。
3 同上。

学方法也不能脱离实际的工程方法的变化发展。工程教育不但要培养和造就优秀的工程专家，使他们成为专门人才，更应当使他们所掌握的科学技术知识与生产建设结合，使他们成为国家的建设者。

虽然李国豪没有留下专门研究工程教育的文献资料，但他所倡导的工程教育必须富含“工程性”要素以及通过工程教育锻造受教育者面对实践的态度、方法不仅极其精到准确，亦具时代价值。

二、对工程教育目标指向的垂范

正是基于对工程教育性质的精确把握，李国豪用切身的行动展示了工程教育应当前行的方向，即，工程教育最重要的目标指向是：必须面向实际的工程问题。

李国豪有一句名言：“必须具有工程背景，必须解决实际问题。”把工程背景作为工科学术人的生命，这是李国豪工程教育思想的经典标签。

由于工程教育的首要目标之一就是要解决社会生活和国家建设中的重大实践问题，如果不注意现实工程发展，不了解社会的需求，工程教育“闭门造车”式地办学，培养出来的学生就不能解决实际问题，学校最后只能关门。因此，在工程教育中，无论是专业的选定、学科的选择还是课程的设置、培养规格的制定等都要考虑实际的工程需要，适应关键建设的要求。

李国豪的这一关于工程教育必须面向实际的工程问题需要的思想，在1984年给嘉应大学筹备委员会的建议信中有最完满的表达：“办学要有针对性，应该开设一些当地经济建设急需的专业，学校要面向家乡的建设造就人才。”“课程要联系梅州市的实际，有些课程可以暂时缓开，况且还牵涉到师资问题。脱离实际、好高骛远的做法应该防止，不然开了一些本地区不适用的专业，学生毕业后学无所用，只好远走他处觅职。当然从大环境看，培养人才总是有用的，但对草创时期的嘉应大学来说，显然是不切实际、浪费了极其有限的师资力量的。”[1]

李国豪特别强调：“工程教育是绝对不许关了门干的，也绝对不许在书本里讨生活的。”与其他各类教育比较起来，工程教育与经济建设的联系更为紧密，对社会的需求也更为敏感，所以，工程教育应主动地适应实践工程的需要，应努力促进社会进步，工程学校必须社会化。工程教育的专业和课程必须以适应实践需要为原则。每一个从事工程教育的教授，在其指导研究生的过程中，必须引导学生去接触工程实践。他的弟子范立础曾回忆道，有一年李国豪知道他一人带了五六名博士生时，神情严肃地说：“你有那么多课题让他们做吗？”范立础深知，李国豪的质疑乃是说：“没有工程作为背景，我们只能向壁虚构，那怎么行呢？”[2]

事实上，李国豪的这一工程教育思想在早年的德国留学期间就已经形成。在德国他的最初成就就来源于工程实际问题的解决。

1938 年，刚刚准备攻读博士学位的李国豪接到导师克勒佩尔的研究课题——承担汉堡易北河上一座主跨近 800 米的公路铁路两用悬索桥的设计。可以想象，对当时年仅 25 岁的李国豪而言，这一实际的工程设计意味着什么。在接下来的一百多个日日夜夜，李国豪拼了命地艰苦计算、反复斟酌，最后拿出了完整的设计和计算方案，获得了导师的赞许。

有鉴于导师赞许，更重要的是基于这一实际桥梁设计中发现悬索桥大跨度桥梁在实际的复杂地形中具有卓越的适应性，李国豪找到了其博士论文的题目并从此确立了毕生的事业方向。

在取得博士学位后，李国豪又继续针对悬索桥遇到的实际问题“车辆对悬索桥产生振动作用”进行研究。他利用博士论文的悬索桥力学

1　代琇、庄辛：《一片丹心化彩虹——记桥梁力学专家李国豪》，同济大学出版社，1997 年，第 160-161 页。

2　程国政：《李国豪》，同济大学出版社，2013 年，第 193 页。

模型和分析方法，进行了进一步的实验探索，发现悬索桥振动实为“多振型耦合的强迫振动”，随后，根据这一振动特质，李国豪进行了一系列的推导运算，提出了相关的解决方法，填补了此项研究的空白。最后，他的这一针对实际工程问题的研究在德国著名刊物《工程师文汇》上发表，引起了德国桥梁工程界的关注。

如果说，上述两项工程实际问题的解决给李国豪带来的只是思想启蒙的话，那么，在德国后期的工程研究收获，却使李国豪体验到工程研究解决实际问题的真正价值所在，并由此奠定其工程教育思想的基本走向。

1942 年，李国豪针对当时德国工程界的研究热点问题(即德国当时面对的工程实践问题)——刚构力学的“刚构体系内力的影响线”问题，独辟蹊径地从几何角度入手，依据内力的影响线等于结构的变形、支座反应力的影响线等于在支座反应力作用的地方给结构一个单位的“位移”产生的变形、弯矩影响线等于在弯矩作用切面相对单位转角产生的结构变形的新理解，重新求影响线，演引出变形传播的规律。研究完成后以《刚构分析的几何学方法》专论发表。此研究成果不仅受到当时学术界的称赞，更为李国豪赢得德国特许任教工学博士学位。在德国留学的中国学生中，李国豪是第一个获此殊荣的学生。[1]

同年秋，导师克勒佩尔又要求李国豪解决一个更为棘手的工程实践难题：为一家钢结构工程公司分析一座跨度 90 米、具有四重交叉的斜腹杆系的铁路桁架桥的主桁内力。计算桁架桥的主桁内力，传统的计算方法是将对象视为静定体系，运用结构力学进行十次以内的计算。由于此次需要对分析对象进行 50 次以上的计算，传统的方法根本无法完成。

李国豪苦苦思索，艰难地摸索，经过数月的努力，终于找到了将桁

1　代琇、庄辛：《一片丹心化彩虹——记桥梁力学专家李国豪》，同济大学出版社，1997 年，第 37-45 页。

架的腹杆化成连续分布的腹杆条，把桁架离散体化成连续体力学模型，用上下弦杆的位移微分方程求解的方法。在综合考量了上下弦杆的竖向位移及其纵向位移的基础上，建立了一个精确的实验模型，取得了极大的成功。成果以《桁架和类似体系的结构分析的新方法》发表，论文发表后引起德国同行的盛赞。他的这一创新方法，后来被延伸用于高层建筑的复杂结构计算中。

留学归国后，李国豪面向工程实际问题进行工程研究的思想在参与苏州河桥的修复以及上海都市计划的拟定中又一次得到强化。

由于上海大厦的地基不断下沉，外白渡桥的北桥墩与桥面出现异常。当时，李国豪所供职的工务局决定修缮。工务局所拟定的修缮方案要求，首先封锁苏州河航道，禁止船只通行；其次中断桥面交通。上海苏州河航道是上海物资的生命线，而外白渡桥每日通过的车辆行人以万计，禁航和中断交通，其造成的成本损失将难以估量！工务局一时拿不定主意。

李国豪秉持一贯的以工程实际问题为出发点的工程研究思路，先是实地考察，天天跑到外白渡桥，桥上桥下反反复复查勘，了解工程所面临的所有细节。终于，几天后李国豪提出了一个不必封锁航道、不用中断交通的新施工方案。

李国豪的新方案是根据工程本身的具体环境制定的。外白渡桥的损坏只是桥墩部分，修缮时只需在支座损坏部分的桥墩前面打洞插入钢筋，浇筑混凝土，加宽桥墩和支撑垫板。施工时仅需在墩前做一个不影响通航的围堰，无须封航，无需禁行。工务局采纳了李国豪的方案，顺利完成施工。李国豪的方案既经济，又便民，一时间在上海成为美谈。[1]

---

1 代琇、庄辛：《一片丹心化彩虹——记桥梁力学专家李国豪》，同济大学出版社，1997 年，第 60-61 页；李国豪：《外白渡桥修理纪实》，《上海工务》，1947 年第 3 期，第 30-31 页。

在上海都市计划的制定过程中，李国豪以具体的工程对象——上海的实际状况为依据，撰写了《对于上海市苏州河上桥梁之意见》，更是清晰地表达了他“工程研究必须满足工程实际问题需要”的观点。他在意见中指出，桥梁与房屋一样，不仅要实用，更要讲究美学效果。上海苏州河上的四川路桥与外白渡桥，是正反两方面最好的例证。拱桥样式的四川路桥风格与附近的建筑十分匹配，不突兀，不夸张。而外白渡桥采用的2跨钢桁架桥，在周围优美的经典建筑群中扎眼、突兀，显得格格不入。苏州河自四川路桥以上河面宽度仅六七十米，两岸建筑物贴近河边，因此，无论从美观上还是经济上，吊桥样式均不适合。其次乍浦路桥、四川路桥、河南路桥及西藏路桥均为拱桥样式，如果其中建一吊桥就极不协调。因此新建苏州河上桥梁，最适宜者为拱桥样式。但这里要注意的是，真正意义上的力学拱桥并不适合上海，因为上海土质不够坚实，真正的拱桥桥座不仅受垂直压力，而且还承受极大的水平压力，需要打很多斜桩，这样就不够经济，所以最适合者是外表拱桥样式而实际为直梁的桥。

如果说上述事例展现的是李国豪工程教育目标指向的早期实践的话，那么，新中国成立后全面面向工程实际问题推动工程教育则成为李国豪教育思想的基本标志。

李国豪在20世纪60年代的一份思想日记《对当前复课闹革命的一点意见》中写道：“对于专业课，争取到工地、工厂、设计院、现成建筑物场所参观、访问、蹲点，参加劳动，请老工人和技术员作报告来学习；对于基础课，当前首先要恢复各专业肯定需要的实习、实验课，例如测量实习、金工厂实习、建筑材料试验、电工试验等。”[1]在同一份思想日记中李国豪还特别检讨“科研结合生产实际不够”，下决心要将教学科研与工农生产实践相结合。

1　参见《思想日记》，档案号2-LGH-RW11-6，同济大学档案馆。

李国豪之所以如此心切地要求工程教育面向工程实际问题，其实是有着明确的现实原因的。

1971 年李国豪被安排在山东滨州北镇黄河公路桥开门办学。在给学员上课辅导时，那些"逢山开路，遇水架桥"的学员们竟然连移项、括弧都不知道是什么。当时的公路桥大多是 200 米以内的小跨度桥，桥梁间距 2 米左右，汽车一上去，全桥主梁都跟着震动，形成荷载的横向扩散，要解决这一问题，首先要解决的是横向荷载分布情况计算，可是，当李国豪给这些工友讲解公路桥梁界普遍采用的横向荷载计算的"比拟板法"时，学员们全都傻了眼。

"比拟板法"即"比拟正交异性板法"，它是把实际桥梁的纵横梁格系比拟成一块假想的平板，根据其长、宽度列出一个个方程计算、换算桥梁的受力情况。这个由法国人发明的方法极其麻烦，能够熟练运用这一方法的人并不多。望着身边这一群茫然的面孔，李国豪下决心要给他们找到一种简单计算方法。

1972 年，李国豪回到上海，在一次交通部与同济大学组织的桥梁设计规范会议上，李国豪报告了公路桥荷载横向分布计算问题，他提出要着手找出简便易行的计算方法。

1974 年，经过两年的艰苦计算，李国豪同他的弟子石洞拿出了基于主梁系的结构力学方法计算公路桥荷载横向分布的专著《公路桥梁荷载横向分布计算》。这本 43 万字的著作由于原理简明扼要、计算方法简便快捷，一半篇幅都是方便实用的图标，1977 年出版以来，立刻成为相关行业的必备书，一版再版。[1]

最能体现李国豪面向工程实际问题的实例，当数武汉大桥的晃动研究。1974 年，在铁道部大桥局召开的钢桥振动研究专题协作会议上，李国豪向大会报告了自己的研究成果：武汉长江大桥通车时大桥的晃动是

1　程国政：《李国豪与同济大学》，同济大学出版社，2007 年，第 132-134 页。

拥挤在桥上的人群荷载造成的桥梁弯曲、扭转共振振动。不是特定的时间，特定的际遇，不会有如此密集的人群挤上大桥，就不会发生这种振动。大桥的稳定性没有问题。刚度和承载力都没有问题。同时也说明后来南京长江大桥加宽桁梁，多用4 000多吨钢材没有必要。

从上述实例我们不难看出，李国豪工程教育实践和科学研究实际上都是在努力贯彻这样一个基本的工程教育的目标原则，那就是"面向工程问题"。事实上，李国豪的诸多重大科研成果及其引起广泛关注的杰出实践也都是在把握了当时的工程问题的基础上取得的，如对需索跨度桥的研究、对武汉长江大桥晃动的思考等。

三、关于工程教育任务的解读

李国豪除了强调工程研究与工程教育要面向工程实际问题之外，还根据其切身的体悟，为我们提出了极富建设性的工程教育任务。

结合中国具体的实际情况，李国豪在不同的时期，以"富国利民"和努力解决国家建设的实际问题为出发点，给予了工程教育的任务多种不同形式的表述。

概括来看，李国豪关于工程教育的任务设计不外乎三个核心内容，即：为个人谋生之预备，为个人服务社会之预备，为国家建设增进生产能力之预备。具体而言，第一，通过工程教育促使受教育者的个性及能力得到发展；第二，为受教育者提供职业准备；第三，解决社会发展过程中诸多的工程难题；第四，为国家的建设发展做准备。

工程教育要为个人谋生之预备，为个人服务社会之预备，这是李国豪对德国工程教育经验的汲取。

长期感染德国工程教育气息，使得李国豪对于德国工程教育的两个基本目的——使受教育者，取得相当之职业能力；使受教育者，得到专业之改良与进步——了然于胸。他深刻地认识到工程教育对受教育者个体人力资本提升的重要作用，认识到工程教育对受教育者实际能力的促进作用。

工程教育应该承担的一个首要的基本任务便是必须具有鲜明的针对性和服务性。他极力主张工程教育要与问题沟通，工程教育学校要与社会沟通，办工程教育在适应国家建设需求的前提之下，必须与社会各界多接触，通过满足关键建设需求来培养和锻造受教育者的工程能力。

20世纪50年代后期，为了适应当时上海提出的“上天任务”，李国豪向市政府建议，有针对性地培养工程力学人员，分别从上海交大、复旦和同济大学各抽调10名三年级本科生组成30名学员的“力学训练班”，管理和上课由同济大学负责。李国豪为这些学员专门编写了《薄板力学》和《薄壳力学》两本讲义，并亲自给学员上课。为了保证此后有针对性地培养此类学生的相关能力，李国豪还在同济大学创办了新型力学专业，确定培养目标和毕业后的对口工作主要是：高校力学教师、有关研究院、所的研究人员和设计单位的工程师。若干年后，经调查，设计单位普遍反映，同济大学力学专业毕业生的力学知识坚实，后劲很足。[1]

正是基于工程教育应锻造受教育者的职业能力这一认识，李国豪还特别揭示了工程教育中的“专才”和“通才”的关系：工程教育所谓的“通才”，并不是一般意义上的博学通才，而是特指工业建设中高素质、复合型的工程技术的组织者，而非只会做一些具体的、技术性的设计或操作的技术工匠。

工程事业是一种特殊的职业活动，它不仅需要本专业的知识，在某种程度上，更需要其他的关于经济发展和社会变化的知识。接受工程教育毕业后的学生对于工程与工程之间、理论与技术之间、物与物之间以及人与人之间，都应当充分了解，才能在往后的国家建设中，更少遭遇困难。

李国豪所设定的工程教育的最终任务是要达到振兴国家的目的，

1 翁智远：《一代宗师铸同济——缅怀李国豪先生》，《同济人》，2005年第4期。

但要完成这一任务，其首要的目标则是要促使受教育者的个性及能力得到发展，并在此基础上获得服务社会的资质（职业）。工程教育的一个基本目标乃是帮助受教育者获得能力。

工程教育在帮助受教育者获得工程能力之后，接下来该如何增进国家社会的整体效益，也就是工程教育该如何关注和满足国家建设的需求？李国豪的身体力行为我们呈现了最清晰的答案。

有关满足国家建设需求的工程教育发展走向，在李国豪的工程教育实践中俯拾皆是，最为经典的代表体现在以下事件中。

1976 年 7 月 28 日凌晨，河北省唐山、丰南地区发生 7.8 级强烈地震，李国豪心急如焚，急不可耐地想参加救援。1977 年年初，李国豪以技术员的身份与交通部其他单位的人员到了满目疮痍的唐山地震现场，考察地震之后的建筑工程损坏情况。他得知北京到唐山的桥梁遭到严重的破坏，致使救援的汽车无法通过，救援的物资和人员无法到达受灾现场，许久不能平静，深深感到作为一名桥梁工程的科技人员巨大的责任。回到学校后，他立即结合考察到的唐山地震的桥梁震害，着手编写桥梁抗震的分析讲稿，开设抗震讲座。与此同时，开始准备恢复在文化大革命期间被迫解散的结构理论研究所。

李国豪的弟子范立础回忆："李校长刚上任，就把我们几个人找到一起，交代我说：'抗震研究，尤其是桥梁抗震就以你为主'。"随后，同济大学的抗震研究进入了一个新时代。

1981 年，在结构理论研究所恢复建制 3 周年科研成果报告会上，结构理论研究所完成研究课题达 52 项，其中包括唐山滦河大桥抗震分析、吴泾化工厂 30 万吨合成氨工程钢梁结构汽轮空压机动力基础设计实验、建筑物地震破坏机理等。这些与国计民生密切联系的课题有的获得国家发明奖，有的获上海市重大科技成果奖。[1]

1　程国政：《李国豪》，同济大学出版社，2013 年，第 163-165 页。

为了更好地服务国家建设，李国豪还指导结构理论研究开发了各种桥梁的抗震设计软件，如：①桥梁抗震。以新滦河大桥抗震设计为目标，建立了平面杆系的动力分析程序，进行了现场静力、动力测试和分析，在此基础上完成了地震反应分析和抗震设计，为连续梁的抗震设计提供了理论依据。还利用这一手段进行了邕江大桥的抗震验算和加固设计。②拱桥抗震。现行公路工程抗震设计规范中关于拱桥抗震计算是以裸拱为力学模型，并且只给单孔拱桥的地震力，这是不完备和不方便的。同济大学通过震害调研和理论分析，考虑了拱上建筑的实际作用，直接给出了控制截面的内应力反应系数表，使拱桥的抗震计算达到了实用的程度。同时，这一思维被推广到多孔连拱以及横向计算上，对于铁路上常用的钢筋混凝土双肋拱桥，根据其构造特点和动力特性进行处理，这些成果为我国桥梁抗震设计规范的制定提供了理论依据。③曲线桥抗震。完成了三种不同精度要求的计算方法：曲梁单元有限元法，Reyleigh-Ritz 方法，实用方法。④斜张桥抗震。在李国豪演引出斜张桥空间动力分析的有限元法之后，编制了用以分析斜张桥特性和纵向的线性地震反应的专门程序，以此为手段研究了斜张桥的抗震体系及其减震方法，对规范设计谱的长周期提出了合理的修正，并研究了符合规范谱的人工地震波，还进行了地震相差效应的分析、非线性时程分析和振动台实验，最后在上述工作基础上提供了斜张桥的实用抗震计算方法。在上海泖港桥竣工后的动力测试和计算中，表明了这一力学模型和计算方法的可靠性。[1]

这些成果合理地简化了模型，为工程抗震设计提供了系统的抗震分析方法，因此，该成果获得 1985 年国家教委科技进步一等奖。

另一个以国家建设为工程研究和工程教育头等大事的事例便是南浦大桥的设计方案和争取南浦大桥建设自主权。

---

1 《桥梁抗震研究总结报告》，同济大学桥梁结构研究室，载程国政：《李国豪》，同济大学出版社，2013 年，第 166-167 页。

20世纪80年代,上海市为适应开发浦东的需要,计划在市区建造跨越黄浦江的大桥。上海市建设委员会所属的设计院为此设计了一座主跨423米的预应力混凝土斜拉桥。而此时,刚刚担任上海市科协主席的李国豪建议,由同济大学也做一个设计方案,以进行比较参考。在李国豪的密切关注之下,由他的得意弟子领衔,同济大学拿出了一个叠合斜拉桥方案。所谓叠合梁就是由钢梁和预制预应力混凝土桥道板组成的梁,它的优点是重量轻且施工快。而更为重要的是,较轻的斜拉索会节省更多的钢材料,而塔身和桥的基础也会用料更少并减少施工周期,可以保证在上海前后两个台风季节之间将桥架设完毕。随后,在专家评审会上,同济大学的叠合斜拉桥方案获选。由此,上海城市建设发展史上,镌刻上了同济大学工程研究浓墨重彩的印记。

如果说结合工程环境因地制宜地设计只是李国豪工程研究的本分的话,那么接下来争取大桥建造的自主权则是其为国服务思想的强有力表现。

作为当时上海市政协主席,李国豪几次三番利用同时任市长江泽民会面的机会,力陈中国自己造桥的未来意义。他说,国内已经自己建造了不少类似的大桥,虽然跨度小一些,但这表明我们有这样的技术。南浦大桥我们中国人完全能够自己建造,而且价格也一定比外国公司承建更便宜。特别是,自力更生造桥对我国桥梁界和上海人民是莫大的鼓舞和自豪。[1]

1988年冬,好消息终于传来,上海市政府最后决定由中国人自己建造南浦大桥。南浦大桥建造自主权的取得,开辟了中国桥梁建设的新征程,从此我们进入了一个赶超世界造桥先进水平的新时代。

还有一个最为淋漓尽致地体现李国豪"工程教育的根本任务乃是为国家建设服务"这一思想的经典事例,那就是已经到了耄耋之年的李

1　代琇、庄辛:《一片丹心化彩虹——记桥梁力学专家李国豪》,同济大学出版社,1997年,第150-151页。

国豪为上海洋山深水港的开建四处奔走。

20 世纪 90 年代，国际海运发生了巨大的变化，集装箱运输成为主流。远洋集装箱船舶越造越大，主流型号的吃水线都在 15 米左右。而上海港由于受河口限制，一般的吃水线仅在 7 米左右，就算新建的外高桥码头，也勉强只有 10 米左右的吃水量。大型集装箱来上海停靠，通常只能等待潮汐变化，潮水涨高时所有船只蜂拥而至，港口装卸极为不便。港口码头缺少深水泊位成了制约上海进一步发展的瓶颈。1995 年，上海市将深水港选址列为十大调研课题之首。

洋山深水港位于上海南汇芦潮港以东近 30 公里处，是一座适应于集装箱运转的天然良港，具有优良的 15 米以上的深水泊位。但远距离修建深水港其自然条件、工程难度、技术难度、施工难度令人生畏，决策者踌躇不定。

专家论证会开了一次又一次，在参加了多次论证会后，李国豪怀着强烈的使命感，提笔给时任国家主席江泽民写了一封信。在信中，李国豪表示，洋山深水港建设有极大的可行性，它对国家经济发展意义重大，希望这项关乎中国未来的工程立即上马。

2000 年 10 月，在江阴大桥落成典礼上，李国豪向江泽民提起洋山深水港的建造事宜："上海一直都是以港兴市，深水港是上海发展的生命线，现在更是迫在眉睫的事。釜山和高雄都因有了深水港发展得很快，我们得抓紧上马啊。"

2001 年 11 月，江泽民对上海国际航运中心做出批示，建设国际航运中心深水港选址终于尘埃落定。

此时，李国豪已进入生命的最后阶段，可是，他不顾老迈的身躯，毅然担当起了深水港东海大桥建设专家组组长。

在大桥设计阶段，他就全面介入指导，对总体的设计、建设方案及工程质量出谋划策，为此还同建设总指挥黄融建立了通话"热线"。

在大桥建设过程中，有人提出应用创新技术、创新材料造桥，一贯主张创新的李国豪却坚决反对。他说:“创新这个问题,我们要辩证地看。在东海建设这样规模的跨海大桥,这本身就是一大创新。至于建桥本身,我倒不主张采用太新的技术。新,在一定程度上代表了风险。第一次造跨海大桥已经包含了很大的风险,如果再加上新技术、新材料的风险,那就可能招来致命的失败。我主张采用成熟的、经得起时间考验的技术。”“造桥是一个实打实的工程,桥梁的第一使命就是为经济建设和人们生活服务,决不能搞花架子,盲目地去争什么世界第一。”李国豪的这一观点成为整个东海大桥建造的重要原则。

在施工后期,针对设计部门计划采用 80 米跨径的钢筋混凝土叠合梁,组成连续 9 公里长的钢结构主梁桥面,李国豪又及时指出:“你们要注意,海上建桥防腐是一大难题,海水海风都有很强的腐蚀性。既然已经为大桥定下了 100 年的基准期,那么设计施工各个方面就都要紧扣这个基准。搞 9 公里长的钢结构,海上补漆难度大,将来防腐工作怎么做?每年补漆需要多少工时?要坚持 100 年哪!”在李国豪的恳切指导下,最后,9 公里长的钢结构桥面缩短到 800 米,不足原来的十分之一。[1]

在长达 50 余年的工程教育实践中,李国豪始终强调工程教育必须以解决国家建设的实际问题为出发点和归宿,而要完成这一工程教育的任务,应遵循的实践逻辑是:大力培养受教育者的个体工程能力,国家建设的实际问题的解决需要个体的能力作前提,而国家建设的实际问题的解决,最终会使国家获得大发展。

在我国高等教育面临市场经济的挑战,在由精英教育转型为大众化教育的过程中,李国豪一再强调的工程教育的任务就是满足国家建设需要、教育必须适应社会的需求的办学原则应当能够给我们带来新的启示。

1　彭瑞高:《大桥,是他一生的支撑——李国豪先生与东海大桥》,载《新民晚报》,2005 年 5 月 30 日。

目前，我国大部分工程教育的高等学校还处在卖方市场的轻松自在环境当中。无论是招生还是就业环节，市场化激烈残酷的竞争压力尚未真正袭来，许多工程教育院校急于扩大办学规模，草率申办专业，根本不重视申办前市场需求考察与招生后新办专业的市场推介工作，而且不管是培养计划还是课程设置往往毫无工程教育的特色，面对这种办学方式，重新思考李国豪所一再强调的适应社会和国家建设的需要开展工程教育的办学方针，无疑是具有重大的现实意义的。

四、对工程教育基本要求的强调

李国豪关于工程教育的基本要求是：手脑并用、做学合一。他在多种场合中强调，手脑并用、做学合一的实质便是，理论与实习并行，知识与技能并重。要有效地发展工程教育，就必须加强理论研究与实践结合。工程教育的发展规律及其特点决定了工程教育教学必须遵循手脑并用、做学合一的原则要求。因为，工程教育不仅要教给学生专业理论知识，还要培养学生过硬的处理实际工程问题的专业技能，为此，必须强化学生的动手操作能力。

李国豪所提的"动手操作能力"这一工程教育原则要求实际上就是其受多年的德国工程教育熏陶的结果。在德国传统的理工科学校(Diplom)，所有工科学生都必须有半年左右的企业实习经验。德国理工科，主要就是培养技术型人才，所以学生几乎没有超专业知识的课。至大学毕业时，德国理工科学生基本上都能够就某一专业形成基本的动手能力。

关于动手操作能力，在李国豪看来主要表现在两个方面：第一，解决实际问题的能力；第二，具体科学研究的能力。

最能够体现李国豪动手操作能力思想的是他关于如何培养博士生的论述。1987年李国豪受邀在《同济教育研究》上发表的《谈谈怎样培养好博士生》一文，篇幅虽然并不长，但是，我们能够清晰而强烈地体察到李国豪对工程教育的基本思想脉络。

他开篇就提出，博士生的“入学考试成绩不能说明考生的水平”，要选取优秀的博士生，更重要的“一方面看本人对考博士生有何设想，准备搞什么”要“注意选拔有实践经验的考生”。在这里，“准备搞什么”“有实践经验的考生”，其实质便是解决实际问题的“动手操作能力”。

在谈到“培养工作中的几个问题”时，对动手操作能力，李国豪提出了四方面的要求。

首先，基于德国的博士生直接从做研究和写博士论文开始，李国豪指出：“我国的博士学位，从条例上规定有学位课程，念些书我是赞成的。”他也指出应当关注动手操作能力：“对于第一外语的要求，博士生毕业后应当做到能听能讲，听讲对阅读也很有帮助。现在我国对外开放，国际学术交流多了，八十年代培养出来的博士生外语听不懂、讲不来，这是很大的缺陷。”要改善这一动手操作能力不强的教学缺陷，李国豪主张：“逐步加重听和讲的分量，至少交往中要词能达意，同行听得懂。”

其次，关于博士生在研究中的动手能力提高路径，李国豪指出：“我们是搞工程的，论文不能太理论化。如果（论文）偏重于数学、力学的分析，那就不合适了。我们的论文（必须）要回答实践中的问题。”李国豪专门指出了提高动手能力的方法：“论文的做法也有两种（一种以学术为主，一种以实务为主），（即便）一种是以学术性为主，但还必须既有理论又有实践，而且（还必须）有（动手）实验。”至于“另一种以设计、工艺研究为主的工程博士论文”，更是要有“工程背景”、有动手实验的流程。

第三，在提到实验之后，李国豪又专门阐述了实验对动手能力提高的价值：“对博士生的要求，不能光搞理论分析，（必须）要（动手）做实验。”“（动手）做实验有两个目的，一个是培养认识论观点，我们搞的理论分析，往往是作了简化假设，最后得出结果。这样的理论分析是否对，不是靠脑子想，或利用过去的方法进行分析来得出结果，而要通过实验来检验，就是要看理论分析的结构能不能反映实际。如果理论分析与实际不符合，就要重新考虑了。这是一个认识论的重要问题；搞科学研究，不建立这个观念那就很危险，就很容易拿起笔、纸，通过计算机一算就得出结果，就对工程作出决议，这是非常不恰当的。”

李国豪还现身说法：“我对我的硕士生或博士生，从入学那天起，我就要求他们建立这个观念。有的论文要到工程中去检验，当然有时因为条件的关系有困难，但是可以设法在学校内（动手）做实验，如用模型实验来检验理论分析对不对。这是科学工作者的正确态度。”

关于做实验的另一个目的，李国豪直截了当地指出：“培养动手能力，通过做实验，自己动了手，可以更深地认识实验的数据，以便判断自己和人家的成果”。针对国外同行对中国学生动手能力不足的批评，李国豪说：“我们国内的同志到国外去，人家认为我们的理论分析能力还是比较强的，但评价我们三点不够，一是外语不太流利，二是动手能力差，三是缺乏排程序、上机的训练。”“这几年的计算机训练是提高了，但我们学生的动手能力似乎还不尽如人意。”“我不赞成光是理论分析、排程序上机，就得出结果、算数。这样做还很不够，还是要联系实际，动手做实验。”“工科的青年学生，不会（动手）做实验，将来也不会是一个称职的工程技术人员或者是称职的教师。”

第四，关于动手能力的提高，李国豪还提出了一个至为有效的指导方略：“对于指导博士生，我一向认为不必具体过细地指导，只是在方向上，关键的问题上给予指导。其他尽可能地让学生自己面对，学生在各种面临的问题作用下，自然会激活动手的愿望。”“我不赞成博士生在研究中一有困难就找导师，我倒希望博士生自己遇到‘困难’‘烦恼’时，自己去解决，去克服，这样他过后感到是一个（动手能力）的锻炼。”[1]

五、关于工程教育中教学与科研的关系

教学与科研的关系是高等教育办学当中的一个永恒主题，历史上，

1　李国豪：《谈谈怎样培养好博士生》，载《同济教育研究》，1987年第1期。

柏林大学(洪堡)对教学与科研关系的讨论曾极大地推动了德国高等教育的发展。

今天,片面强调科研或教学的做法已经很少了,取而代之的是,教学与科研的协调发展正在被各国大学广泛接受。一方面,教学是大学的基础工作,关系到未来一代人的发展,必须加强;另一方面,科研对国家建设具有重大意义,对教学本身亦有积极促进作用,也必须关注。

透过德国大学的传统和实践,似乎也容易看到,只有真正搞好科研,才能真正做好教学工作。教师只有不断地从事创造性的科学研究,才能真正按照教学与科研统一的原则上课,才能发挥出高水平,才能引导学生在本专业内运用一些基本科研原则,使学生学会如何学习和科研。从国际高等教育发展来看,高等教育质量亦将在教学与科研的协调与互动中有了更大的提高。

李国豪对于教学和科研的关系有非常明确的观点。李国豪认为,高等教育本身就具有包括科研在内的综合职能,没有较高的科研和学术水平就不可能有一支高水平的师资队伍,也办不出高质量的学校。从整体上看,没有必要在教学与科研中进行"谁第一,谁第二""谁为主,谁为辅"的次序上的无谓争论。每一个大学教师都必须注意处理好二者的关系。对教学工作抓得不紧、不认真,是不应当和不允许的,但不搞科研或者排斥科研,也很难称得上是合格的教师。高校教师,特别是高级职称的教师,一定要创造条件,在完成教学任务的前提下,尽力使科研工作取得好的成果,从而不断提高自身的科研和教学的素养。

提高教学质量最好的方式就是致力于研究,因为透过研究一个教师才能最终成为一个教育者。20世纪50年代,李国豪作为同济大学主管教师和全校教学工作的领导,一个突出的特点,就是非常重视教师的科研。他经常对教授们说:"一个高等学校的老师如果只埋头在课本、讲义、课堂里,不搞科学研究,不接触实际,那就好比无本之木、无源之水。不错,在课本里有时也会有新见解、新发现,会有所提高,但有较大的局限性，且久而久之，最常见的结果就是，他的教学至此止步，没有什么新内容。如果不联系实际，不掌握本学科的新信息、新发明、新创见，特别是国内外先进单位的新情况，慢慢就会枯竭、踏步不前，只剩下书本上僵化的东西了。”

李国豪明确要求大家必须教学与科研并重。他说，只有促进科研的开展，才能使教学的质量不断提高。在努力做好教学工作的前提下，开展科研工作就是提高教学质量最主要的途径。[1]

李国豪不仅号召教师重视科研工作，他在这方面的身体力行，亦给大家做出了一个极好的榜样。

1955 年，李国豪因在科研上做出的重大贡献，被遴选为首批技术科学部学部委员。

1956 年，李国豪参加了国务院《1956—1967 年科学技术发展规划纲要》的制定工作，担任土建组副组长。他从国家整体发展规划的高度，提出了许多重要建议。

1959 年，中国科学院成立华东力学研究所，随后由李国豪组建了上海力学学会，将华东、上海的力学工作者组织起来。他担任了华东力学研究所领导、上海力学学会第一任理事长。他着眼于理论联系实际，科学为生产服务，不遗余力地开展工作。次年又成立上海市业余力学学院，吸收上海 60 多个生产、设计、研究单位的 200 多名在职干部入学，培养和扩大力学工作的专业队伍。

1964 年 10 月，我国第一颗原子弹爆炸成功。考虑到我们不仅要有原子弹，还要有防御敌人核袭击的设施。李国豪深感同济大学作为以土木建筑为重点的高等学府，应为国家的防护工程出力，对国防建设做出贡献。为此，征得校党委的同意后，他组织了以抗核爆炸为目的的研究室，从事防护工程的研究，对外称为“结构理论研究室”。非军事高校

---

1 参见李国豪：《在教职工代表大会上的报告》，1982 年 4 月 16 日。

进行这项军事性的研究工作，在全国尚属首次。他亲自投入研究，并让校内力学、结构工程、地下工程方面的教师和研究生及一些数学与力学专业毕业生参加研究工作。在有了基础的研究后，李国豪到北京与工程兵有关部门联系，建议组织这方面的全国学术讨论会，受到极大重视和赞许。接着，他积极筹备讨论会，并将研究成果编印成学术报告集，以供会议讨论。1964 年初，由同济大学负责组织，在上海华侨饭店召开了"特种工程结构讨论会"。会议由时任工程兵司令员兼政委陈士榘上将亲自主持。时任工程兵副总参谋长张爱萍专程从南京乘飞机来沪参加。会后成立了国家科委领导下的"防护工程专业组"，由陈士榘司令员任组长，对我国这方面的研究工作起到了积极的组织领导的作用。20 世纪 80 年代，中国土木工程学会下成立了"防护工程学会"，李国豪作为这方面的元老，担任这个学会的名誉会长。

1969 年 9 月，李国豪凭借他扎实的理论基础，历尽艰辛，终于圆满回答了武汉长江大桥和南京长江大桥显著晃动的难题，完成了大桥整体稳定的初步理论分析，证明大桥稳定性没有问题。写成了《关于武汉长江大桥和南京长江大桥的研究》这一论文。1974 年冬，铁道部大桥局邀请李国豪参加钢桥振动研究专题协作会议。在会上，他向与会专家们报告了自己的研究结果。

1977 年 12 月，李国豪 43 万字的《公路桥梁荷载横向分布计算》出版。

1977 年初，李国豪以技术人员的身份与交通部等单位联袂赴满目疮痍的唐山，考察震后情况。当年五六月，他结合所考察的唐山地震的桥梁震害，编写桥梁抗震分析讲稿，开设讲座。

1980 年 2 月，李国豪与同事徐植信、俞载道、郑大同、朱伯龙、项海帆汇编完成《工程结构抗震动力学》一书，共 10 章 25 万余字，填补了当时国内亟需的这种文献的空缺。

李国豪曾总结说，一般的教学只停留在培养学生工程能力上，而他自己却把教学和培养学生良好的研究习惯直接挂钩，他把研究分为读书笔记、文献收集、专题研究、发表作品等几种。针对不同类型的研究，他提出养成不同习惯的要求，如读书的笔记应“注重养成怀疑、不苟且、不潦草的习惯”“专题研究须提倡材料的搜集与排比、条理的训练，证据的批评等习惯”。教学的过程应该是使学生养成良好研究习惯的过程，而良好的研究习惯又是学生最重要的修养之一。

李国豪在孜孜不倦从事教学、科研、撰写许多论文和专著、繁忙参加国内外学术活动的同时，还参加了具有权威性的百科性质大型辞书《辞海》的编纂工作。在《辞海》修订中他作为分科主编负责组织编写土木建筑部分的专科内容，并审定稿件。20 世纪 80 年代，李国豪又承担了《中国大百科全书》土木卷的主编工作。他还是英国科技史学家李约瑟博士 80 寿辰论文集《中国科技史探索》一书的主编之一。

除民间学术活动之外，作为科学家和教育家，李国豪还积极参加国家有关的重要活动。例如 1956 年，他参加制订我国科学技术发展规划，并且是土建水利组的组长之一；他认为当年规划中确定的以“建筑工业化”为主要发展方向，至今还是适用的。

关于李国豪教学与科研的思想中，还有两点特别值得一提。

其一，李国豪对教材与教学的讨论。

李国豪对有些工程教育教材内容不切实际或不加选择照抄外国教材深感遗憾，他批评这种脱离中国生产实际的教材是讲堂式教材，用这样的教材教学是根本不可能培养出实用人才的。

工程教育教科书的编写最为重要的就是，要尽量做到“简明”而“切实”，必须联系工程的现实状况。理想的教材一定要简明而且切实，所谓简明就是略而能够不流于空疏，所谓切实就是详而能够不流于堆砌。教科书的表达必须明白、确切。语言上要用词准确，简明扼要，内容上要头绪清楚，前后连贯，尽量通俗易懂。他在编写工程教材时，非常注意利用在调查中掌握的第一手资料，使该书紧密联系我国实际，具有中国特色。

对工程教育的教学来说，最好的教学就是利用客观现实的工程案例，促使学生自动、自主地求学。他反对照本宣科的教学方式，认为这种教学方式不仅呆板、无聊，更糟糕的是它根本不顾及学生的反应，他断言这种教学方式必然会导致教学失败。

其二，李国豪对学生介入工程问题研究的见地。

李国豪极力主张让学生介入（工程）研究，让学生介入（工程）研究，就可以促使学生驱除模仿、找回自我、亲身体验当时的情境。也就是说在研究中让学生自己的观察和体验成为（工程）主角。他要求所有学生都必须参与研究。为了让学生在研究中感受到自己的存在，他特别还提出做（工程）研究应注意几点：①最好让学生自己出题目；②千万不可出空泛或抽象的题目；③题目的要件是：第一要能引起学生的兴味，第二要能引导学生去搜集材料，第三要能使学生运用已有的经验学识。他还“鼓励学生写长信，做有系统的笔记，自由发表见解”。

第六章　李国豪教育思想的延展范畴:大学观

如果说李国豪上述诸多对教育内涵的体会是其教育思想构成的内部结构要素的话,那么,其关于大学的使命、大学的功能、大学的管理策略及其大学校长办学思想等的思考,则构成了其教育思想的延展范畴。

一、对现代大学的根本认识

大学教育的使命是什么?大学应当提供一种什么样的教育?大学应当树立一种什么样的教育理想?这不仅是过去,也是当下时代向我们提出的一个十分重大的问题。

李国豪关于大学教育的认识,虽然与中国传统教育思想有许多相通之处,如主张修身养性,强调人格培养等,但更多是受德国大学制度和德国大学思想的影响,要求既对专业知识进行精深的学习和研究,亦对专业技能进行把握,能够在实践中对技术加以应用。他所提出的大学教育宗旨的着眼点始终都是建立在科学技术的研究及其应用之上的,他将受教育者的专业学习与专业技能发展既看作是大学的使命,更看作是实现国家富强的手段。

20 世纪 50 年代到 70 年代,在中国,大学教育一直被看作是政治的工具,大学更是被认为是政治运动的中心,大学的一切教育活动都受制于严格的行政指令,举国上下压倒一切的主流观点是,大学必须为无产阶级政治服务。然而,当时,无论是在做工学院院长还是在做副校长,李国豪对此都不以为然(有关这一点可以从文化大革命中许多对李国豪的大批判中获知,也可在李国豪自我反省的思想日记中看到[1])。

李国豪始终认为,传授专业知识和形成专业技能是大学区别于其他社会机构的典型特征,大学就是传授专业知识和形成专业技能的场所。在20世纪80年代同济大学轰轰烈烈的教育改革中,为了适应当时中国现实发展的需要,他更是确定了大学的目的就是培养科学家和工程师。在其主持同济大学的管理时期,他反复强调对学生应当进行特别的教育,要求将他们培养成为对国家有所作为的科学家和工程师。

既然大学是传授专业知识和形成专业技能的场所,因此,李国豪坚持,专业教育和职业能力教育就应当是大学的首要任务,作为一个特殊机构存在的大学,其专业教育训练和职业能力培训应当是其教育中并重的两项基本任务。

一直以来,无论是社会民众还是学术界,在专业教育与职业教育的关系问题上,都各执一词,要么坚持极端的专业教育观点,要么固守实用教育或职业教育的阵地,由此在基本立场和态度上表现出明显的非此即彼的二元论方法模式。对二元论方法模式的坚持,使专业教育与职业教育之间的相互融合性被人们极大地忽视了,导致专业研究教育和职业实用教育相当程度的双重失落。

在李国豪看来,大学专业教育应该对受教育者未来的生活有实际裨益。这种实际的裨益或者说功用,就是对受教育者未来的职业所产生的好处。由此出发,尽管他一贯倡导基础的理论研究,对那种以纯粹专业研究为目标的教育指出了必要性,但他同时也指出,大学专业教育应有益于培养学生未来所需的职业技能。事实上,李国豪在其大半生的教育实践中,展开了他既重视专门研究,又关心职业发展的大学教育思想,主张在以往传统大学教育的基础上大面积地引进实用科学技术教育。

1　参见《思想日记》,档案号2-LGH-RW-11-6,同济大学档案馆。

对现代大学的认识，将专业教育和职业教育的关系模式置于上述那种冲突型的二元模式之中，似乎专业教育和职业教育二者之间存在着一种不可调和的矛盾，认为专业教育强调目的本身，而职业教育则注重结果；专业教育关注知识，而职业教育重视实用，其实是大可值得怀疑的。大学教育中普遍存在的上述对专业教育和职业教育非此即彼的二元思想倾向显然是不可取的。李国豪在多种场合一再提醒，失去基于理论旨趣的基础研究，缺失了精深的专业教育，大学肯定要误入歧途，而不考虑实际生活需求，不顾受教育者的现实职业要求，大学亦会步入泥潭。

现代大学必须以推动社会经济发展和促进国家建设为己任，现代大学既要帮助学生追求专业知识和专业技能，也要帮助学生寻求实用和令人满意的职业。专业教育和职业教育是可以互相融合的，大学教育与职业教育之间是可以和谐并存、相互支持的，它们并不存在本质上的冲突。

首先，针对专业教育和职业教育所提出的应用性原则，李国豪指出，大学并不反对教育的功利基础。针对实用性展开大学教育是现代大学发展的一个特点，并且也是现代大学发展的基本趋势。专业教育和职业教育的关系是把实用教育置于专业研究教育之下，用专业教育对实用教育加以统摄，从而使不同层次的教育取得和谐统一发展。实用教育在此更多地被赋予了工具性意义，而专业教育则居于一定的价值层面。工具理性是受价值理性支配、为价值理性服务的，在此意义上，工具理性与价值理性是统一的。这就是李国豪所主张的专业教育与职业教育、实用教育相统一的内在思想根据。

其次，关于专业教育与职业教育在大学范围内的关系模式。专业教育应统摄于职业教育，职业教育是实现专业价值的工具，具有相当的实践意义。反映到大学而言，即只有在专业教育的基础上，职业教育的发展才有可能，并且只有在专业教育的基础上，职业教育的发展才最终具有了价值与意义，而不至于沦为简单的功利和实用。在具体的大学教育中，应实现专业教育和职业教育在时间和层次上的契合，充分发挥出专业教育的基础性作用。

从上述认识中不难看出，专业教育与职业教育二者之间未必水火不容，与此相反，专业教育和职业教育在一定程度上具有切合的可能。显然，这种观点的提出对于转变我们传统的二元式思维模式，具有重要的现实意义。

不仅如此，李国豪从工具理性和价值理性角度对专业教育与职业教育关系进行的探讨，以及对解决该问题所提出的观点和主张，还为我们当今处理该问题提供了有益的借鉴和启示。他对专业教育与职业教育关系问题的洞见，反映了他思想的深度。

李国豪特别重视将大学的专业教育与职业教育加以有机结合的原因有二。

第一，一个民族或国家要在世界立得住脚——尤其要光荣地立得住脚，首先是要以专业研究为基础。专业研究昌明的国家没有不强盛的。反之，专业研究幼稚、知识蒙昧的民族没有不贫弱的。正因为如此，李国豪把专业研究视为高等教育的精神命脉和改变陈腐观念、改造大学的重要手段。

第二，相比于其他机构，唯有大学能够迅速造就可用专才。大学以养成硕学闳才应国家需要为宗旨。因此，大力发展高等工程教育的实质便是，积极培养“供驱策之用”的促进国家建设的职业人才。

20 世纪 80 年代后期，李国豪将其对大学的专业教育与职业培养的认识全面付诸实践，主张大学在专业教育与受教育者未来职业之间应当建立一种间接的联系，强调大学专业教育既应与科学研究相联系，也应该与受教育者未来的生活相联系。大学首先应当是专业培养的教育，在培养过程中，在将对科学自身的追求设为目标的前提下，专业的培养趋向于特定的目标，即间接地指向未来的职业。在进行同济大学的教育改革时，他要求在同济大学培养目标的落实过程中，既应当关注基础研究性质的专业教育，亦应该为一定的职业能力形成做准备，也就是，为受教育者个体适应未来的社会生活做准备。主张大学专业教育的现实应用性目的，强调大学专业教育与社会现实之间的必然联系，突出大学教育目标的实用特征。[1]

李国豪特别强调，大学万不可忘记对受教育者进行心智陶冶，也就是，既注意实用性课程，同时推崇抽象的理论课程。这二者是有紧密联系的。前者是后者的基础，后者是前者的深化。理性认识是关于事物本质的认识，而事物的本质存在于事物的现象之中。事物的现象通过事实、数据、信息、资料反映出来，这些都是思想加工的对象，经过思想加工，上升为理性认识。通过这一过程，学生才能把握事物的本质。学生只有积累了十分丰富而又合乎实际的感性材料，才能进行科学的抽象，产生正确的理性认识。离开了感性认识，理性认识就成了无源之水，无本之木。

大学肩负有多重使命，李国豪不仅把大学作为教学和科研的中心，还把大学作为产生科学思想与形成学术批判的中心，同时，更把大学作为服务社会的机构。同济大学的成功发展，一定意义上，正是李国豪把这些融为一体的杰作。

李国豪认为，理想大学基本上可以归纳为以下几点。

第一，大学以追求真理为己任，以从事学术研究为核心，大学的设立及其存在的基础，不应以外在的或工具性价值为依托，而应坚守大学精神和目的，始终不渝。

第二，大学教育不是一个单独的过程，大学教育的发展必须适应当时国家经济、政治、社会、文化、国防等各方面发展的需要。因此，大学的现实目标是进行专业教育，通过专业的研究和对受教育者专业技能

1 参见李国豪历次在开学典礼和职代会上的讲话，同济大学档案馆。

的造就，为社会的发展和国家的建设提供资源。

第三，大学应该是具有多学科门类的高等学府，大学必须要建立设备齐全且先进的实验室，学科门类尽量齐全，并能够有海内外知名教授来充实教师队伍。

第四，大学的课程应该具有统整的形态，知识的发展，不应趋向孤立。科际整合，专门知识的交流，学术的沟通是大学的应有之义。

第五，大学的办学宗旨、办学目标、办学原则以及办学理念等方面当贯穿和体现中国传统文化的精髓。

在具体的大学专业教育实施上，李国豪重视专业理论基础，力图夯实专业教育的基础。

在大学的专业教育上，李国豪更关心的不是形而上的纯理论研究，而是其实际运用，强调与经济发展和社会生活密切相关的课题的研究以及成果的运用和推广。这与他继承经世致用的优良传统、倡导“实业救国”以及实业与教育并进迭用、教育应与生产劳动和社会实践相结合的一贯主张是紧密联系的。

二、独具特色的大学功能要求

大学的功能就是大学所具有的能力和功效。

近代大学起源于中世纪大学，由于在它产生后相当长的一段时间内，大学都是围绕着保存和传授知识以及培养人才来开展各种活动的，因此，传统上大学的基本功能包括：第一，教学，即传授先进知识，指导年轻人；第二，进行科学研究，从事对人类社会发展最有意义的智力创造工作；第三，推进知识进步，将学术在更为宽广的范围内传播。

基于以上功能，早期的大学通常充当着象牙塔、瞭望所的角色，在那里学者及受教育者们能够感受过去，眺望未来。

第二次世界大战后，高等学校功能出现了重大转变，大学由游离于社会到与社会息息相关进而走向社会的中心。其标志是大学为社会服务的职能的确认。

在当今社会，大学担负起把握时代、预测未来、提供重要信息以及培养社会需要的人才的任务，大学的公共责任在今天已是到了无以复加的重要程度。美国著名教育思想家德里克·博克(Derek Bok)指出，现代大学已经不再是传统的修道院式的封闭机构，而是变成沟通生活各界、兼有多种功能的超级复合社会组织。急剧变化的社会和全球事态，将大学塑造成为一个庞大而复杂的机构，对社会产生巨大的作用。大学的功能已集中转向于为养育自己的社会服务，大学必须对当今世界最关切的问题主动探索并提供有效的咨询，必须对地方社会和经济的知识需要做出及时反应，并且必须不断地推广大学生产的新信息、新知识、新思想、新技术，以及解决社会问题的新方案。

大学越来越多地进入为国家服务的领域。大学已经成为社会的中心结构，大学教育之优劣足以影响乃至决定一个社会的文化与经济的盛衰，一个国家的大学的质与量甚至可以用来判断这个国家的文化素质乃至经济水平。在知识经济来临的当今世界，大学以其拥有的知识和设备而成为社会发展重要的机构，人们已经越来越意识到高等教育的质量对经济文化发展的贡献和影响。

基于上述背景之下，李国豪形成了其带有同济印记的独具特色的大学功能认识。

李国豪深刻地认识到高等学校在国家生活中担负的巨大任务，随着大学对社会事务的广泛参与，大学在社会中的地位显得越来越举足轻重，而且，由于知识在社会生活中的地位越来越重要，大学对社会的发展也有着不可推卸的责任。大学不是创造物质财富的工厂，大学也不是为政府决策提供咨询的智囊团，大学甚至也不单单是进行科学研究的实验室，虽然现代大学拥有这样的功能，大学的首要功能应当是培养人的功能。只有大学可以培养出具有创造力的人，只有大学可以培养富有热情、充满活力的青年，大学教育可以使人发展智力，形成能力，树立理想，提出问题，大学的这一功能才是给予社会最重要的贡献。

依照此认识，李国豪提出了他的大学功能要求。

其一，促使大学把科学研究放在首位，由于大学的主要任务在于培养献身于科学事业的青年学者，把科学研究放在首位将极有利于青年学者的成长；

其二，在受教育者知识能力发展方面，强调大学应当将一切有用知识和实际的技能作为受教育者掌握的对象。实用科学和纯科学研究都应提倡。

李国豪在不同场合指出：大学的精神就是研究学问。大学就应当致力于高深学问的研究，这种“学问”不单是传统意义上的求学之问，还应包括“自然科学，社会科学和应用科学”。

大学的核心其实就是教师。在任大学校长时的多次讲话中他一再表示：一个大学之所以为大学，全在于有没有好教师。教师之所以重要，就在于其所持操守足为学生表率。

大学要引领潮流，建树风气，应注重两个方面：一是广泛延聘国内外有造诣的学者来治学执教；二是锻炼学生独立思考的能力，重视青年人思想能力的造就。

如果我们仅仅把大学看作是一个服务的工具，那么这无疑会贬低我们的学术机构，削弱学术研究在人们心中的地位及价值，并且将大学置于无穷无尽的来自外界的烦琐事物之中，学生们也将无法领略科学研究的本质内涵。可是，如果我们一味地坚持纯学术的科学研究而完全忽略了现实社会的实际问题，对国家建设发展的重大问题无动于衷，这就又会导致另一个令人难堪甚至感到可悲的局面出现。

事实上，社会不仅需要大学来解决诸多的实际问题，大学本身也可以在解决这些问题的过程中获得更多的启发灵感和研究资源。而且，纯粹的科学研究与实际应用也并不见得就泾渭分明，其实在大多数情况下二者是可以并存的。正如一个人可以通过实践工作而对其自身有更深的了解一样。

更为重要的是，现代大学需要大量的外部资金以维持其自身的正常运转，正如我们所知道的那样，没有外界的巨大资金支持，大学将无法生存。大学从国家社会那里获得如此多的资助而对社会的需要表现得漠不关心是不正常的。

现代社会所面临的诸多问题不仅需要专业知识，更需要科学研究和高素质的人才来解决。现代社会对大学知识生产和科学研究的要求是前所未有的。大学也许不是给这些社会问题提供解决方案的包治百病的良医，但大学确实拥有比其他任何社会机构更好的装备和解决这些社会问题所需要的知识储备及优秀人才。

至于大学应该以何种方式服务于社会，李国豪重申，大学研究务必结合国家建设的实际需求。大学已成为知识工业的重地。学术与社会发展充分地结合使大学在国家中已处于举足轻重的地位，成为社会大知识工业的神经中枢。大学针对国家建设的实际需求进行研究将会直接推动社会文明的进步。

李国豪倡导大学应当以适合自己的方式服务于社会。为社会提供现实服务，培养专业人才。

第一，大学应当加强基础性研究。大学加强基础性科学研究对于人类社会来讲是进步的关键。基础科学探索不仅是为了满足人类的探究愿望，也是最终决定社会文明程度、社会繁荣的重要因素。特别是从长期来看，大学进行基础性研究对社会发展和对人类进步的作用与价值是不可替代的。依赖于基础性科学研究的进步，知识、专门知识和新的发明才会进一步产生，忽略基础性科学研究，将会导致整个人类社会发展迟滞。其结果对每一个人来说都是不幸的。

第二，大学为国家建设项目承担研究任务。为了使科学研究保持最高质量，必须使自己的研究与当下国家的建设发展需求密切结合。大学最具才华的研究人员应当集结于国家重点建设项目之下。

第三，大学应与企业合作，解决企业发展的技术难题。大学帮助企业解决发展的实际难题，有两个基本的途径，一是鼓励研究者在企业充当顾问，定期前往公司并把大学科研思想的最新发展和关键性的成果带往企业，能够极大地推动技术发展进程；二是鼓励研究者争取专利，专利权不仅会给企业带来巨大的收益，更能给大学提供一种实际的研究动力，使研究者更加努力地在实验室中发现有价值的成果。这种努力一方面会加速知识转化成实用性成果的进程，另一方面又可为大学科学研究活动开辟新的经费渠道，创造新的发展机会。

三、关于大学管理的解读[1]

近百年来，日本、德国、英国、美国和苏联等国的大学教育管理模式都曾深刻地影响过中国，现今中国大学的教育管理模式其实还是各国管理模式杂陈的混合型，如本科的“四年学制”，是“美式”的，“专业化教育”是“苏式”的，教师与国家公务员同等对待的大学“人事管理制度”是“欧式”的，而高度集权式大学管理体制则是“日式”的。

李国豪早年留学德国，亲身体验过德国的大学管理体制，这一特殊的经历使他在教育组织形式上更多地因袭了德国大学的管理传统，形成了因时因地制宜、灵活机动的大学管理思想。这一思想的集中体现就是，在大学管理中，他既看重管理的干预性和控制性，也重视大学作为知识创造领地所具有的自主发展性，即教师主体的自治性。现代大学制度下的管理体制应是二者的有机结合。没有干预和控制，管理便不存在；但不合理的、过多的主观干预，也会降低管理的有效性。

大学应建立良性的运行机制，这一良性的运行机制的核心就是“专家治校”。

“专家治校”源于中世纪学者行会管理自己事务的传统。后在西方

1　李国豪：《学校领导要德才兼备——我任校长的体会》，《上海教育》，2001 年第 3 期。

大学广泛施行。“专家治校”的主要目的就是，加强民主管理，把推动学校发展的责任交给广大学者教授，让懂得教学和科研的人员参与学校管理，调动各学科专家学者的积极性，加强他们的责任感，促进学校的蓬勃发展。

李国豪认为，大学管理者的首要任务就是确定大学的发展目标，即，揭示明晰的办学宗旨和使命。因为大学的宗旨和使命是大学管理活动的出发点，也是大学管理活动的依据和归宿。世界一流大学的创建和发展无一不是在明确、稳定的办学宗旨和使命的指导下进行的。因此，他在出任校长主持同济大学管理工作后做的第一个重大决策便是提出同济大学的总体发展目标：进行两个转变。第一个转变是在恢复原有的土建类专业的同时，根据现代科技发展的趋势，改变学校单科性现状，全力把同济大学转变为一所理工多科性综合大学。第二个转变是恢复德语教学，加强以德国为主的国际合作，将同济大学办成既是教学中心，又是科研中心的国际性大学。正是在两个转变政策措施到位的情况下，同济大学最终实现了发展成为具有一定国际影响力的理工文结合多学科综合性全国重点大学的目标。

我国以往的大学管理受苏联模式影响较大，行政干预在大学的管理中出现得过多。虽然行政干预在提高办学效益以及协调校院、系各部门之间的关系方面有重要的作用，但是，由于行政管理模式强调的是系统运作的规范化、程序化和制度化，各种规章制度要求由行政部门一级一级传下来，使得人们习惯于被动地接受上级的指令，主观能动性很难得到发挥。这种管理模式对于以不断追求新的学术高度和探索新的科学发展途径为目的的大学文化并不十分有利。虽然在我国很多重点院校，教授已成为学校教学、科研等学术活动的骨干和主体，众多的教授也已成为各种学术委员会的主要成员，有的还被任命为学术领导，但总体上讲，教授群体尚未在学校学术管理中成为领导决策的主体。有关学术发展的重大问题往往仍以行政领导决策为主。李国豪主张，应当加强学术管理的力量，发挥教授在学校事务管理中的作用，努力探索建立一个有着高度学术自由氛围的管理体制，即“学术自由”的管理模式——要求在课程设置、教学模式、毕业要求以及科研人员组合等学术性较强的管理上，由专家教授主持，主张学术问题应当用学术标准和学术方法来干预。

在李国豪看来，高校的管理工作，必须实现三个基本目的。

第一，要遵循高等教育内在发展规律，要在适应社会经济发展和国家建设需要的前提下，大力提高人才培养质量和科研水平；

第二，要在学校内营造开放、公平和有序的竞争环境，激励师生员工努力工作学习，发奋进取，不断取得突破性成果；

第三，要处理好教育、科研和直接为社会服务之间的关系，使学校成为社会经济发展的推进器。

李国豪认为，大学管理的主要职能首先在于决策，决策是管理的核心内容，是管理过程首要和基本的职能，学校决策大到学校发展规划和远景目标、办学定位、办学宗旨、办学目标的制定，小到学校具体人、财、物的配置与使用等。这其中，每一个环节都不可小视。

其次是高效的内部管理系统，通过良好的管理系统把学校的人力、物力、财力合理地组织起来，保障学校各部门及各个环节的密切配合和衔接。具体包括：完善的决策执行系统、良好的咨询审议系统和灵敏的监督反馈系统。这个管理系统的建立是大学管理的难点。

再次是师资队伍的建设和组织协调，大学是一个知识密集的场所，如何正确地选择、使用人才，把最适当的人员安排在最适当的岗位，保证人尽其才，人尽其用，发挥出最佳的效用，推动学科发展，提高科研水平，这是大学管理的关键。

关于大学的管理原则，李国豪特别强调三个基本要点。

其一是以教学科研为中心。李国豪对教学和科研历来十分注重，他在担任校长期间，紧紧抓住的两个管理中心就是，第一抓教学质量，认为教学管理是大学管理的重要组成部分；第二抓教师的学术研究，要求突出学术研究在大学管理中的地位。他多次强调：教师不仅要课教得好，还要在科研上做得好，通过教学开发大学生的潜力，培养学生的科技能力，而通过科研养成学术风气，提高教学水平。

其二是以国家教育政策为办学的根本方针。他在任同济大学校长时，坚决贯彻新时期国家教育政策，自觉地把教育政策作为办学的根本方针。

其三是施行骨干人才战略，把教师队伍的数量、质量和水平视为衡量大学办学水平的重要标志。他不仅注重师资队伍整体水平的提高，更注重骨干人才的培养工作，他一再强调，要办好学校，就要有一批名教授，一所大学办得好不好的标志，就是有没有一批知名的教授，有没有知名的学术带头人。在师资培养上，他的根本着眼点是多出有学术地位的学者和有名的教授。他要求各系主任尽量找出自己系里有培养前途的教师重点培养，让他们尽快成为骨干。在招贤纳士方面，李国豪一方面注重罗致有学术地位的名教授、名学者和在自己的学术领域里有成就的学者。另一方面，慧眼识才，不拘一格地重用有发展前途的青年人才。

李国豪指出，大学建设重点学科关系到大学的人才培养水平和科学研究水平，一所大学在国内国际所处的地位，不仅取决于他所培养的高级专门人才的数量和质量，也取决于他所具有的重点学科的数量、特色和优势。因此，大学日常管理的立足点必须建立在重点学科的建设上。

李国豪不仅强调要求学生扎实地学习基础理论，更强调让学生在实践中学习，以便最终形成真正的能力。在教材的选用上，李国豪有严格的标准，为了使受教育者形成真正有用的才能，他非常重视学思结合，学以致用，反对脱离实际的死记硬背。

四、关于校长办学思想的阐发

所谓校长的办学思想是指大学校长在办学过程中的基本的办学主张和根本的指导思想，是关于办学治校者希望把大学办成什么样子的一种教育理念。校长的办学思想关乎自己所在大学的方向选择、角色定位、特色所在以及理想和价值追求。

一所大学要有大的发展，大学校长是否有远见卓识，是否能够认清形势，进而能否准确地把握时机以跟上时代的步伐，是能否取得成功的关键。因为大学校长的管理不是具体管理，而是思想的领导与方向的导航。大学校长不同于一般的管理者，他不是一种程序化的工作者，而是一种富有挑战性的活动组织者。大学校长改革的眼光和勇气具有举足轻重的作用。

一般意义上的大学校长需要的是组织能力和强悍的决策能力，而真正具有领导力的大学校长则在组织体系中处于独特地位。首先，他有远大的理想和事业抱负，拥有个人魅力。其次，他能够有效地组织改革，敢于负责，并有决心和能力率领人们创造更杰出的业绩。再者，他能把握领导方向，能将组织的整体利益与被领导者个人的积极性完美地结合在一起，能让下属接受领导者的远景目标以及通过动员支持将远景目标转化为行为和成果。

大学校长的好坏是决定大学群体和大学组织取得成功的最重要的因素之一。一方面，优秀的大学校长能够弥补设备和资源的不足，有时甚至起着决定性的作用。另一方面，一个昏庸的大学校长也会给组织带来巨大而长久的伤害。

纵观世界大学发展的历史，每一所大学的成功发展都与大学校长的品质与治校理念紧密相连。如德国洪堡与柏林大学，英国的纽曼与牛津大学，法国的格雷阿尔与巴黎大学，美国的埃利奥特与哈佛大学，我国的蔡元培与北京大学等。上述校长所拥有的一个共同的特点就是，在国家政治和经济形势发生重大转折时受命上任，在大学发展的紧要关头能高瞻远瞩，能恰到好处地提出大学的发展战略与前进目标，并能大刀阔斧地进行改革，从而使大学得以飞跃发展。

毫无疑问，同济大学能够取得辉煌的发展，有今天的成就，与李国豪及其卓越的办学思想是分不开的。

李国豪在长期的教育实践中，积累了丰富的办学经验，创造了丰富的办学方法通过继承前人和借鉴西方国家先进的办学经验，结合具体的治校实践，逐渐形成自己大气磅礴的办学理念与办学思想。

1978年，李国豪在任职校长后不久，就提出一整套切合同济大学实际又符合国家未来发展走向的办学指导思想。他认为，要构建新型的具有同济特色的大学，同济大学必须重建，而这种重建绝不是修修补补式的，而是要强劲大学的根基，要将同济大学重新植根于中西融会的社会文化基础之上。

总体而言，李国豪卓有成效的办学思想包含三个方面的内容。

第一方面，矢志不移地恢复同济大学的德国传统，他认为德国传统是同济大学未来国际化发展的动力源。

第二方面，根据大学的发展规律，提出要以多学科的综合大学来培养现代工业化所需要的建设人才，全力推进同济大学的多学科综合化发展。

第三方面，极力强调大学校长的人格影响力对大学发展的决定作用。大学校长不应当仅仅是一个管理者，还应该成为社会活动家。新时期的校长不再是闭门研究学问的学者，也不是只管行政事务的内向型人才，办好大学所需要的各种条件要求校长还要有一定的经济头脑、经营意识和良好的社交能力，成为善于从事“外交”工作的社会活动家。

1978年国家实行改革开放。同济大学如何改革开放？作为一校之长的李国豪凭借特有的敏锐、学识和果断，根据当时的国际形势和对中德关系的判断，高瞻远瞩，深谋远虑，抓住时机，立即提出恢复同济大学德语教学及与德国联系的传统，向国际化大学转变。并当即向国家教育委员会（现教育部）呈送了《关于同济大学恢复用德语教学传统的请示报告》。

随后，借洪堡基金会邀请访德之机，李国豪遍访德国著名的大学和科研机构，积极为同济大学与国际接轨创造条件。他不仅为打开门户、建立联系通道艰难地四处奔走，而且，还不遗余力地落实具体的实务和经济支援，为恢复同济大学的德国传统呕心沥血。

在刚刚提出恢复用德语教学的传统时，有人质疑，说英语是广泛使用的大语种，主张以英语为主要外语。李国豪则认为，应该记取过去全国统一以一种外语为教学外语的教训。他说，中国有成千上百所高校，仅一所以德语为外语教学重点，不是多了，而是少了。

今天的发展结果表明，恢复德国传统，以德语为外语教学重点，对同济大学的发展具有空前绝后的推动作用。

在同济大学的多学科综合化发展上，李国豪也做出了艰苦卓绝的探索。

20世纪50年代学习苏联模式，使大学专业设置走上越来越专精的道路，李国豪通过反思历史的教训，明确要求同济大学应当向多学科综合化方向发展。他认为与单科性的高校或研究所相比，多科性的综合性大学在知识创新和创新人才培养方面显示出了明显的优越性。因为知识创新往往是从多学科的交叉中实现的，而综合性大学具有数、理、化、生、文、史、哲、政、法、经等数十门学科的教学和科研，它们的互动将极有利于跨学科研究的开展，从而适应当前科学技术高度分化基础上高度综合的趋势，有利于交叉学科和边缘学科的形成和发展。

他曾在私下里说：工科院校到底需要不需要和医学综合，这种无止境的争论今天对我们没有任何实际意义。无论如何，同济大学不能满足于那种狭窄的选择，我们需要更广泛的学科。

李国豪就同济大学多学科综合化发展进行了以下几个方面的

改革。

第一，加强实用学科建设。增辟与国家建设和社会发展有密切关系的系科，强调理论与实践并重，要求受教育者既求专门技术，又学研究能力。努力使受教育者受到基础理论、实践能力和科学研究三方面的系统训练。

第二，调整课程设置，改革教学方法。通过加强理论与社会实际的联系，增加对受教育者实际能力的培养。一方面开设和国际学术发展方向密切相关的课程，开拓学生知识视野，掌握最新学术动态，提高综合分析能力。另一方面开设国家建设极为关注的现实问题的应用性课程，使学生能够具备更多为国家建设、社会发展服务的能力。

第三，设立针对实际问题的研究机构。强调研究“应用”二字。坚持“教育与科研并重”“研究与生产并重”，研究解决国家建设与社会发展中的现实问题。

第四，走开放的大学办学道路。对国内开放，通过教学、科技开发等形式为企业、社会服务，参与上海的经济和文化建设；对国际开放，鼓励师生与国际同行不断进行学术交流，让他们在交流学习中掌握世界科技的最新动态。

在大学校长的人格影响力对大学发展的决定作用上，李国豪的思考也很深刻。

李国豪认为，大学内部存在学术权力和行政权力两种基本权力形式，作为大学的最高行政长官，大学校长进行内部管理的一个十分重要的任务，就是处理好以自己为代表的行政权力与学术权力的关系。运用好这两种权力，使它们均能根据学校的使命和目标各得其所、各显其长，便能够真正推动学校朝气蓬勃地大踏步发展。

而运用好学术权力和行政权力的关键是校长的人格魅力。

人格魅力来自高尚的道德修养和崇高的精神境界。大学校长的思想道德修养，具有很强的示范性和导向性，在师生员工眼里，大学校长就是大学的代表。一个具有崇高品格的大学校长，就是公开树立起的一面旗帜，有号召力、凝聚力、向心力、亲和力。道德品质、人格、作风等，是反映大学校长权威的根本。优秀的品格会给大学校长带来巨大的影响力，使人产生敬爱感，而且能吸引人，促使人去模仿。相反，如果一个校长的人格出了问题，无论他是多么出色的大学校长，那他的影响力也会荡然无存。他认为，如果大学校长在公开场合讲得头头是道，而在私下却搞不正之风，那么，下属对这样的校长往往只是表面服从，而内心是反感的，这样的大学校长也就谈不上有凝聚力、向心力，试想这样的校长能够管理好大学员工，领导大学发展吗？

成功的大学校长，其人格内容至少应包括志存高远，探求真理，热爱祖国，甘于奉献等几个方面。所谓志存高远，即有远大的事业抱负，有强烈的创新意识，有崇高的精神境界，有敢为天下先的志气，有不达目的誓不罢休的坚强毅力。大学的特质就是超越平庸，体现这一特质正是大学校长崇高人格的基础与前提，也是杰出校长与平庸校长最显著的差异之所在。成功的大学校长应当高瞻远瞩，审时度势，既了解时代的需要又放眼未来，既谙熟大学的历史又胸怀国家乃至世界的大局。他应当能够不失时机地把握时势，锐意进取，促进大学的发展。所谓探求真理，即敢于为真理而献身。这是大学校长人格的核心内容，是大学理想和大学精神的内在要求。培养人才、发展科学、服务社会是大学的基本职能。由于大学是科学的殿堂，精神文明的家园，因此，大学校长必须敢于坚持真理，为真理而工作，而献身，他必须具有一种科学的思维视野，能看到大学教育的规律性和发展方向，他不能无条件地顺应时尚，而应该有自己独到的感悟和判断，有执着的信念和不达目标誓不罢休的决心和勇气。所谓热爱祖国，是指爱国主义精神。热爱祖国，报效祖国是大学校长道德情感和道德信念的根基，是大学校长人格的灵魂与归宿。

人格魅力虽不及公职权威强大，不及专业权威稳定，却能产生十分微妙而深刻的影响。人格魅力是非权力性影响力的最高境界，它既高于权力，又高于学识才能、组织方法和领导艺术。位高权重、学识渊博的大学校长未必具有广泛感召力，而以人格力量推动大学发展的大学校长会使大学进入至高境界。

事实上，李国豪的不同凡响之处，也正在于他能够自觉地将教育目标在自己的身上人格化，以身作则，为人师表。他高尚的品德、健全的人格、健康的行为习惯从其日常的举手投足间充分体现出来，他的清正廉洁，嘉言善行，他的突出的个人品质和人格特征，不仅使广大师生给予他高度信任和尊敬，为他的人格力量所感召，也使他在社会上拥有崇高的威望。

第七章　李国豪教育思想的特色及其影响

一、李国豪教育思想的特色

评判和分析李国豪教育思想的特色，一个最基本立足点便是：李国豪不是一般意义上的教育家，在本质上，他是科学家和教育家的结合，是办教育的科学家。

只有充分认识和把握李国豪既是科学家又是教育家这一显著的身份事实，我们才能真正认识和把握李国豪教育思想的根本核心与本质灵魂，也才能真正发现李国豪教育思想的价值特色。

严格意义上说，李国豪并没有精心营造自己的教育思想体系。由于处在中国现代高等教育的转型发展期，也由于自身特殊的学科背景、知识结构和个性特征，李国豪的教育思想显示出一定程度的细碎和即兴，留下了一些以工程研究范式论教育的印记。

但是，纵观李国豪的一生，他丰富的教育实践及复杂的工作经历无处不折射出他对教育的恰到好处的理解和创造性的构建。他崇尚科学，反对空泛教育。他不但以自己切实的行动向人们昭示科学研究的价值意义，还以高昂的理想主义主张卓有成效地为同济大学勾勒出恢宏的发展蓝图。他对理想的工程教育的追求以及长达半个世纪的工程教育实践实际上已然促成了一种独特的工程教育思想体系。

不仅如此，李国豪把知识和人格综合，在主张强化工程教育的同时强调加强道德修养和人格陶冶，强调为学与做人相统一，强调科学的实验态度和高度的责任意识，强调教育的根本追求在于使受教育者主体去融通知识、发现知识，进而形成独立研究的能力等，显示出了鲜明的中国传统文化特色。

事实上，李国豪的“教育思想”已不仅仅是一种“思想”的构筑，在某种意义上，它实际上应当被看成是当代中国工程教育体制探索发展的一个模板。

李国豪教育思想的特色，大致可以从三个方面予以把握。

第一，李国豪教育思想的基本特色表现在：融传统教育思想和西方教育思想为一体。

李国豪继承了儒家传统中注重做人道理的教育思想，重视受教育者的道德修养，重视品德教育，强调使受教育者学会“做人”；他又学习和吸取了德国教育思想，重视科学技术的价值，重视探讨教育规律，重视教学与实际相结合，重视受教育者实际能力的训练和培养等。

洪堡的教育理论对李国豪教育思想的形成有巨大的影响，起过启示作用，但是从李国豪在中国的具体实际经历看，李国豪教育思想形成之时，就有中国特色。

实际上，李国豪教育思想很大程度上是在对外来理论进行本土化的过程中逐步形成和发展的。比如，李国豪的“教学与科研结合”与洪堡“教学与科研结合”二者虽然都强调以“科研”为中心，但有实质的区别。洪堡所说的“科研”，是纯粹的理论研究，是建立在为知识而知识基础上的教学方法论；而李国豪所说的“科研”，是建立在“济世经邦”、为国家服务的基础之上的。

第二，从思想的内涵来看，李国豪教育思想的基本特色表现在以下几方面。

(1) 以科学及科学方法为教育的主旨

李国豪是科学家，他一生崇尚科学，追求科学，形成了很有远见的科学教育思想。他认为，人类社会的最终目的是追求科学，科学为最高智慧，在教育中当以科学教育为教育之基本目的。中国要富强，教育是立国之本，而科学又是教育的最根本内容。没有教育与科学，中国最终是富强不起来的。教育务必要引进科学思维方式和科学精神。

科学的内涵不仅仅在于科学知识，也不仅仅包括各门自然科学的成就，而且包括科学的方法。他大力倡导把科学方法论导入学术研究和教育、教学以及治学过程的研究之中。学习各种科学知识，不只是从纯粹意义上去了解、熟悉、掌握它们，也不只是满足于对它们各自的具体应用，更应当注重科学方法。他不仅要求教师在日常教学中重视科学知识的教授，还要求重视科学实验方法的培训，力求使受教育者掌握科学的思维方式。

（2）重视教育的实际应用性，强调大学要服务于社会

教育与生产实践相结合、教育为社会服务是李国豪教育思想的又一个重要特色。

虽然李国豪继承了德国洪堡式的理性主义办学思想，认为大学是研究高深学术的地方，是探求真理的场所，它的主要工作应该是从事科学研究，它应该保持 定的独立性，但在长期办学中，他也看到理性主义者的一些思想观点已经不符合社会时代发展的潮流。为此，他提出了大学应当在追求中长远利益的同时，关注眼前的利益，服务社会。大学的组织和功能必须适应社会和时代的需要，大学要与社会保持紧密的联系，通过其研究为社会公众和国家建设献力。

在现代社会，受教育者求知的基本目的在于应用，学以致用是现代社会对于教育的一个时代要求，因此，他除了要求学生学习专业知识及科学方法之外，还要求学生努力锻炼基本的技能，要求学生到工厂、企业参加具体的生产实习劳动，利用社会实践促进能力的形成。此外，他还在多种场合公开强调，大学里的一切学问，归根结底，应归于有用。求学问必须以对社会的“切用”为“要旨”，主张教育目的就是要培养各种实用的人才，强调教育内容是实事、实物，要求学即所用，用即所学，并躬身实践，希望能培养出匡济时艰的实用人才。为达到此目的，他明

确提出教育目的就是要满足社会之需要，强调大学必须要以合理的方式服务于社会。

实用主义教育认为大学应满足社会的现时之需，为社会的发展做出实实在在的贡献，传统教育坚持只有专心于学术研究，才有可能实现大学服务于社会长远利益的目标。李国豪认为实用主义者和传统主义者二者皆有所是，但又都存在不足。在现实社会中，大学如果面对社会的需要无动于衷，它不仅会失去社会的支持，更有可能丧失一种通过解决实际问题而促进学术进步的机会。这无论对社会还是对大学而言都是一种损失。反过来，如果大学一味地将目光仅仅停留在社会的现实的需要之上，却又必将会使大学沦为一个办事机构，失去大学引领社会前行的重大责任。

基于长期的实践和思考，李国豪强调，大学不能无视社会的现实之需而将自己封闭于象牙塔之中，大学也不能为了满足社会的眼前之利而放弃对真理的探索，因为这二者都是大学的责任，社会需要大学在两个方面都做出应有的贡献，只有以恰当的方式将二者结合起来才符合大学服务社会的中心使命。只有在坚持学术研究的基础上采取合理的方式服务于社会，才是现代大学的生存和发展之道。

虽然加强大学基础性科学研究工作并不会在短期内产生明显的社会效益，但从长远来看，基础性研究既是社会文明持续发展的强劲动力，也是造福于人类生活不能放弃的手段，所以无论大学从事基础性研究工作的眼前回报如何，都应该以服务社会的长远利益为目标，坚持和加强基础性科学研究。

(3) 将大学理念中理想性与现实性予以有机结合

作为一个成功的教育实践家和出色的科学家，李国豪的高等教育思想中表现出了强烈的理想性与现实性成功结合的特征。

李国豪注重大学的服务功能，呼吁大学走出象牙塔，强调大学利用自身的条件服务社会的功能，反对大学远离社会不问世事，希望通过满足社会的现实需要，获得社会的支持，进而换取大学更大的发展空间，主张大学开设实用的教育课程等，总之，作为一个身处多种关系漩涡中心的大学校长，作为一个科学家，李国豪的思想和作为，处处都体现出注重实际的现实性特征。

但一方面，他也反对大学完全迎合社会的需求。大学如果为了实现其造福于社会的长远利益，必须专注于对学问的追求。大学应潜心于高深学问的研究，致力于年轻一代的培养。他了解现代大学与社会紧密相连的必要性，但作为一名大学校长，作为一个教育实践家，他又坚持大学的基本学术原则，关心学术领域的探索，支持基础研究，认为大学只有通过对学问的追求、对未知领域的探索才可能实现其服务社会的长远利益。

总之，李国豪是在对理想与现实的清醒把握之下，将大学理念中的理想成分与现实成分有机结合的。事实上，也正是以这种务实的态度看待大学的目标与功能，才使得李国豪深刻地把握了大学与社会的根本关系。

(4) 大学管理中的原则性与灵活性结合

就思想内涵而言，李国豪教育思想中最后一个显著的特点，就是在大学管理中将原则性与灵活性巧妙地结合，即，在坚持原则的同时又灵活掌握处理问题的具体方式方法。

李国豪有着很强的原则性，这一强烈的原则性主要体现在教学与学术研究上。在教学与学术研究的问题上，李国豪一向是坚持原则和从不妥协的。教学与科学研究是大学神圣不可侵犯的事情，对教学与科学研究，必须坚持原则，一旦连这样的原则都遭到侵犯，那么，大学将很难承担起推动社会文明进步的责任。因此，面对涉及教学与科学研究的问题，李国豪历来坚持原则、毫不妥协。

但另一方面，在非原则性问题上，李国豪却表现出其折中和灵活的一面。在李国豪刚刚就任同济校长的困难时期，学校的状况给了大学的管理层很大的压力，教职员工提出了很多要求，其中有一些难免带有冲动的成分，在这样的时刻，强硬的坚持将会使矛盾更为尖锐。此时的李国豪表现出了其作为一个成熟的领导者的解决问题的风度，他不是一味地坚持强硬的态度，而是以一种容忍和妥协的态度采取折中的方案，缓和矛盾，争取各方的理解和支持，同时最大限度地减少损失。在处理具体问题时，李国豪更是表现出将原则性与灵活性巧妙结合的特点。

第三，从思想的价值形式来看，李国豪教育思想最大的特色就在于创新性。

从表面上看，李国豪的教育思想好像是洪堡教育理论的翻版，但实际上，李国豪将洪堡教育理念进行了多方面的改造，它的内涵实际已经完全变了，诸如科学研究为国家建设服务，诸如在实际项目研究中培养学生等。李国豪的教育思想既是对洪堡教育理论有条件的继承，又是对洪堡教育理论创造性的发展。

李国豪非常清楚，他所要建立的是中国的大学，这所大学必须扎根于中国的土壤中，必须与中国的政治经济环境以及历史文化传统结合起来，所以在借鉴德国教育的基础上，他的思想其实实现了进一步的创新。这一创新最突出的表现便是，他按照德国的研究所建立了研究机制，但没有随之提倡纯科学研究而是倡导应用科学研究。他把德国大学的讲座制度改造为研究室的形式，各专业教师都有进行教学和科研的自主权等。

二、李国豪留给同济大学的精神遗产

一般说来，在后发型现代化国家，有一条基本的定律，即不同部门的现代性转化的启动通常是以某一个精明睿智的管理者进入决策层为先导，继而由其雷厉风行地大力推行，最后变革由上而下开始进行。

之所以如此是因为，当历史的机遇来临时，总有一些精明睿智的特殊人物，由于他们较早地接受西方文明影响，因而首先成为现代性转化运动的倡导者。在绝大多数人还不能以更广阔的眼光看待自己的部门，不能把自己部门放到更大范围的大坐标系上去定位之时，进行所谓现代性转化的责任只能由这些特殊人物来承担。

特别是在传统力量空前强大的情况下，在整个社会还远无现代性转化的自觉意识之时，这些特殊人物的强制干预与强行灌输，事实上便成为他所在部门接受现代性转化的观念并取得现代性转化成功的关键因素。

李国豪之于同济大学，从一定意义上看，其实就是重现了后发型现代化国家的这一条基本的定律。略有不同的是，李国豪的教育思想遗产还会在未来相当长的一个时期作为同济大学发展的动力资源。

就大学的发展而言，一所大学所取得的成就，虽然远非个人能力所及，但是，一所大学在一个特定的历史阶段中所取得的成就，却常常是由于某一个杰出人物的努力，尤其是当某一个杰出人物所凝练的教育思想得以确立，进而成为大学主要决策者的核心理念并通过人学管理层具体落实到实践时，他的思想将成为一所学校赢得成功的决定性因素。

无论从哪一个角度来看，李国豪与同济大学的关系都具有上述特质。

20世纪50年代，李国豪在参与领导和开展的新中国大学教学建设工作之时，便形成了一套改革发展同济大学的新型教育教学思想，极大地推动了同济大学的发展，如由他主持修订的课程改革方案。

文化大革命结束后，历史于此重要转折关头又为李国豪创造了领导同济大学进行现代性转换的契机：出任同济大学校长。此时，“生逢其时”的李国豪凭借敏锐的眼光和超凡的领导力，全力提倡和推行同济大学的“两个转变”，使处于困境的同济大学摆脱了“后文化大革命”时代意识形态的牵绊而进入现代大学运行的快车道。在长达近三十年的时间里，李国豪一直扮演着同济向现代大学转换的组织者、推动者和实行者的角色。

作为一个头脑冷静、富有卓识远见，并且拥有坚强意志力和强烈责任感的博学的科学家，李国豪对同济大学回归其早年优秀传统并在此基础上实现跨越性提升做出了不可磨灭的贡献，为同济大学在新时期发展史上写下了极为光辉灿烂的一页。一定程度上说，不了解李国豪，就不可能真正了解新时期的同济大学。

尽管由于历史的原因和李国豪教育思想的体系多元复杂，使得人们就李国豪对同济大学的贡献的评价有多种态度和结论，但毋庸置疑的是，李国豪在主持掌控同济大学发展的关键时期，他的教育思想，也就是他的教育价值立场、办学视野及其同济大学的教育发展路线主张等都对同济大学的发展起到了继往开来，甚至是空前绝后的影响。

首先，他在办学思想上进行的一系列探索，铸就了同济大学发展的灵魂。他在 20 世纪 70 年代末与 80 年代早期所制定和强力推行的同济大学的综合化和国际化发展方针，是留给同济大学的两笔非常难能可贵的精神财富。

就前者而言，他以一个教育战略家的非凡气魄反思苏联教育模式的利弊，克服了许许多多的挫折和阻力，对计划经济下的仿照苏联教育模式建设的同济大学的办学思想进行了艰难的突破，提出了学科结构综合化的思想，全力主张多科化、综合化发展，为同济大学取得今天的成就奠定了基础。

就后者而言，他对于德国工程教育和教学的研究始终抱有热忱，强烈要求同济大学恢复学习德国大学的优良传统，他以睿智开阔的眼界不仅着眼于教育手段方式的学习借鉴，而且更注意对大学制度的改革引进，他所倡导的学习德国工程教育的灵魂，主张将德国工程教育的思想、理论及其相关制度置入同济，使同济大学真正拥有了独具风格的德国特色，为同济大学当今的国际化办学开辟了绝佳的道路。

李国豪不仅提出了新时期的同济大学发展纲领，更是制定了同济大学发展的总路线，确立了同济大学发展的战略方针，构设了同济大学的发展框架，完成了同济大学最为根本的战略方针建设任务，引领了同济大学迈向新世纪的步伐，影响了同济大学的发展走向。

时至今日，李国豪的办学思想仍然是我们推动同济大学发展的重要资源。

其次，他强调大学教育的社会功用，要求大学教育为社会服务，强调"为建设"与"为国家"的有机结合，极力反对将教学与科研相分离的苏联模式，大力推崇德国的教学与科研相结合的大学管理路线，要求在教学与科研密切相关基础上的科研在先的大学管理思想，为当今同济大学务实求真的大学精神的进一步张扬提供了宝贵的养料。

最后，李国豪所拥有的清晰的教育家意识，李国豪的人格风范与道德教育追求，以及他在高等教育价值取向上历来所强调的大学教育不仅要培养自由、独立的健全个体，将科学和人生结合起来，更要培养合乎社会伦理要求和具有健全人格的教育主张，也为同济大学提供了一笔丰厚的教育遗产，为同济大学今后更健康地发展奠定了一块不可或缺的基石。

李国豪对同济大学的跨越式发展所做的巨大贡献，其实还蕴涵着一种自 20 世纪初便逐渐开始在同济大学生成的所谓的同济大学的传统：对学术研究的执着，对社会人生的积极进取，对实际事务的实干苦干，对工作的脚踏实地，对他人的谦虚自律，对集体的合作奉献。

著名教育家傅任敢先生曾评价清华大学校长梅贻琦道："就他与清大而论，前后共达三十九年之久。就他服务清大而论，前后共达三十三年。就任校长到现在已达十七年。他这一生，由少而壮，由壮而老，整个韶光，都是为了清华。清华由游美学务处、清华学堂、清华学校，发展到今日五学院的清华大学，他都是身亲或躬与其事的。"综观李国豪一生与同济大学，将此评论用于李国豪似乎也是合适的：就李国豪与同济大学而论，前后共达近 60 年之久。就他服务同济大学而论，前后共达 50 余年。就任校长达 30 年。李国豪这一生，由少而壮，由壮而老，整个韶光，都是为了同济大学。同济大学由新中国成立后的重新复校、学习苏联的院系调整，发展为综合化和国际化的大学，他都是身亲或躬与其事的。

回首 100 余年来的同济大学，我们能够感受到同济大学经历的风风雨雨，领略到其经历的艰苦卓绝。仔细分析李国豪教育思想，我们亦能够感受到其思想的巨大价值，领略到其思想所蕴含的强大力量。

李国豪在新旧嬗变中为同济大学所做的巨大贡献及其在教育转型期所做的理论探讨和实践探索，为我们今天的教育发展奠定了极其深厚的基础。他教育思想中的精确指向和超凡远见为同济大学留下了宝贵的精神财富。

参 考 文 献

一、档案文献

[1] 报纸、电视等媒体对李国豪逝世的报道，同济大学档案馆，2-LGH-RW14-2.

[2] 关于王涛——李国豪大字报选，同济大学档案馆，2-1976-DQ11-180.

[3] 科技精英李国豪，同济大学档案馆，2-LGH-RW14-9.

[4] 李国豪教授思想、工作日记，同济大学档案馆，2-LGH-RW11-5、2-LGH-RW11-6、2-LGH-RW11-7.

[5] 李国豪教授思想检查提纲，同济大学档案馆，2-LGH-RW11-4.

[6] 李国豪生平经历的录音，同济大学档案馆，2-LGH-RW11-229、2-LGH-RW11-230、2-LGH-RW11-231.

[7] 李国豪外调审查报告，同济大学档案馆，2-1976-DQ11-126.

[8] 李国豪文化大革命后第一次访问德时德国报章的报道，同济大学档案馆，2-LGH-RW14-3.

[9] 李国豪校长在新生开学典礼和职代会上的讲话，同济大学档案馆，2-1982-XZ-27.

[10] 李国豪在接受歌德奖章仪式上发言稿，同济大学档案馆，2-LGH-RW13-2.

[11] 李国豪专案问题报告，同济大学档案馆，2-1976-DQ11-125.

[12] 三反专案处理材料（夏坚白，李国豪等），同济大学档案馆，2-1954-DW-9.

二、其他文献

[1]《中国现代教育家传》编委会.中国现代教育家传[M].长沙:湖南教育出版社,1988.

[2] 彼得·贝格拉.威廉·冯·洪堡传[M].袁杰,译.北京:商务印书馆,1994.

[3] 程国政.李国豪[M].上海:同济大学出版社,2013.

[4] 程国政.李国豪与同济大学[M].上海:同济大学出版社,2007.

[5] 大桥、大师、大爱——送别李国豪先生[N].解放日报,2005-3-11.

[6] 大智者大爱——记李国豪院士[N].人民日报(海外版),2001-9-5.

[7] 代琇,庄辛.一片丹心化彩虹——记桥梁力学家李国豪[M].上海:同济大学出版社,1997.

[8] 丁润龄,林章豪.桥梁专家李国豪[M].北京:科学普及出版社,1990.

[9] 李国豪.谈谈怎样培养好博士生[J].同济教育研究,1987(1):2.

[10] 李国豪与达姆施塔特工业大学[N].早报,2005-3-1.

[11] 李国豪院士谈为学与为人[N].文汇报,2005-2-28.

[12] 陶螈.悼念李国豪会长[J].今日科苑,2005(3):4-5.

[13] 威廉·冯·洪堡.论国家的作用[M].林荣远,冯兴元,译.北京:中国社会科学出版社,1998.

[14] 翁智远,屠听泉.同济大学史[M].上海:同济大学出版社,1987.

[15] 翁智远.一代宗师铸同济——缅怀李国豪先生[J].同济教育研究,2005(1):5.

[16] 项海帆.心中永远的丰碑——在恩师李国豪教授培养下成长[J].同济人,2005(1).

[17] 肖友瑟.致力构建中德文化交流平台的李国豪校长[J].德国研究,2005(1):13-14.

[18] 叶尚志.两座丰碑、千秋楷模——纪念林同炎、李国豪两位杰出院

士[J].人才开发,2005(4):4-6.

[19] 院士李国豪和宝钢[J].人物,2005(2).

[20] 张新恩.学习不是为了追求分数——中科院院士李国豪教子的故事[J].家长,2005(2):39.

[21] 赵其昌.李国豪校长与同济德语[J].德国研究,2005(2):70-73.

[22] 周嘉俊.宝钢:一段鲜为人知的往事[J].时代潮,2001(16):56-57.

下篇

李国豪关于教育的论著选编

章仁彪

2005年初，在悼念李国豪逝世之际，笔者曾在当年《同济教育研究》第1期的“主编手记”中提出了“整理出版有关李国豪校长教育思想文集”的建议。但鉴于李校长生前留下的“录音自述”所言：“我在教育方面很难说有什么‘教育思想’，我不是研究教育学的，我主要是不跟苏联照搬。办大学一般就是多样性，我自己就是这样一个观点。”因此，特选编了此已公开发表过的李国豪关于教育的部分论述篇，以供教育工作者和大学研究者对李国豪的教育观及其丰富的大学治理实践作进一步的学理分析解读。

选编者言

尽管原教育部副部长吴启迪教授已对“教育家”与“教育思想”的概念作过很好的诠释：“教育学作为学科或可以是一个独立的门类，但是在实践中会与其他门类(如哲、经、法、文、管、艺、理、工、农、医、军等)多有交叉与结合，所以教育家则更多用于指对办学兴教贡献卓著者，‘教育思想’也并非教育学家所独有之理论，而更多的是形成和积淀于教育家经年累月的教书育人实践中。”但是，恭敬不如从命，此选编不对所选李国豪论著冠以“教育思想”之称。

本选编主要收录的是作者文化大革命结束后正式出任同济大学校长以来有关大学工作和中国高等教育改革发展的文稿，以此见证作为世界闻名的“桥梁大师”、杰出的战略科学家和工程师的李国豪院士，是如何将准确把握高等教育的发展规律和借鉴学习中外现代大学建设的优秀理念与经验相结合，将具有超前国际视野的战略构想和持之以恒的严谨求实的治校实践相统一，从而成为中国现代大学史上最为成功的勇于改革敢于创新的社会主义大学校长之一，又是如何在世纪之交的中国高教体制改革关键时刻，以社会主义政治家的眼光高屋建瓴地谋全局，屡谏箴言咨政献策，力促高教管理体制改革和布局结构调整，成为国士无双的战略教育家。本选编以文稿发表的时间先后为序，本文试依此对有关内容略作介绍以为“导读”(次序稍有调整)。

一

本选编全文选录的校长工作报告有 3 篇，为我们留下了在拨乱反正中同济大学如何抓住机会，果断做出通过两个“恢复”(即恢复德语教学与恢复综合性大学)实施“两个转变”的战略决策,从而开启以“建设社会主义的新同济大学”为目标的快速发展新阶段的翔实的历史记录。3份报告的内容侧重因时间阶段差异既有所区别又有所重叠,但有3个关键词一以贯之,即“两个转变”“社会主义的新同济”“教学、科研两个中心”——第一个是手段(战略),后两个既是任务也是目标。第一个报告较为详细地介绍了“两个转变”的由来及基本任务、目标和特征,第二个报告重点汇报了三年来展开的整顿、恢复和建设的各方面工作和肩负的改革、提高、发展的艰巨任务,第三个报告重点突出的是“朝着教学、科研两个中心的目标前进”。这三个报告合起来也已经较完整地反映了作者基本的大学观和治校理念。

“两个转变”发轫于恢复同济大学的德语教学传统特色以推进学校的开放式办学转变。这缘起于当时协助邓小平抓科教工作的方毅副总理的提议(可参见上述1979年7月的报告),但这也是作者始终坚持的办学理念,国际化既是现代大学的重要特征,也是现代大学建设的必然路径。由于经作者亲笔修改并签发的1978年秋开始“两个转变”战略构想的重要文献及1979年春作者时隔34年后的首次“访问西德汇报”已附录于本丛书中《我心目中的教育大师李国豪》一书,故本选编仅收录了作者与此相关的另3篇文稿,其中《西德高等教育简介》发表于1981年10月出版的《上海高教研究丛刊(第一辑)》,尽管主要内容编译自德文资料,其中亦不时插入了作者结合个人的留学经历和重访感想所做的精彩点评,融进了对中德的高教体制与运作方式的一些比较,反映了作者自己的教育观和对中国高教改革的一些思考。

1982年3月22日《在接受歌德奖章仪式上的发言稿》,深情回顾了当年开启同济大学成为新时期中德文化科教交流“窗口”的“破冰之旅”及随后3年来的累累硕果。而1986年11月以同济大学名誉校长名义发表于《联邦德国研究》创刊号上的《祝同济大学—中德桥梁—日益发展》短文,则是这位早在1940年代即以“悬索桥李”享誉德国的“桥梁大师”,对自己亲手搭建“中德友谊之桥”的日益发展拓宽的美好祝愿。1987 年 5 月 7 日,德国政府授予李国豪大十字勋章以表彰其对促进中德友谊的卓越贡献。2000 年 8 月,李国豪以 87 岁高龄最后一次访德,2001 年 5 月还与德国驻上海总领事共同为同济的德国学术中心揭牌。直至去世前一天,在听前往拜访的校领导讲到百年校庆筹备事宜时还不忘叮嘱,校庆筹备要突出特色,特别强调要保持对德、对欧交流特色。正如德国学术交流中心(DAAD)前秘书长的评价:“李教授是一位双重意义上的桥梁大师。他在中国设计的多座大桥令人惊叹,但对我们来说,他架设的通往德国的桥梁是最重要的一座。……如果同济大学今天展示为通往德国的最重要的学术之桥的话,那么它主要归功于李教授。……他建造的桥梁的受益者将何止是一两代人。”

二

自 1983 年 4 月当选为上海市政协主席后,李国豪政务繁忙,逐步移交了学校的行政事务,但仍然始终关心着高等教育的改革发展,为之频频发声鼓与呼,从而成为作者公开发表谈论教育改革的文章最多的时期,本“导读”特推荐下面 4 篇公开发表于教育研究刊物上的文稿以飨读者。

1983 年发表的《积极改革　办好同济大学》,文字不多,但内容丰富,涉及面广。在强调高等学校的主要任务之一是为国家培养又红又专的社会主义建设人才的同时,指出学校应当向社会开放,采取多种途径办学,多快好省地培养各种高、中、初级的人才。在强调高等学校的另一主要任务是开展科学研究,以适应培养高质量人才之需,并为经济建设和发展新科学技做贡献的同时,强调要广泛开展咨询服务工作。文章介绍了同济大学的相关改革探索,如在重视理论研究的同时加强应用研究,广泛开展咨询服务工作,发展专职的与教学、科研、咨询服务三结合的队伍,以开创学校科研的新局面,以及包括打破旧教研室组织结构，尝试建立以教授为中心的老中青自愿结合的教学、科研小班子的改革经验等。这些都是作者历来秉持的“教学与研究并重”的德国洪堡的大学理念和中国重点大学“既是教学中心也是科研中心”建设实践的结合，在前述的工作报告中都有更为具体的布置。而笔者认为该文之最大亮点是结合国家改革开放大势所提出的涉及高校教学科研、学科专业、组织形式、人员流动、后勤承包、分配报酬等管理体制的一系列深化改革的举措和设想，更明确提出了涉及国家人事、财务制度和高教战线领导体制的改革问题，直指主要问题是“婆婆多和管得太多太死”，这个弊病要“早日改革”。所以“积极改革”之目标显然已不局限于为“办好同济大学”寻探索发展之策，而是在为中国高教改革发展谋全局之篇，尽快建立现代大学制度的要求已呼之欲出。这也可以视为作者在1990年代中开始大胆谏言、力促中国高教管理体制改革之先声。

一年之后发表的《适应新形势的需要　加速发展社会主义高等教育》一文虽然只有约3 500字，但对于一贯少说多做，“行胜于言”的李国豪而言，或许已是其公开发表的关于高等教育改革的署名文章中篇幅最长的一篇了。此文的基本观点亦是在作者多年的研究思考和不断的实践探索检验基础上总结提炼积淀而成的一次更为系统的阐释。文章以我国改革开放的总设计师邓小平提出的教育的“三个面向”为纲，以“迎接世界新的技术革命的挑战”为大背景，再次就何以加速发展社会主义高等教育阐释了作者的大学人才观、科研观和开放观：“一、要培养有较宽知识面的人才”，作者明言：“我觉得，我国高等教育中，现在对专业设置、教学计划、教学大纲、课程、教材等统一得过多，甚至连专业名称都要统一起来，而且基本上是承袭了五十年代苏联的一套，这是不足取的，也是不合于我国国情的。”指出要既适应社会“面广而多能”之需，又解决“用非所学”难题，必须打破上述统得过多的现行体制，试办知识面广的大类专业；改革教学计划、课程设置，减少必修课，增加选修课，以了解学科间内在联系；扩大专业改革范围，考虑一专多辅的“主修+

辅修”的专业学习以调动学生的主动性、积极性等。“二、要重视发展高等学校的科学研究”，从而提高教师学术水平、培养高质量人才和发展新的科技促进经济建设，让高校在国家科技事业——亦即十余年后兴起的国家创新体系 NIS——中发挥巨大的作用，作者再次强调高校要依托学科的广泛性，重视理论研究和应用研究的结合，开展科技咨询服务，并把学生毕业设计与教师科研相结合；组织高、中、初自愿结合的教学科研小班子为教师的主要基层组织形式以出人才出成果。“三、(要)正确地学习外国的先进经验”，反对“关门称大王“，要承认并正视落后以缩小差距，教科界、青老年都要想方设法多渠道进行学习，以博取各国之长，避免外语单一化，大力“开放”，培养既懂专业又懂外语的高级人才。这三方面的改革建言既是作者已经几年实践检验的做法(可参见前述三个工作报告)，也正是作者力促“两个转变”所孜孜以求的建设综合性(或理工为主的多科性)、研究型(教学与科研“两个中心”)、国际化(对德-欧交流“窗口”与“桥梁”)的社会主义新同济大学的既定目标。

而发表于 1987 年的《怎样培养好博士生》、1988 年的《面向经济建设培养工程设计研究生》这两篇文章则是作者对培养高水平人才的实践经验总结和理论研究思考成果。前者因其简明扼要，切实显效而深受同行欢迎，可谓是一份独具特色、个性鲜明的“李氏博导手册”。从招考录取的各个环节(入学考试、审阅硕士论文、考生攻博设想)的侧重把握到培养过程中的计划制订、论文开题及指导方法等，作者结合博士生培养的全过程的经验之谈，表现出作为科学家兼工程师的博士生导师一丝不苟、严谨求实的治学态度与重在研究生独立解决问题的能力培养的良师之智，凡谈及李国豪教育思想者皆交口称赞[可参阅本书“上篇”中的“工程教育论”，但笔者认为，李国豪的教育思想中体现的科学求真(探索规律)-工程务实(造福于民)-技术谋利(致用增效)之结合与交叉是很值得研究阐发的]。而后一篇则是立足国情，基于同济实践中结合工程实际任务指导“做真刀真枪的毕业设计”的经验，提出的有别于传统“学院式培养方式”的“培养工程设计规格的研究生"之论，亦含有一种对研究生教育体系的前瞻性思考，相信此文对于后来于 1991 年正式开始的我国专业学位研究生(俗称"应用型研究生")教育具有相当的先导启示作用。总之，立足实践经验基础上的研究探索，反复用实验检验加数理建模推导而逐渐形成理论创新，是"李氏教育观"的基本特色。

此外作者 1980 年代还有 2 篇文稿也独具特色，1984 年 6 月的《重返故乡》是作者发表于其家乡《梅州日报》上的，其中讲到的愿为家乡嘉应大学的复办和建设尽力之事绝非空头许愿，同年 9 月 24 日，作者致信嘉应大学筹委会，提出了对学校"既是大学又是研究院"的定位要求、长远规划、近期专业设置、师资问题解决方法及中外文的宣传报道等 5 条建议，真是篇极好的大学之论，可惜因无法找到原件全文而只能转摘引文录之为"附件"。而 1987 年的"《同济大学史》序"中，作者精炼地回顾了同济大学 80 年的曲折历程和巨大变化，以为中国高教历史的缩影，也阐释了学校的传统办学特色与面向世界，博采众长的现代发展，强调了理论联系实际和严谨求实是学校的优良学风，期许同济大学发扬老同济的传统，发挥新同济的优势，早日成为一所学科广泛的新型社会主义大学，跻身于国际先进行列。字里行间可读到这位终身以自己是同济人为荣的"同济之魂"深深的母校情结和对中国高教发展的殷殷期待。

在重视高水平人才培养的同时，作者一直关心青年大学生的全面发展问题。直到晚年，出席新生的开学典礼和毕业典礼讲话仍然是老校长最热心上的"大课"，而其核心内容一以贯之就是"如何做人"。面对大学新生，反复叮嘱"这一阶段的大学学习非常重要，一是为以后的学习打下必要的理论基础；二是培养了学习的能力、方法、兴趣和习惯"。而面对毕业生，却不忘反复追问告诫毕业后追求什么？"究竟是追求精神财富呢，还是追求物质财富？要两个财富兼而有之恐怕不太容易，要是追求物质财富，就得不到精神财富。要下决心追求精神财富，就要淡泊物质财富"。本选编收录了作者 4 篇以青年学生为对象的文稿，即 1980 年 9 月 1 日发表在《同济大学》报上的《对新同学们的希望》，1982 年 9 月《在 1982 级新生开学典礼上的发言稿》，2001 年 1 月 20 日发表在《同济报》上的《新世纪祝愿》，以及 2003 年 8 月 28 日在建桥学院开学典礼上的讲话《世纪老人谆谆教诲》。读者可从中慢慢体味作者为人师表的高风亮节和教育大师的“大爱”无垠的育人之道。

三

能收集到的作者 1990 年代的教育文稿较少，因为作为著名的桥梁大师，老当益壮的作者仍不辞辛劳地奔波于祖国的江河湖海，作为享有战略科学家之誉的两院院士，耄耋之年仍忙于为多个重大工程“既顾且问”，尽心竭虑。因此这里仅收录了作者 1995 年 2 月在同济大学校长换届和任命大会和 1997 年 9 月在学校本科教学工作会议上的 2 次即兴讲话的录音文字稿(其题目似为《同济教育研究》整理时所加)，作者一如既往，直奔主题，针砭时弊，闻者足戒。前一篇标题为《从严治校　再攀新高》，强调办学要在“严”字上下功夫，要做到四个“严”：领导干部要严于责己，身教重于言教；职能部门要严格工作，整顿“乱”和“散”；教师要严守本职岗位，全心全意于教学、科研；学生培养要严禁作弊，防出“伪劣产品”。后一篇《重视素质　加强理想教育与能力培养》，标题即是出自老校长之原话，强调“教师的责任就是传道授业，传道就是指理想和素质教育，授业就是指知识与能力的培养。最大的问题是理想问题。”一针见血，醒目启思，“要教好学生，关键在教师”，要为人师表，潜移默化。育人方式上要重视能力培养，辅导太具体，学生难独立，教会方法授人以“猎枪”最重要，“带上地图”探新路，按图索骥重能力。这也是作者多次谈起过的为师执教之道。

1997 年的《同济大学办文科刍言》是作者唯一一篇专谈文科的文章。该文是在作者促成打破管理体制将上海城建学院和上海建材学院两校完全并入同济大学而创造了并校改革的“同济模式”后的 90 周年校庆之际发表的(其时作者正在力促实现与上海铁道大学的下一场并校)，是时同济大学已正式公开把自己的发展目标定为综合性、研究型、国际化。所以此“刍言”为文虽短，但意不“刍”，千字短文，言简意赅，既强调了文科人才为国之不可或缺，以史为鉴，亦强调现代人才文理结合之重要；既提出了专业设置“尽量宽些”和“压缩必修(课)增设选修”的希望，又建议了推广文理结合的双学位制路径；既要“少而精”，又要“有优势”，既要避重复，但却可有侧重(特色)；科研既要结合“大方向”先做小课题，同时又要敢抓大课题积以时日出高水平成果与人才。这是自1978年作者提出“恢复综合性大学”拟设理工医文四院受挫，1980年“工作报告”中再谈“两个中心”任务时强调“逐步筹建研究、介绍中国和德国的文学、历史、哲学、经济、生物医学等的研究组织，招收研究生，并在国家需要时招收大学生。文、史、哲、经济教研组织的建立看来是提高我校现在这些学科的教学质量的关键”，以及1987年的“《同济大学史》序”中念念不忘“酝酿重设社会科学专业，并积极筹备恢复医科”的10年之后的又一次为恢复同济大学为综合性大学尽心竭力的谋划。同济人的恢复综合性之梦直到20世纪末的中国高教继1950年代的“院系调整”后的又一次最大规模的管理体制改革与布局结构调整中才得以成真，老校长为此抚掌欣慰。而实际上这场促成了一批实力雄厚的新综合性大学的重组诞生的重大改革中，老校长的积极奔走呼号于高层领导和教育主管之间的建言献策功不可没，其将运筹帷幄纵横捭阖的政治智慧和战略教育家的远见卓识发挥得淋漓尽致，实无愧为卓越的高教改革之元勋！

1990年代的作者文稿中还有2篇“院士自述”亦和教育相关，《中国科学院院士自述》中除了自己的简历介绍外，主要汇报的是作者与桥梁结缘的梗概，但其中谈到工作中的体会时重申“三要”：“从事工程科学技术研究，一要理论联系实际；二要理论上敢于创新；三要有科学试验或实践结果以检验理论。”据项海帆院士说，这是早在20世纪80年代初李校长担任上海市科协主席时就曾为科学会堂题写的名言，如今已镌刻在同济大学嘉定校区的“李国豪实验室”(地震工程馆)的大堂壁上。这是李校长坚守一生的科学研究信条，我想这也是李国豪教育理念（特别是工程教育思想）中的精髓之所在。而《中国工程院院士自述》则如作者所言，根据对工程院的重要职责任务之理解介绍了自己任宝钢的顾问委员会首席顾问期间一波三折的三件重大决策咨询案，是论证其一贯坚持的大学要面向社会开放办学，坚持理论联系实际，以多学科的优势做好咨询服务工作、为国家多做贡献的最好范例，同时也是李国豪相信科学，服从真理，敢讲真话，力排众议的专业精神的体现。

四

在20世纪到21世纪交替之际，上海市曾经开展过一场围绕“今天怎样当校长？今天怎样当老师？今天怎样当学生？今天怎样当家长？”的教育思想大讨论。作为同济大学名誉校长的李国豪也应邀做了一次“我任校长的体会”的讲话，曾首先被刊载于上海《思想·理论·教育》2000年第9期的“校长论坛”上，而后《上海教育》2001年第3期以《学校领导要德才兼备》为题转发。作者所谈的“几点体会”正可谓集社会主义教育家与社会主义政治家于一身的作者的人格情怀的综合写照：“一、大公无私，胸怀宽广；二、尊重人，平等待人；三、严格治校；四、有远见，抓大事；五、当业务内行、高手；六、热爱教育事业，热爱学校。”此文立意深远，志存高洁，但语气平和，如叙家常，将亲历故事信手拈来，言近旨远，引人深思。此心昭昭，日月可鉴，光明磊落，天地为证。

而发表于2001年的“老知识分子的心声”则是作为上海市政协老主席的作者为上海市政协庆祝中国共产党成立80周年的“风雨同舟八十载”征文活动所作，至今还挂在中国民主同盟上海市委员会官网上。“我从自己的亲身经历中感受到，中国共产党是领导全国人民建设有中国特色社会主义伟大事业的核心力量，只有在党的领导下，中国人民才能走上强国富民之路。”相信这正是许许多多一路走来的老知识分子共同的肺腑之言！记得在《大师 李国豪》的专题片中，李国豪在一段2002

年的录像中曾这么说:“我们这一代的知识分子,真是经历过我们国家的多灾多难……所有旧知识分子都是希望国家独立兴旺的。”这也是出任政协主席期间全心全意为落实党的知识分子政策而呕心沥血过的李国豪的真实心声。虽非振聋发聩,但却余音袅袅,语重心长,引人深思。

选编收录的压轴之作是《在同济大学举办的名誉校长李国豪院士90华诞庆祝大会上的答谢词》,这是作者生前最后一次的大会演讲,也可能是作者最长的一次即兴发言,本人至今难忘现场听讲时的深刻印象:在对饱经沧桑的人生的往事的回顾中,既感恩国家创造的大环境给予的机遇与条件,也不忘历数艰苦求学时代碰到的“三个好同学,两个好老师”的鼎力相助及回国后几多困顿中的偶得幸遇,以鼓励年轻同学珍惜好境遇,专心念好书,为国做点事。老寿星还不忘分享自己保持“心情愉快,经常运动,生活规律”等长寿经验。老人不疾不徐,款款而谈,一如既往的思维敏捷,逻辑严谨,令人由衷钦佩。尽管言者谆谆,朴实无华,却令闻者醇醇,如沐春风,全场不时爆出阵阵欢声笑语,尤其是最后,当鲐背长者“以年为日”,屈指将“下个礼拜”的“大事喜事”娓娓道来,如数家珍,并殷殷期待“下个礼拜”再见时,其风趣横生的语言和快乐充满童趣的朗朗笑声,顿时激起雷动的掌声,经久不息……

但最令我难以忘怀的是,就在此庆寿大会的欢乐时刻,这位被誉为“同济之魂”的老校长对自己在新时期中国高教改革开放史上影响巨大的“两个转变”的伟大创举只字未提,就简单说了句“是国家创造了条件,我有机会来为同济大学做一点事情。”却坦然直陈自己也曾经“对同济大学做了负的工作”,因为1952年院系调整,同济大学被拆掉了大部分,尽管当时“我不是主要负责人,不过我也帮着搞的呀,医工理文法,拆到最后只有一个土木系了……所以,我对同济还是有点负罪的感觉。”老寿星如此直言不讳检讨历史教训,其鉴往寄来之拳拳之心,发人深省,其“吾日三省”,诲人不倦之精神则更令人肃然起敬,真不愧为“学之师表,国之英豪”,高山仰止,景行行止,教育大师的远见卓识和人格魅力永为学人之楷模!

为此读者也许可以理解本“选编”何以要把作者 1950 年 10 月的《同济大学工学院学制及课程改革经过》一文附于本篇之末了吧？即尊重历史之本真，才更能领会开创中国改革开放新时期现代大学建设之“两个转变”的来之不易！老一辈大学人在大学理念的守护与大学体制的创新探索之径筚路蓝缕，值得后人不断借鉴与反思。就拿这篇工学院学制与课程改革的总结来说，可以作为理解李国豪关于教育教学思想逐渐形成与转变的一个关节点。时值历史大转折之际，深受德国大学理念与制度影响、时年 37 岁却已任职工学院院长整 3 年、曾当过短期训导长，却在上海“反内战反饥饿反迫害”的“民主堡垒”的同济大学被爱国师生誉为“红色教授”的李国豪，的确是面临着一场严峻的考试。该文的“总结”言简意赅，既肯定了改革工作获得的若干成果及其方法，也不讳言“遭遇了若干困难”及“存在着若干缺点”，指出了“狭隘的实用主义”的 “偏激”和“相反的保守的思想的几种主要表现”等，而该文中对此“摸索中进行的”改革提出的要“掌握‘专’和‘精’兼顾的原则，课程必须‘专’才能够精简，但又必须‘广’才能避免狭隘的弊病”，以及关于“‘精简’两字是分不开的，必先明确目标，树立在一定程度上的专业化的方向，然后课程才能够‘简’，而在‘简’了之后，就更加能求‘精’。”这些闪烁着辩证思维光彩的观点，无疑对永无止息的“教改”具有永恒的启迪。

本选编最后一篇《我说东海大桥》并未谈及教育，笔者犹豫再三后选录之，不仅因为此文或是李国豪之绝笔，这位世界著名的桥梁大师的最后时光念兹在兹的就是这座当时“世界上在建的最长的跨海大桥”，更是因为作者终身的殚精极虑、践履笃行留给后人的就是永恒之“桥”：多姿多彩的有形之桥矗立于江河湖海之上，沟通东西文化、传承科教文明的无形之桥留存于代代学子心中……蓦然想到，教育之本质不也正是在“搭梯架桥”以渡人渡己渡众生，济人济世济天下吗？而“学高为师，身正为范”的李国豪不正是呕心沥血于“转识成智、化性为德，以业为志、由技入道”之楷模吗？

李国豪同志在校系两级干部会议上的讲话

1979年7月27日(根据记录整理)

同志们:

党委要我把学校的工作给大家谈一谈。上半年,我大部分时间不在学校,情况了解不多,可能谈的不能全面反映学校的情况,反正把意见提出来,大家讨论。今天谈三个部分:一是上半年工作的回顾;二是今后的任务和工作,主要是今后三年的任务,中央八字方针是三年,结合谈谈下半年的工作,主要的提一提;三是谈几点体会,主要是就上学期和前阶段的工作谈几点体会。

一、上半年工作回顾

学校的工作,主要是贯彻党委的工作计划要点。经过半年来全校师生职工的努力,学校的工作、学校的情况究竟怎么样?我提出这样一个估计:上半年为建设社会主义的新同济大学,工作获得了良好的开端、学校出现了生动积极的新气象。这样估计是不是符合事实,反映了事实?恰当不恰当?具体的工作我这里不详细谈,主要根据党委工作计划要点大致谈一下。第一点就是积极向理工科和德文转变。教育部批准了八个新专业,今年都招生了。我们还是保持土建,原有的特色,今年增加了园林绿化、管理工程(主要是建筑工业管理)、海洋石油建筑工程专业。理科增设的是应用数学、应用物理,机电方面增加的是电子仪器及测量技术、热能动力机械,此外,还有德语专业。其次向德文转变。各方面积极努力，我们成立了外语系，特别是成立了德语教研室。当时这个教研室只有 4 名教师，经过各个方面的努力，现在调进了 30 名，勉勉强强能够应付德文教学的需要。再就是从七七、七八两届抽了 200 名学生学习德文，效果还是不错的，有些人都可以对话了。还有 180 名教师学习德语，其中 24 人要求比较高，基本上全力投入学德文。此外，外语系已做好准备，暑假以后在学校搞德语广播，教材、录音带都准备就绪了。教育部委托我们办了一个 100 名的留德大学生预备班，这对我们是一个促进。和这些相联系的就是和西德挂钩的工作。我到西德去访问，情况曾经向大家汇报了，向教育部也汇报了，教育部同意我们的汇报。现在波鸿鲁尔大学校长来了信，他们组织了专家组，准备九月底、十月初到我们这里来访问，同时在访问期间正式签订校际合作协定。另外，达姆施塔特工业大学过去口头上和我们建立了联系，校长也写信来，跟我们商量，征求意见，是不是今年冬天或明年春天来我校访问。西德还有一个杜依斯贝尔格（即杜伊斯堡）协会，他们来人访问，表示愿意和我们合作，他们答应给我们三个德语教师到西德进修的名额。向教育部汇报了，教育部表示赞同。我们学校图书馆里还成立了德文科学教育情报资料研究室，搜集整理资料，供校内外各方面参考。

第二点是改革教学，提高教学质量。上半年可以说是在总结三十年来的经验教训的基础上，明确了一些大的问题，比如学工、学农、学军怎么安排的问题，理论教学的问题，都是过去争论得很多的问题。通过讨论，教务处和各系都在此基础上制订了新的教学计划和简要的教学大纲，做了一个初步的安排，作为探索教育改革的一个出发点，通过实践可不断改进。计划统一每学期学时 20 周，这样便于有些课程的选读，共同课程的修读，试行学分制。其次在教学方法、教学组织方面进行了一些改进。基础课教师比较紧张，而小班上课浪费人力，所以实行了（至少一部分）大班上课，并开展了一些教学法的研究活动，当然还存在一些问题。不过总的来说是朝好的方面改进。上学期还组织了部分教材编写工作，究竟怎么样搞好教材建设，要重新研究。过去的一些做法有问题，我想后边再谈。我们的函授工作，今年又恢复了给水排水，供热通风，道路工程专业。工作做得比较早，比较积极。教育部很重视。在我国，函授要大发展，在我校也要大发展，因为这是个多快好省的途径。

第三点科学研究方面。这个学期在落实科研任务，组织班子各方面做了不少工作。我们报的两个研究所、四个研究室，教育部就要批下来了。还有海洋研究室，将来可以继续报。有的只要党委批了就可以进行工作，上学期我校有一部分教师参加了国内的学术交流活动，还有一部分教师参加了国际的学术交流活动，参加国际交流活动的有俞调梅、朱伯龙、蒋大骅、黄鼎业等几位同志。国内外到我校来讲学的也不少，就不详细谈了。

高等学校的基本建设设计任务，同济过去没有很好解决，教育部要求我校成立一个有专门编制的设计院，也明确了具体任务。设计院可在过去积极努力的基础上，建立正式编制，补充力量，这样好开展工作。

第四点是关于提高教师和教辅人员的工作。关于这个方面，上学期做得相当多，大面积的外语补课，开了高等数学、工程数学的进修课，许多教师进行基础理论方面的补修，还有一部分教师到外校去进修，约五至十名，也有的派到国外去进修了，到西德去的有两位外语教师，教育部考取的现在还没有全部出去，将陆陆续续出去了。

第五点后勤工作主要的成绩是有树立为教学科研服务的思想，在食堂管理方面进行了一个新的尝试，使食堂工作有了好的转变。学校基本建设的工作是繁重的，但从我校完成任务情况来看，在上海市高校，可能在全国的高校(可)称是领先的，现在为止，完成了全年任务的40%。我们还应该争取多上一点。其次进行了几个楼的房屋分配工作，和“四人帮”那个时候的做法不一样了，明确照顾教师的工作条件，贯彻计划生育的方针，不是全部按人口。上学期我们还增添了不少实验设备，恢复了过去破坏得很惨的物理实验室，尽管看起来还是很可怜，但从无到有，能够添置一些，恢复起来，是我们的教师和设备处努力的结果。

回想刚刚粉碎“四人帮”的时候，我们对一些问题还不很明确，那时我们只是提土建为主的理工大学。后来方毅副总理九月份接见西德访问团的谈话和十月份他到西德访问时的谈话，我们看到了以后，党委制定了向理工转变、向德文转变的规划，得到了方毅副总理的支持和教育部的批准。上半年，我们方向明确了，也已经走出了第一步。我自己不成熟的看法，就是刚才说的，建设社会主义的新同济大学取得了良好的开端，出现了初步的生动积极的新气象。

二、今后的任务和工作

自80年代至90年代一个相当长时期的任务是建设社会主义新同济大学。社会主义新同济大学究竟有哪几个特点，我想要有这么三点：第一点，新同济是多科性的理工科大学；第二点，以德文作为主要的外语；光是这两点还不行，还应该有第三点，就是新同济的师生职工都应该具有社会主义的思想，共产主义的考量观。否则，我们的大学就会和资本主义的大学没有什么差别，就算不上一个社会主义的大学了。联系到这个问题，我简单汇报一下方毅副总理来学校视察时的一些谈话，他鞭策我们，鼓励我们办好这样一个新的同济大学。他首先谈了同济德文的问题，谈了我们国家根据党中央的政策，学习一切民族，一切国家的长处，学习他们先进的科学技术，不但是学美国的、日本的，而且德国的、法国的都要学。他着重谈了德国的科学技术成就，他说德国人的思想，思维逻辑性很强，思维很有深度。他说马克思的《资本论》的哲学深度是很少有的。他还谈到工业方面，宝山钢铁厂的设备是许多国家提供的，有日本的、美国的、德国的。方毅副总理问宝钢的同志说，你们比较倾向于哪一国的？宝钢的同志回答说，他们倾向于德国的。我们也知道五十年代学苏联，苏联好多东西就是德国的东西，连符号都是德文符号。我们要学德国，同济主要是学德国，学德国当然要学德文了，方毅副总理要我们一定学好德文。他说我们是尊重历史的同济大学，有过去那个学德文的传统，现在要培养懂德文的干部及建设方面的人才，以后要恢复用德文上课。他提的要求很高，意思是同济大学将来毕业的人能够到德国去。方毅副总理说以后派人去西德主要是同济大学派出去。今后同济大学的教师应该有计划地安排去西德进修。他提出我们的教师都应尽量到西德进修提高。这样，我们对教师的德语学习，在速度上要加快，面也要更广些，这是新同济的第一个特点。

第二个特点就是多科性的理工科大学，既是教学中心，又是科研中心。以前我们提出土建为主，现在我们把土建的尾巴割掉了，就是提理工科，并保留发展土建的特色，教育部也表示同意。回想起来，我们的思想也是逐步发展的，我很坦率地说，粉碎“四人帮”以后，海洋系是不是留在同济，是有争论的，现在我们要建成多科性的理工科大学，所以海洋系还是留在同济，在同济发展。我们现在不受土建的框框了，凡是有利于四个现代化，对于吸收西德先进科学技术所需要的，我们能够办的，国家也同意我们办的，我们就办。我们应该采用这样一个方针。关于“既是教学中心，又是科研中心”的问题，我要提一下，在西德看了，在日本也看了，他们有些研究室，完全是没有专业的研究室。所以我们学校，以后设研究室，要破老框框，应该设一些没有专业的研究室。我向方毅副总理汇报了我们理科设了物理、数学，他问我们化学设了没有，我们说预备设的。方毅副总理就说，西德化学是很有名的，尽管上海有化工学院，可是同济还是应该把化学专业搞起来。希望建材系的同志们积极地从事筹建工作，我们无论如何争取明年搞起来。方毅副总理很强调多科性，要我们积极地把理工科搞起来。

第三点，要有社会主义的思想和共产主义的考量观，这一点非常重要。粉碎“四人帮”以后，我们思想上出现一些波动，有一段混乱，这是很自然的，过去“四人帮”把许多东西搞颠倒了，搞不清哪些是对的，哪些是错的了。邓副主席讲了四个原则以后，比较清楚了。如果我们学校的师生职工没有社会主义的思想，没有共产主义考量观，学校办起来也会成为和资本主义国家一样的大学，甚至比资本主义还要资本主义。现在我们就有些风气坏了，例如有的人就赤裸裸地提出要给自己计等，我讲师，要加一级，如果我们不加强这方面的思想工作，将来搞下去问题就大了。这是我们今后最艰巨的任务。因为你搞学德文也好，搞理工科的业务学习也好，搞实验室的建设也好，这些还比较容易，思想建设我看是最难。许多东西泛滥，值得我们大家注意的，我们的任务就是要树立社会主义新风气。

中央提出八字方针，我们三年搞点什么，不成熟的提出来几点，和大家商量。第一完成向理工科和德文转变的第一阶段。第一阶段的标志是什么？有三个指标。第一个指标，所有增设的新专业，三年里都要招生了。第二个指标是建立的研究所、研究室班子都要健全了，学术活动的制度也要健全了，能够正常地开展研究活动。还要开展科研合作。三年里，我们不仅要搞国内的科研合作，还要搞国际的科研合作。第三个指标就是我们的教学科研水平达到国内先进水平，国际60年代、70年代的水平(有的达到60年代水平，有的达到70年代水平)。在德文转变方面，也提三点。①所有的教研室，研究室都有能够懂德文的教师。马列主义教研室也应该懂德文。方毅同志说了，马列主义教师首先要懂德文。《共产党宣言》《反杜林论》《资本论》三本书都是用德文写的。所以，我认为马列主义教师不应该例外，时间可以按实际情况安排一下。懂得德文的人数最好是多一点，至少有两个也好办一点。我们提出这样一个奋斗目标，三年里派出30名到50名教师去西德进修。现在的关键是德文过不了关，还有业务。能不能达到这个目标，就看我们本身的努力和德方的支持。②少数课程重点采用德文教学。现在有一个问题要提出来，我们200个学生学习一年德文以后，要分配到各专业去，德文怎么上，不上就会忘掉。有少数课程重点用一点德文教材的话，那么他们的德文水平就可以不断地提高。我们的学生将来还要排一点德文课。根据条件采用德语教材。③就是部分的教师和研究生能够用德文写论文和报告，少数也好。第二个问题，怎样贯彻“调整、改革、整顿、提高”的方针的问题，我们学校也要贯彻这八字方针。在开人代会的时候，听到邓副主席重点考虑的是体制、班子、作风问题，这给我一个启发，根据这个，我提出设想。关于体制方面，要调整、改革系、教研室的体制。到西德和日本看了以后，我觉得像我们这种教研室不行，庞大得很，一个教研室几十个人，没有一个教研主任领导得了。一个教研室很多学科搞在一起，拿道路教研室来说，实际上是道路、材料、勘测，还有路基路面，而教研室主任只是搞某一个方面的，事实上很难领导。还有一个很大的问题是教研室取代了系一级的职权，从教学计划、教学安排到实习、实验全部由专业教研室包了，这是不合理的。应该把制订教学计划，组织教学工作放到系里边去，系里要承担这个责任，否则不适应今后教学科研的需要和发展，应该把教研室的职权真正转到主要是搞教学科研，其他事情不要多管了。因此教研室要逐渐改革（我们不要一窝蜂，十几年一窝蜂把许多事情搞乱了），重点的逐步来，把教研室按学科分得细一点，精干一点。建工系差不多就是这个样子的了，因为建工系没有一个教研室是包罗万象的。要坚决朝着这个方向改，把教研室分得细一点，甚至设想同一类的课程，可以组织几个教研室。我们学校有些方面有缺点；老人多是好事，也有缺点，几棵大树摆在一起不好成长，把树分开一点，容易成长。同一门课程我们可以分成几个小组，这样便于大家独立，真正百家争鸣。

关于土建方面的专业机构怎么去组织，请大家来商量一下。土建方面是搞土木一系，土木二系，还是怎么搞法？也有建议把海洋建筑工程、桥梁、地下工程、建筑工程搞成一个结构工程系。大家议论议论，如果意见一致，我们就开始行动。土木这个摊子反正要调整，现在这个样子不好办。电算研究室，当时搞到结构所，主要是考虑争取条件有利一些。而电算显然是学校一个共性的东西，大家研究一下，是不是成立一个计算中心。还有一个问题要大家议论的，就是有的既是系，又是所的，这个关系怎么处理，要进一步研究。

关于人的调整，我谈几个方面。我们的教师和教辅人员比例显然失调。西德高校的教师和教辅人员（包括打字员、实验员、资料员）的比例是 1∶1，我们要想办法调整，补充教辅人员。我们的专业课教师和基础课教师比例失调。基础课教师占全校教师 30%，而教学时数和教学任务却占全校的 70%，我们要加强基础课、技术基础课的教师。还有，我们学校行政方面、后勤方面的职工比较多，要想办法把这方面的职工更多地调整到教学科研基层去，因为学校教学科研算是生产的第一线。我们学校职工和行政干部 521 人，教辅人员只有 250 人，工人 292 人，后勤工作人员差不多 500 人，直接和教学科研有关的人太少，现在必须想办法调整，否则难以发挥教师的作用。现在教师工作中，也要充分挖掘潜力。全校有 1 500 名教师，上课的只有 400 名多一点，400 名里上六节课以上的还很少，其余的人可以做科研。

关于整顿，我们学校什么是重点，重点是整顿教学、科研、行政人员的作风和学风。“四人帮”时候，作风和学风都带来了很大的破坏，有的人就是顺着领导夸夸其谈，说的一套，做的一套，这种风气非常坏。现在不是政治学习少不少的问题，而是怎么提高政治学习质量的问题，这里首先要改变学风，特别是对党员干部、党员。现在有的党员比群众还难办，调工作调不动，调到外地调不动，校内也调不动，“党员”成了抗拒组织，高人一等似的，学习起来讲的都是马列主义，做的就不是了。这个学风很成问题。还有一个作风，现在的工作效率之低，真是难以想象。踢皮球，一个公文拖啊拖啊，这是全国性的一个灾害，我们学校里也很严重，要整顿。不整顿，制定了规章制度、岗位责任都是没有用的，思想不转变很难搞。这就是我们整顿的重点。

关于提高水平的问题，三年里，我们要大力提高教师、科研人员、教辅人员、党政的工作人员的业务水平、政治思想水平、教学科研水平和管理水平，这个问题很迫切。教师是感觉到了，要写教材，要上课，必须赶快提高，否则课教不下去的。华主席、邓副主席对党政干部学习业务，提得很高，这一点应该引起我们大家足够的重视。方毅副总理是值得我们学习的，他也是很早参加革命的，自学了英文，许多科学技术他都去学习。蒋南翔同志在清华大学任校长时，也在学，李昌同志做哈工大校长时也在学。要有足够的重视，就是要排除万难、雷打不动地学。这一点不光是党委校部的领导同志，总支系的领导也要注意的，特别是年纪还不太大的，50 岁以下的，更应该抓。因为许多东西总是在第一线，任务摆在那里，不学习过是过得去的，要应付总是可以应付得过去，但真正把它做好，就非学习不可。华主席提了要“团结，团结，再团结，学习，学习，再学习”，对学习提得很高。提高业务水平，政治思想水平是我们的先决条件，这个不提高，管理水平，教学、科研水平也提不高。

第三，就是做好和波鸿鲁尔大学、达姆施塔特大学建立校际合作及与其他单位的学术交流。今年九月底西德的专家代表团就要来了，就要签订一些具体的合作的协定。我们不光是派人出去，还要请他们的人来讲学，还要和他们共同搞点科研，开展合作。西德也不光是这两个单位，还有其他的。也不光是西德，还有美国、日本，其他方面，只要是好的我们都要学，要做好国际的合作、交流。

第四，三年里要搞好最急需的基本建设，特别是实验室和现代化设施的建设。要建现代化的教室。现在进行一次国际间的学术交流活动，要做一个报告，要放幻灯（片），还要在窗上拉起黑布，热得一塌糊涂。将来西德的人来了，美国的人也来了，日本的人也来了，就是我们这样的教学设施和设备，对人家很难。上次我到日本去，日本的地震专家武样清就问我，我们这儿能不能放 16 毫米的电影片。人家就怀疑我们，怕带来了片子没机子放。所以，这方面我们无论如何要跟上去，这是国际交流中必备的重要的东西。

具体谈到今年下半年的工作，还是根据党委的工作计划要点，该继续的继续做，没有做的，积极抓起来。这里我主要提一下我们应该注意的，一是德文学习的问题，要加快，并扩大教师学习的面，因为方毅副总理对我们提的要求比较高，也非常明确，我们要赶快做。否则，领导让我们出去呀出去呀，我们说派不出去，这就不好了。二是和西德校际合作的问题，他们的专家组就要来了，就要签订具体的正式的合作协定，明年就要动起来了。今天这个会开了以后，就要和有关教研室商量，将来怎么搞法？三是下半年重点试验改革，调整体制，建立小型精干的高、中、初结合的教学、科研班子。四是要抓好学生、研究生的教材建设，请一些教学水平、学术水平较高的老师来写，必要时配备一些助手帮助他。我们要采取百家争鸣的方针。不要吃大锅饭，不要一本教材组织三四个人一道写，这样做不对头。五是教职工、学生的考核问题，过去考核是采用群众评议，我觉得不要单独用这个方法，一个人一年的工作，人事处总要有个底子的，系里也应该对一个人一年里做了些什么，做得怎么样，工作的态度如何？要记录一下，开始可以简单一点，以后逐步详细起来，这要形成一个制度。过去我们没有记录，都是要到提工资的时候，计等的时候，临时搞资料，大家凭印象，这样搞法不恰当。

还有一个教辅人员的培养工作，下学期各方面要努力，抽调一些人进行培养，教学辅助人员也是一支重要的队伍，不能忽视的。

三、谈四点体会

第一点，要正确领会，积极贯彻中央的方针、政策。我们学校工作重点的转移，也是全国工作重点转移的局部的缩影。方毅副总理谈了同济大学该怎么办，当然不是他个人的意见，实际上是代表党中央对同济大学的一个意见。如果不正确领会，积极贯彻，我们今年的工作计划不可能提出来，只能还是老一套。大的来说是耽误了我国四个现代化战略部署的落实，小的来说是同济大学不知道怎么办。党委正确地领会中央的方针，积极地加以贯彻，这个学期同济大学的方向就明确了，工作也有一个好的开端了，我觉得这是很重要的一点，是我们各个部门，各个系、所的职责，而且不光是党内，是大家都要注意的。

第二点，要搞好安定团结，发挥大家的积极性。今年上半年，学校的工作能够有一个良好的开端，这与党委贯彻中央的方针，平反冤案、错案、假案，把一些人的隔阂解开，争取大家的团结是分不开的。通过一些工作，大家心情舒畅了，在中央四个现代化的号召之下，大家积极性迸发出来了，因此，基层、人事部门、教务部门、科研部门等各个方面都做了很多的工作，都是积极地在继续做工作。现在团结加强了，大家的积极性初步发挥了，还不能说是发挥得很大了，今后还要加强这个工作。

第三点，我们还要解放思想，总结经验教训，积极而又稳步地大胆前进。我举个例子，比如修订教学计划，对与生产劳动相结合，学军、学工、学农的问题，怎么安排？只能解放思想。总结经验教训，才能制订出新的教学计划。关于专业设置的问题，过去我们只有土建，没有理科、机电，三十年的经验表明这个学校办不好。后来我们总结经验要办理科，我们是大胆，而且又稳步前进的。我们搞工作还是要有点胆子，可是也要稳，过去有过教训，不稳搞得自己很被动。从上学期所做的工作和下学期的安排来看，不是完全脱离实际条件，搞唯心主义的大跃进，而是有一定的条件的。设置新专业，我们都是把每一个专业国家需要的情况、现有的师资、试验室条件等向教育部有关部门做了介绍的。这样做对我国四个现代化有利，对我们同济大学也有利。比如抽 200 人学习德语，这个问题看起较小，可是从我们的速度上看，比新生入学后再开始学要提早一年半，虽然数目不多，但这个先头部队对我们今后很有利。

第四点，我们还是要发扬不怕困难，勇挑重担，艰苦奋斗的精神，从

50年代过来的同志都有这个经历，52年我们办新专业的时候，真是从无到有，艰苦奋斗搞起来的，这次大家还是发扬了这个精神。数学、物理两个教研室都曾被撤掉了，物理老师也不教物理了，物理实验室也被拆光了，所以办物理专业是很困难的，经过半年多的努力，调了几个人，工作也做了一些安排，大家有信心办了，这个精神很可贵。教学也是这样，一下子要七七、七八届学生的教学大班课，还有教师的高等数学课，研究生的高等数学课，还要筹办新专业，任务是非常重的，但是，数学教研室的同志们还是不辞辛苦地把这个担子挑起来了，精神焕发地来干。办新专业，教师不够，我们就招研究生，这对我们补充师资是很有帮助的。今后我们还要发扬克服困难，勇挑重担，艰苦奋斗，自力更生的精神。我相信在党委的领导下，在方毅副总理，教育部领导和上海市委领导的支持下，大家奋发图强，新同济在80年代至少可以打好一个基础。

（原件藏同济大学档案馆，档案号2－1980-XZ-85）

附：1979年暑假干部会议上关于学校工作的报告提纲

1979年7月26日上午报告（根据手稿整理）

李国豪

一、上半年学校工作回顾

总的估计

为建设社会主义的新同济大学这个艰巨工作做好了良好开端，学校初步出现了生动、积极的新气象。

具体内容

师生员工在党委“1979和工作计划要点”指导下积极努力、艰苦奋斗，在各个方面取得了可喜的初步成绩——按“计划要点”顺序略述主要的初步成绩：①两个转变；②教学；③科研及设计院；④师资补充与培养；⑤后勤——食堂，房屋基建与分配，实验设备添置。

二、今后的任务和工作

社会主义的新同济(结合传达方毅同志讲话)

① 理工科大学——既是教学中心又是科研中心

② 德文为主的教学外语，而且要高水平

③ 师生职工具有社会主义思想、共产主义世界观

三年任务

① 完成向理工科大学和向德文转变的第一阶段：

(甲)所有拟设新专业都招了生；

(甲)′研究所室已健全班子制度，正常工作，开展国内外学术交流与合作；

(甲)″教学和科研达到国内先进水平，国际60～70年代水平。

(乙)除体育等个别例外，所有系、所、室都有会德文的教师，全校派出30～50人去西德进修；

(乙)′少数课程采用德文教材；

(乙)″部分教师和研究生能用德文写论文或报告。

② 做好关于体制、班子、作风的调整、改革、整顿、提高。

(甲)调整、改革教研室、实验室体制。

(乙)调整教师与教辅员比例，专业课教师与基础课教师比例，更多的职工到教学科研的基层。

(丙)整顿、教学科研、行政的学风和作用。

(丁)提高，教师、科研人员、教辅人员、党政工作人员的业务水平和政治思想水平、教学水平、管理水平。

③ 开展好与西德波洪大学(即波鸿鲁尔大学)和达姆施达特大学

(即达姆施塔特大学)的校际合作,以及其他单位的学术合作交流。

④ 搞好现代化和最急需的基本建设,特别是实验室和现代化教室的建设。

下半年工作

根据三年任务和今年工作计划要点,已开展的工作继续进行并总结、提高;尚未做的要积极抓。下面只提几点:

1. 加快和扩大向德文转变。

2. 做好与西德校际合作的开端。

3. 重点试验调整、改革系与教研室体制和建立小面积的高中部结合的教学及科研班子。

4. 抓学生和研究生的教材建设——百家争鸣,不搞大锅饭,印刷出版要跟上去。

5. 抓教师与教辅人员以及职工的培养和考核。

三、几点体会

1. 要正确领会和积极贯彻中央的方针政策。

2. 要搞好安定团结,发挥大家积极性。

3. 要解放思想,总结经验教训,积极而又稳步地大胆前进。

4. 要发扬不怕困难、勇挑重担、艰困奋斗、自力更生的精神。

HOTEL
INTER•CONTINENTAL
Hannover

3000 HANNOVER 1 · FRIEDRICHSWALL 11 · TEL. (05 11) 1 69 11
TELEGRAMM: INHOTELCOR · FERNSCHREIBER: 9 23 656

52

1979年暑假干部会议上
关于学校工作的报告提纲

1979.7.26
日上午报告

一、上半年学校工作回顾

[总的估计]

为建设社会主义的新同济大学这个艰巨工作做了良好开端，学校出现了生动、积极的新气象。

[具体内容]

师生员工在党委"1979年工作计划要点"指导下经过努力，艰苦奋斗，在各个方面取得了可喜的初步成绩：——按"计划要点"顺序罗述主要的初步成绩。①科研建设 ②教学 ③科研及设计院 ④师资和科技干部培养 ⑤后勤——食堂，房屋整修与分配，实验室设备添置。

二、今后的任务和工作

[社会主义的新同济]

① 理工科大学——既是教学中心又是科研中心
② 德文为教学外语，而且要高水平
③ 师生职工具有社会主义思想、共产主义世界观。

} 综合传达方校同学讨论

[三年任务]

① 完成向理工科大学和向德文转变的第一阶段：

(甲) 所有科系招收研究生，
(乙) 研究所室已健全并开展正常工作，
(丙) 教学和科研达到国内先进水平，国际60~70年代水平

[开展国内外学术交流和合作]

(甲) 所有系、所、室有能德文的教师，全校派出30~50人去西德进修。
(丙) 多数课程采用德文教材。
(乙) 部分教师和研究生能用德文写论文或报告。

② 做好关于体制、班子、作风的调整、改革、整顿、提高。

(甲) 调整、改革系、教研室体制，
(乙) 调整教师与教辅人员比例，专业课教师与基础课教师比例，及机关职工到教学科研的基层
(丙) 整顿[redacted]教学、科研、行政的学风和作风
(丁) 提高教师、科研人员、教辅人员、党政工作人员的业务水平和政治水平、教学水平、管理水平。

DAS HOTEL IST NICHT ABSENDER

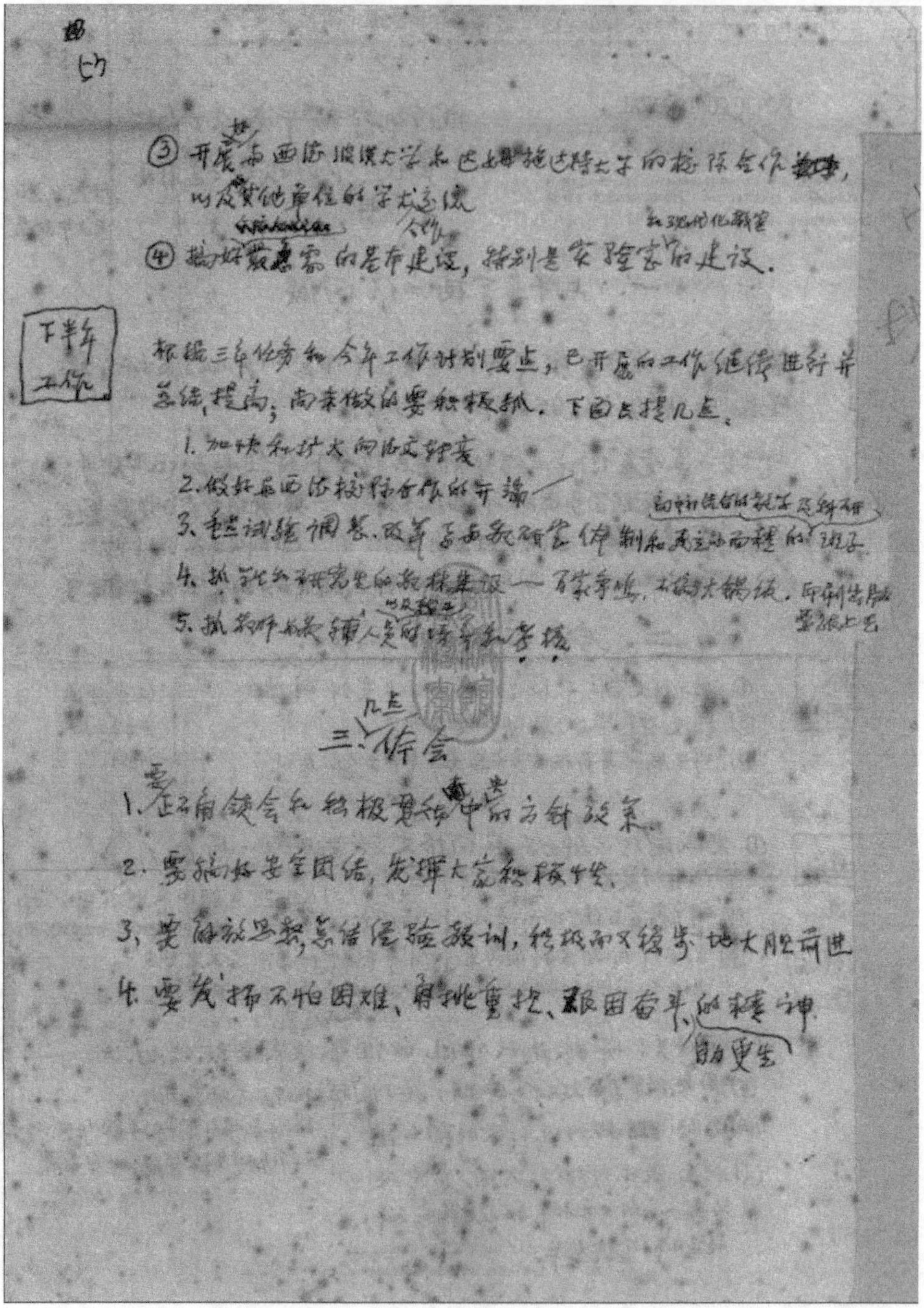

③ 开展与西德波鸿大学和达姆施达特大学的校际合作，以及其他单位的学术交流

④ 搞好[illegible]系的基本建设，特别是实验室的建设。

下半年工作

根据三年任务和今年工作计划要点，已开展的工作继续进行并总结、提高；尚未做的要积极抓。下面只提几点。

1. 加快和扩大向德文转变
2. 做好与西德校际合作的开端
3. 重点试验调整、改革专业教研室体制和建立[illegible]的班子
4. 抓学位和研究生的教材建设——百家争鸣，不搞大锅饭，印刷出版[illegible]
5. 抓好师资和辅导人员的培养和考核

三、体会

1. 要正确领会和积极贯彻中央的方针政策。
2. 要搞好安定团结，发挥大家积极性。
3. 要解放思想，总结经验教训，稳妥而又稳步地大胆前进
4. 要发扬不怕困难、自挑重担、艰苦奋斗、自力更生的精神

对新同学们的希望[1]

1980 年 9 月

李国豪

新同学们：

你们怀着喜悦的心情，从祖国的四面八方来到我校，我向你们表示热烈的欢迎。并祝贺你们以优异的成绩升入高等学校，开始了新的学习生活。

同济大学是一所既有悠久的历史，又在不断发展前进的学校。近两年来，在党中央的关怀下，同济大学在逐步发展成为理工为主的着重吸收西德科学技术特长的多科性大学。全校师生员工在党委领导下，为办好同济大学，为使同济大学在"四化"建设中发挥更大的作用，正辛勤地工作与学习。今天，在八十年代的第一个学年，又有一千四百多名新同学来到我校，与我们共同建设同济大学，这将是一支重要的力量。全校师生都热烈欢迎你们，希望你们能很快的熟悉这里的环境，开始新的学习生活。

同学们，我们生活在一个承前启后、继往开来的伟大时期，建设社会主义现代化强国，这是历史赋予青年一代的崇高责任。你们在中学学习阶段，思想进步、成绩优秀，有了一个较好的基础，希望你们进入大学后，发扬已经取得的成绩，进一步树立革命的理想，以实现"四化"为己任，努力学习好各门功课。上课认真听讲，课余时间刻苦自学，每天

1　该文是李国豪 1980 年 9 月开学典礼上对同学们的讲话。载于《同济大学》校刊第 6 期，1980 年 9 月 1 日。

坚持进行体育锻炼，争取达到国家规定的体育锻炼标准，在德、智、体几方面全面发展，把自己培养成为祖国需要的又红又专、身体健康的建设人才。

在学校学习期间，希望你们严格遵守学校各项规章制度，遵纪守法，团结友爱，尊敬师长。你们来自二十个省、市，各地同学之间，新老同学之间，要互相关心，互相帮助。要加强组织纪律性，树立新的道德风尚。要讲礼貌。我国唐代大思想家韩愈曾经说过，“古之学者必有师，师者，所以传道、授业、解惑也。”人不是生而知之的，任何一个人的成长，都需要教师的启发、诱导和指点。一代人的成长，在很大程度上正是教师辛勤劳动的结晶。当然，从学校的各项工作来说，还需要尊重职工。要尊重炊事员、清洁工人的劳动。我们无产阶级的教育事业，是要培养建设共产主义一代新人，没有任何理由轻视劳动人民。

在学习与生活中，还希望你们养成良好的卫生习惯。教室、宿舍及周围环境，都要定期进行打扫，保持清洁。

同学们，人类社会在不断前进，我们的思想也要不断前进。八十年代是我国“四化”建设的关键时刻，你们一定不要辜负党和人民的无限期望，献出你们的才华，献出你们的力量，为创造更美好的未来，前进吧！

李国豪校长在工代会上作的《同济大学工作报告》

1980 年 10 月

各位代表：

根据华国锋同志在第五届全国人民代表大会第三次会议上的讲话中所指出的“各企业、事业单位要普遍成立职工代表大会或职工代表会议”的精神，我校在党委领导下，今天正式召开师生员工代表会议。这次代表会议，对于发扬民主，实行群众监督，加速学校的调整、改革、整顿、提高，促进我校的两个转变，将起重要的作用。现在，我代表学校向代表会议汇报 1978 年以来我校的工作和今后的打算，请代表们讨论、审议。

一、三年的工作

粉碎“四人帮”以后，我校从 1977 年底开始招收应届高中毕业生入校学习，逐步恢复正常的教学秩序。十年浩劫使我们的教育体制、系、教研室、实验室、行政组织、规章制度等遭到极大的破坏，大批干部、教职工遭受迫害摧残，极左思潮猖獗、无政府主义泛滥，广大教师业务上十年荒疏。三年来，我们在中央领导下，拨乱反正，努力从各方面清除“四人帮”极“左”路线的流毒，粉碎了反革命“全国教育工作座谈会纪要”中“两个估计”的精神枷锁，纠正了 547 件冤假、错案，进行了艰巨的整顿、恢复工作。同时，又根据方毅副总理和教育部的指示，积极努力把我校办成既是教育中心，又是科研中心，并向理工为主的多科性大学和向以德语为主要外国语的转变。现在我就八个方面分别汇报如下。

(一) 建设新的理工和德语专业

1979年1月26日教育部"关于同济大学与西德建立联系并恢复使用德语教学"给国务院的请示报告第二条意见指出:"同济大学拟参照西德大学的系科设置,并结合我国实际情况,有步骤地增设新专业,特别是理、工科中的新技术和德语专业……逐步将同济大学办成具有特色的多科性的理工科大学。"根据部指示的精神,1979年来,我们恢复和增设了理工科及德语十二个专业,其中1979年9月设立的有应用数学、应用物理、电子仪器及测量技术、热能动力机械、海洋石油建筑工程、管理工程、园林绿化、德语等8个新专业,1980年2月又设立的有应用化学、计算机工程、机械制造工艺及设备自动化、环境保护工程等4个新专业。这些新专业两年来,共招大学生813人,并有8个新专业招收研究生107人。从校内抽调和从校外调进的新专业教师有187人,并组成了新专业的专业教研室。制订了12个新专业的建设规划和教学计划,自编专业课教材44门,新专业所需的实验设备,也在逐步充实,有的为我校近两年来重点投资项目。例如电子仪器及测量技术专业实验设备已购置70万元。今年为计算机工程专业订DJS—130电子计算机一台,价值57万元。

近两年恢复、增设新专业,从国家和同济今后的发展需要来看是必要的,广大教师本着尽快把同济建设好,积极性也很高,做了大量工作,但是个别专业上得快了一些,主要是由于我们对十年浩劫给广大教职工在思想上、业务上和团结上以及给校际间社会主义合作精神所造成的破坏估计不足。许多在五十年代初期可以轻易解决的问题,现在变成了极大的困难。数理化专业的设立从长远说是有利的,可以提高其他专业教学质量和促进其他学科的科学研究的发展,但是目前不免影响部分基础课的教学质量。今后最好先培养好教师队伍,开展科研招收研究生以后,再逐步设置新专业。

(二) 恢复德语为主要第一外语

根据方毅副总理及教育部的指示，要恢复使用德语教学，作为我国吸收西德先进科学、技术、文化并培养这种人才的一所大学，为“四化”建设服务，所以开设德语专业、以德语为主要第一外语是我校两个转变的一个重要方面，这两年的发展是很快的。1979 年初成立外语系及德语教研室，德语教师由原来 4 人增加到现在 30 多人。德语专业招收两届研究生 33 人，大学生 38 人，以德语为第一外误的有 77、78 年级 200 人，79 年级 570 人，80 年级 626 人，共约 1 400 人。为教师、职工前后举办德语进修、学习班 9 个，参加过学习的教职工 600 多人次。现初步掌握德语的教师近 300 人，部分教师能阅读德文书刊资料，少数人能初步用德语会话。为配合外语教学，我校外语系成立了电化教研室，购置了价值七万元的语音教学设备。1980—1981 学年，已学过德语的学生，部分课程将使用德文原版教材，用德语上课。

受教育部委托，我校举办两期留德大学生预备班，第一期 100 名学生，已于今年 5 月 24 日正式结业，分配至西德有关大学学习。第二期的 111 名学生现正在校学习。除了聘请西德专家为他们上课外，我校外语系及德语教研室的教工积极配合，做了大量教学与行政工作，各系、各教研室也积极支持，为培养留德大学生取得了可喜的成绩。

在恢复德语教学的过程中，我们碰到一些困难，主要是德语师资力量不足，个别上课教师缺乏教学经验。这就需要巩固提高。故拟明年德语专业暂停招收大学生及研究生一年，以德语为主要第一外语的新生也暂不扩大。对已学德语的学生未能安排好后续的德语业务课和教材，今后亟须改进。

我国大学中分别有使用英、德、法、日等外语的，以便吸收世界各国先进经验并培养这方面的人才，这是全国一盘棋的正确方针，不存在五十年代全国俄语一刀切的片面性。虽然如此，我们还是注意在我校的教学、科研和师资培养中，根据不同的学科和教师专长，培养英、日、俄语种(人才)并吸收美、英、日等国先进科学技术。

(三) 建立与西德及其他国家的联系

我校与西德建立联系的工作，由于有方毅副总理和教育部的指示和支持，一年多来进展很大。1979 年 3 月，李国豪校长等 3 人去西德访问，与波鸿鲁尔大学草签了校际合作协定，初步建立与西德高等学校友好的联系。1980 年 6 月波鸿鲁尔大学校长伊普森教授等 3 人来我校访问，正式签订了两校校际合作协议，商定了 1980 年双方合作交流的实施计划。达姆施塔特工业大学校长也将来我校访问，签订校际合作协议。最近，根据教育部的批示，我校已组成一个七人代表团于 11 月间前往西德参观、考察，促进合作交流的发展。

根据 1979 年 10 月签订的 1980 年中德文化协定中关于德方向同济大学派遣专家的计划，先后来我校长期工作的西德专家 22 人，短期讲学的西德专家 23 人。今年年初西德文化交流中心又拟定了 1980—1981 年派遣 34 名专家来我校长期工作的计划。从 1979 年到现在，我们已接待了西德外宾 69 批、484 人次。频繁的交往增加了相互了解，建立了友好的联系。西德专家及外宾对我校历史上与德国的文化联系。目前师生学习德语的情况及今后相互间加强合作与交流的前景留下了良好的印象。

来我校讲学的西德专家，对我热情友好，讲课内容十分丰富。他们的讲课，既讲述和介绍西德及世界先进国家有关学科的新内容，使我们开阔视野，又实地介绍西德大学科学的教学方法包括实验教学及习题课等，对我校有关专业的教学改革启发很大。如波鸿鲁尔大学哈斯教授，按照他在西德的讲课方法讲授“无机化学”，内容先进，反映学科发展的新技术，我校及外校听课的教师收获很大，对比我们目前化学课的讲课内容和方法，找到不少差距。达姆施塔特工业大学诺伊盖鲍义教授，将几门课程的内容有机地融合在一起讲授“工程机械”，内容新颖，效果很好，受到听课者的一致好评，对我校今后如何改革专业课教学有普遍意义。讲学的西德专家还关心我校有关专业的建设,热情向我赠送珍贵的资料、教材、化学药品、实验仪器等。

1979年11月,西德研究与技术部部长豪夫、大众汽车厂基金会秘书长鲍尔斯特及西德驻我国大使魏克德来我校访问时,资助我校100万马克,筹建波尔固体物理研究室,并由斯图加特大学及达姆施塔特工业大学派专家来我校,具体协助建设工作,促进我校应用物理专业的发展。

在加强与西德联系的同时,我校与其他国家的联系与合作也有所发展。两年来美、日、英等国外宾217批、7百多人来我校参观、访问,聘请了美、日等国专家19人,如国际有名的日本抗地震专家武藤清教授及梅村魁博士,美国污水处理专家麦金尼教授等等,来我校短期讲学。与这些国家的大学、研究单位及学者个人之间建立了联系,了解了一些学科的动态。

对于上述工作,各系、所、室尤其是新成立的外事办公室都尽了极大的力量。但因我国长期闭关锁国,对国外专家学者情况了解不多,同时缺乏外事工作经验,聘请外国专家有些不甚符合要求,我们的准备工作和翻译力量有些跟不上。

(四) 恢复和改进教学工作

"四人帮"的破坏使我校教学工作陷于瘫痪状况,1977年后百废待兴。首先,我们健全了各级教学组织,确立了我校应既是教育中心,又是科学研究中心的思想,进行了恢复与调整的工作。

从1977年起开始招收应届高中毕业生至今,已招生5 235人,设置29个专业。招生质量逐年有较大的提高,80年级新生入学统考平均分数达420分。制订了各专业的教学计划和基础课、基础技术课的教学大纲,组织教师编写了新的教材。现各专业使用的新编教材550多门,其中我校教400多人参加全国统编教材的编、审的有126门,我校自编教材250门。

加强了实验室的建设。三年来共购置仪器设备 937 万元，占全校现有固定资产的一半以上。1979 年教学设备费 241 万元，用于基础课及基础技术课实验室 132 万元。这些设备的补充，有力地支持了实验教学的开展，现全校已开出实验课 453 个，其中新开实验 98 个，基本上已经恢复，并有部分超过文化大革命前开出的实验课。在仪器设备的购置中有不少盲目性，今后应根据教学和科研工作的具体需要和全校一盘棋原则来购置，特别是贵重仪器设备。

改进了教学方法。在基础理论的教学方面，逐步加宽、加深、更新课程的内容，强调并积极安排有教学经验的正、副教授、专职科研人员讲课，特别是上基础课。从无到有地创办了电化教育设备，在外语教学及形象化教学改革的工作中发挥出愈来愈大的作用。

贯彻因材施教的原则，对优秀学生的培养作了有益的尝试。开设各种类型的选修课，为试行学分制创造条件。这学期共开出选修课 20 门，除今年入学新生外，有百分之五十以上学生选修了有关课程。

加强了学生的管理工作及学习方法的指导，建立了班主任制度，经常对低年级学生介绍大学的学习方法，提出学习要求。

近几年来，尤其是党的十一届三中全会以来，马列主义课广大教师解放思想，拨乱反正，改进教学，作了很多努力，虽然目前存在不少困难，仍然坚持四项原则，教学发挥了一定的作用。

努力改革体育课教学，引进西德、日本等国先进体育教学训练方法，积极开展多种形式的体育活动，增进了师生的健康水平，至 1980 年 6 月，通过《国家体育锻炼标准》的学生已达 63.29%。1979 年我校被评为全国体育、卫生工作先进集体。

这几年来，我校的教学工作基本上得到恢复，某些方面有一些改进与提高，少数课程和一些学生的教学质量已达到甚至超过 60 年代的最高水平。例如自动化 77 年级 20 余名学生，组织具有学术研究性质的“自动化学习会”，在 4 名教师指导下，勤奋自学，写出 3 篇读书报告，其中2篇已在市电机工程学会电气理论组报告会上宣读。机械制造二年级20余名学生，只学过一年德语，最近与上海外语学院读过两年德语的学生进行统考，平均成绩笔试仅相差0.2分，口试相差0.4分。

在教学工作中，目前尚存在领导不够有力，教材内容陈旧、烦琐，启发式、少而精的教学方法不够，对学生自学能力的培养和对实验、实习教学环节不够重视，以及考试考查不严格等问题。

我校的函授教育，于1978年恢复，在全国是最早的。这几年有了较大的发展。文化大革命前开设的工业与民用建筑、给水排水、供热通风、道路工程四个函授专业，已全部恢复招生。现共有华东六省一市函授大学生1 050人。为加强函授教育的组织领导，提高教学质量，学校设立了函授处，六省分别建立了函授站。现有专职函授教师21人，兼职2人。

我校现有研究生267人，其中78年级69人，77年级167人，80年级31人。分布在31个学科。以德语为第一外语的53人，为这三届研究生开出课程283门，其中有教材233门。

1979年从我校两个转变需要补充、培养新专业的师资出发，招收研究生的数量大了一点，讲课教师、教材、科研指导力量、实验设备和电子计算机等跟不上。这主要由于思想上要求太急，考虑实际情况不够。在研究生的教学工作中，目前存在学习课程过多，独立工作、开展科学研究不够等问题，有待改进。今后，招收研究生要兼顾需要与可能，力求符合我校指导教师的实际情况和具体条件，保证培养出高质量的学位研究生。

(五) 设立科研机构，开展科学研究

1978年，我校恢复科学研究，根据中央和上海市等的任务，制定了1978—1985年科学研究规划，在16个学科方面拟定了89个中心课题并先后恢复与设立了结构理论研究所，道路与交通工程研究所、海洋地质研究所和16个研究室，现有专职科研人员279人，承担160项科学研究课题，其中重点项目22个。1979年底，我校建立了7个高中初结合的精干科研班子，在发挥专家作用、培养中、青年教师，落实科研方向与课题等方面取得了一些经验。

到目前为止，我校1977年以来已完成的科研成果有118项：其中理论研究成果27项，应用研究成果91项，已在工农业生产上应用推广的成果有86项，占全部成果的73%。已完成的科研成果中前后获上海市重大科研成果奖、全国科学大会奖、上海市高教局卅周年国庆献礼奖、上海市人民政府科技成果奖、国防科委尖端科学技术成果奖共63项次。

三年来，我校科研队伍和研究成果方面的进展，不论在数量上还是质量上都远远超过文化大革命以前，个别研究成果有较大的经济价值，某些方面达到国内和国际水平。但是许多教师尚未认识到进行科学研究是教师职责的一部分，还没有积极主动开展科学研究。这需要进一步加强宣传和组织领导，改革制度，予以解决。关于研究机构的设置，由于缺乏经验，尚需研究、调整。

(六) 教师队伍与职工队伍的建设

文化大革命造成的最严重的后果，集中表现在对教师队伍的极大摧残上。文化大革命前，我校有教师880人，现有1 528人。从数量上看，教师队伍是扩大了，但实际上一部分老年教师年迈体衰，中年教师业务上十年荒疏，青年教师还需要培养，接不上班，而且基础课与专业课教师比例失调、教师与教辅人员比例失调。因此，1978年以来，我们加强了师资培养工作，从外语、电算、数、理、化基础、专业水平四方面入手，三年来开办了德语、英语、日语、俄语进修班22个，1 400名教师参加学习。开设了算法语言及工程数学班。有520名教师参加学习。

三年来共派教师492人去国内兄弟学校进修，其中参加短期培训班及旁听，包括听国外专家讲学的477人，长期在全国重点学校进修的15人。共派教师42人去国外进修、考察，其中去西德进修、考察的10

人，去美国等进修的32人。准备今冬及明年出国进修的41人，其中22人将去西德。去西德进修的教师中有19人将去与我校建立校际合作关系的波鸿鲁尔大学及达姆施塔特工业大学，此外，参加各种国际学术会议，进行学术交流的15人。

三年来，结合师资的培养、考核。我们进行了几次教师职务提升和确定的工作。计有：284人定为助教，775人提升、确定为讲师一级的职务，155人提升为教授、副教授、高级工程师。

我校现有职工1 659人，其中教学辅助人员324人，校办工厂工人254人。几年来，为了提高职工队伍的文化水平，适应现代化管理的需要，加强了培养与考核工作。图书馆除自行组织业务及文化学习外，还选派了7人去复旦函授图书专业学习。科研处组织干部科技讲座，提高各级党政干部的科学水平。职工业余学校先后为全校教职工开办初中、高中班、电工普及和半工半读电子技术班等41个班次，参加学习的共有2 100多人次。职工中现有28人参加函授大学和业余大学学习。

在教师队伍与职工队伍的建设中，也存在一些问题。主要是组织领导和督促检查不够，进修与考核、升等、升级，以及工资调整等的关联不密切，需要今后根据上级有关人事工作制度的改革而研究解决。

(七) 恢复健全管理体制

1977年后，对我校的教学和行政体制进行了恢复、调整工作。现全校教学设14个系，54个教研室、24个实验室，成立了学术委员会、体育运动委员会等4个大的委员会，并逐步配备了各级领导人员，定了一些规章制度，彻底改变了文化大革命时革命委员会的建制，保证了各项工作的正常发展。

我校后勤部门食堂等单位于1978年实行半企业化管理制度，加强定额管理，实行奖励办法，提高了工效。但还有些问题尚待改进。

我校目前的管理体制还不能完全适应新时期教育事业发展的需要，如机构设置不尽合适，规章制度不健全，工作效率不高等，必须进行改革。

(八) 改进后勤工作

三年来学校后勤部门广大干部、职工在为教学、科研、生活服务方面,在改革管理制度方面,做了大量工作,取得了显著成绩,主要有:

在基本建设方面,三年来在学校设计院的积极支持下完成了 3.6 万余平方米的基建任务,其中家属宿舍用房近 2.1 万平方米。这些房屋的建成,改善了工厂、实验室及生活用房的条件。三年来,共分配新建家属宿舍 400 多户,相当于文化大革命前 17 年的 76%,有力地解决了部分教师住房紧张的矛盾。

在改革管理方法、提高服务质量方面,1978 年以来,食堂、印刷厂、修建科等相继实行半企业化管理,制定了劳动定额、考核、奖励等制度。本学期学生食堂在不增加炊事员的情况下,担负着供应 5 千多名学生膳食工作,职工食堂为方便群众夜间用膳,设夜点心供应。卫生科开设夜门诊,修建科新修道路 1.4 万平方米。幼儿园扩大受托儿童,这一些措施都大大方便了师生职工,受到大家的欢迎。

在增产节约方面,我校机械厂、印刷厂加强了企业管理,在保证教学、科研任务的前提下,超额完成了产品产值和利润计划。机械厂 1979 年总产值达 115 万余元,净利润 50 万元。为教学、科研、生活加工工时 8 万多小时,占全厂总工时的 36%。这点看来太少。印刷厂 1979 年出版总产值 41 万元,印刷出版教材 15 万册、科技资料近 10 万册、学报 2.3 万册。

后勤处汽车队在保证学校各项用车的前提下,积极挖掘潜力,自行大修和保养汽车,节约修理费 2.5 万元。节约汽油 3 700 公升,并为外单位修理汽车 12 辆,收入 7 千多元,被评为 1979 年杨浦区先进车队。绿化组除搞好校园绿化外,还积极开展植树造林培育树苗。两年来,仅出售树苗就收入 4 万余元,被评为校先进集体。

由于“四人帮”十多年的严重破坏,后勤工作欠债很多,问题不少,如学校的财务管理、环境卫生、供水、房屋分配和修缮、部分职工的服务态度等，这些需要采取有力措施，予以改进和提高。

三年来我校在十年浩劫的严重破坏基础上，进行了整顿、恢复与发展，努力实现两个转变。全校师生职工积极响应党的十一届三中全会和五中全会的号召，做了大量工作，取得了显著成绩，为将同济大学建设成为以理工为主的多科性大学和恢复德语教学打下了初步基础。这些成绩的取得是来之不易的。在今后前进的道路上还有许多困难，但是，只要我们继续发扬这三年来艰苦奋斗的精神，团结一致，同心协力，发扬民主，积极改革，就一定可以在八十年代取得更大的成绩。

二、今后的任务

我校今后的任务是，在过去整顿、恢复、发展的基础上继续前进，把学校建设成为以理工为主的社会主义新型大学，作为我国吸收西德先进科学、技术、文化的中心之一。为此，制定了学校的十年发展规划，提请这次师生员工代表会议审议，这里简要地综合说一说规划中的五个方面的主要任务，其中两个即改革学校体制和建立优秀的教师队伍及精干职工队伍是学校当前的主要矛盾。

（一）把学校建成为既是教育中心又是科学研究中心

为了培养德智体全面发展的大学生和研究生并解决我国社会主义现代化建设中的科学技术问题，要整顿、提高老专业和老研究所、室，巩固、充实新设专业和研究所、室，提高、充实的关键在于开展科学研究，培养优秀师资。同时进行教材和实验室建设。教师必须既从事教学又从事科学研究，既培养出优秀人才，又为发展我国的科学技术做出贡献。要积极发挥研究生在科学研究工作中的作用。为了促进我校理工学科与边缘学科的发展和更好地吸收西德的科技、文化，并有利于与西德建立联系，还要积极准备开设信息、工业美术、流体力学等理工专业或专门化，并且逐步筹建研究、介绍中国和德国的文学、历史、哲学、经济、生物医学等的研究组织，招收研究生，并在国家需要时招收大学生。文、史、哲、经济教研组织的建立看来是提高我校现在这些学科的教学质量的关键。

要随着国家体制改革吸收西德等国外先进经验调整专业和科研组织的设置。

大力发展在职和不在职的函授大学生并推行函授研究生制度。

改进和提高大学生、研究生的政治理论课教学及政治思想工作，要帮助学生树立为建设社会主义现代化祖而努力学习的崇高目标和优良学风。

（二）发展与西德的联系，普及提高德语教学。

要在自力更生、艰苦奋斗的基础上发展与西德的联系。当前首先巩固与波鸿鲁尔大学和达姆施塔特工业大学的合作，其次与西德其他大学和研究单位建立适当联系。三至五年内以吸收西德大学在教学方面的经验为主，逐步转到以吸收科学研究方面的经验为主。

有计划有步骤地进一步充实和提高德语教师、积极组织各学科的教师学习德语，今后分配来校工作的大学毕业生和研究生，先集中学习好外语，主要是德语。稳步扩大学习德语的大学生和研究生，充实德文图书资料，加强德文教材和参考书供应工作，争取在五至七年内学校达到基本上“恢复使用德语教学”的目标。

与此同时，根据学科情况与其他各国建立适当的联系，并注意做好英、日、俄、法语的教学。

（三）改革学校体制

要随着国家经济体制等的改革，对学校的教学、科学研究和管理体制进行重大改革，争取在三至五年内，总结过去的经验教训，吸收西德等国外先进经验，结合我国具体情况，逐步建立我国社会主义大学的体制。这既是一项任务，又是我校乃至全国亟待解决的主要矛盾之一。要彻底改变把群众当阿斗、万马齐喑、机构臃肿、人浮于事、优劣不分、赏罚不明、办事难、效率低的局面。

改革的基本方针是，在党的领导下，发扬民主，发挥师生员工的主人翁积极性，同心同德办好学校。

为此，首先要建立师生职工代表大会，实行民主管理学校的制度。在此基础上在行政方面要有步骤地实行从校长到基层领导人员有任期的选举制，并逐步实现年轻化、知识化、专业化。

其次，要按发展优势，保护竞争、促进联合的原则，根本改革现在的教学和科学研究的组织和人事制度。逐步推广按学术领导人自由组成的教学与科学研究相结合的学科组。促进学科组之间和实验室之间的合作，联合进行教学和综合性的科学研究。按大学科设立系，促进系与系之间合作办专业，设立跨系的行政机构，以减轻系的行政事务工作，从而更好地发挥组织领导教学与科学研究的作用。

教职员工，特别是教师队伍，既要相对稳定，又要流通进出、新陈代谢，当前主要是精简、整顿，提高质量，同时破除校内各单位的人事壁垒。要逐步建立与此相适应的人事制度。如《教师教学工作量简明计算办法》《同济大学教职工考勤条例》《同济大学教职工退休、退职暂行办法》以及教职工选拔和职称等级的升降办法等等。同时要逐步使工资制度体现按劳取酬的社会主义原则。

精简校部机构，充实基层机构，健全规章制度，克服官僚主义，提高工作效率。

(四) 建立优秀教师队伍和精干职工队伍

教师队伍是决定学校面貌的重要因素。目前学校的教师是数量有余，质量不足，专业课与基础课师资比例失调，新、老专业师资比例失调。其次是教师与图书资料和实验人员比例失调。职工队伍臃肿，文化科学水平不高。建立一支优秀的教师队伍和精干的职工队伍，是学校又一项艰巨任务，也是一个最主要的矛盾。

必须整顿提高老专业师资、充实新专业师资，尤其是基础课师资。

选拔优秀的大学毕业生和研究生补充、更新师资，并创造条件在校内、国内和出国（主要是西德）进修，参加科学研究和生产实践，鼓励考取学位。在八十年代组成一支高中初结合既能教学又能科研的又红又专的师资队伍，培养成长一批优秀的学科领导人，赶上国际先进水平。

充实和培养教学和科研队伍中的图书资料、实验、电算、制图等技术人员。

提高职工的文化和科学水平，结合工作需要培养专业知识和专业技能。

提高教职工的政治思想觉悟，培养一支政治理论教学和政治思想工作师资队伍。

（五）加强物质建设和后勤工作

根据教学和科学研究发展的需要和勤俭办学的精神建设实验室，扩建国书馆以及其他教学房屋，扩建体育运动场地，充实图书设备，做好室内外清洁卫生，绿化校园，改善师生职工的工作、学习、文艺体育和生活条件。

同时要对现有教学、科学、实验、行政等房屋调整、挖潜，以提高使用率和便利师生职工的学习和工作，特别是便利学生的学习。

更好发挥校办机械厂和印刷厂为教学、科学研究服务的作用。必须进一步明确这个思想，同时加强组织领导。

改进和改革全勤工作的组织、体制。进一步提高为教学、科学研究和师生职工生活服务的质量。

各位代表，八十年代我国教育事业将有一个大的发展，我校肩负着一个改革、提高、发展的艰巨而光荣的任务。我们要解放思想、树立艰苦奋斗的创业精神，充分发挥师生员工的主观能动性，为建设适应我国现代化需要的社会主义新同济大学而努力奋斗！

（原件藏同济大学档案馆，档案号 2－1980-XZ-85）

西德高等教育简介

1981 年

李国豪

一、高等教育的体制

西德高等教育体制,在第二次世界大战之前,希特勒执政时期,是中央集权,全国由教育部领导。第二次世界大战后,成立了联邦共和国,各州有独立的文教权。联邦政府也有文化、科学部,它只制定一些原则性和共性的东西。

德国学校绝大多数是国立的。极少数是私立的,譬如教会设立的神学院是私立的。

(一) 学校、州和联邦是如何进行协调的。

联邦有一个文化科学部,各州有文化部,联邦还有高校校长协会,它由几十所比较重要的高校校长组成。还有一个很重要的机构叫作科学顾问委员会,它设在联邦,这是一个咨询机构,可是它提的意见是起着重要作用的,使各种意见能够协调,可以说是管全国的,文化科学部也要听取它的意见。总的协调就是这样一个体制。

从某种意义上可以对比一下。我们国家是集权的,可是我们的体制是教育部、地方、科学院、各个业务部门都有一条线,彼此很少通气。而他们学校之间,有校长协会,各个州之间(虽然是各州有自己的独立性),有州文化部长的定期联席会议,可作出许多重要决定。全国新办什么学校一定要提出计划,由科学顾问委员会表示意见,最后送联邦审查才能批准。虽然他们是资本主义制度,联邦很松散,但它横向联系还是搞得不错的。我们国家是只有条条的领导，高校之间、地方之间缺少横向联系。

(二) 六种不同类型的高等学校：

西德学生从六岁进学校到中学毕业要受十三年中等教育，第十四年开始受高等教育，大学按规定，名义上要到第十九年才学完。高校的种类有大学、师范、神学院、艺术学院、专科大学(或称专科高等学校，是三年制的)，现在还有一种叫总体大学，共六种。总体大学是70年代才搞起来的，它既有专科大学，也有综合性大学所包括的一套东西。

专科大学是三年制，比较结合实际，一般是1 000到4 000学生，也有超过4 000人的。

大学一般是四年制，医学院是六年制。最大的大学如西柏林自由大学是45 000多学生，慕尼黑大学都有20 000多学生，师范一般4 000到8 000学生；神学院人数较少，全国只有2 000学生，艺术学院一般规模较小，不到1 000学生。

大学的专业设置是文、法、理、工、医。有的没有医，一般都有文、法、理、工，也有只有文、理和医的。与同济大学挂钩的波洪大学有文、法、理、工、医；达姆施塔特大学没有医，海达尔山大学比较有名，很古老，它只有文、理和医，没有工。

专科大学的专业分得比较细，工程方面的专业比较多。

总体大学是70年代发展起来的，它和专科大学的发展都有一个历史背景。60年代学生数目增加很多，光靠老学校扩大不行了，要建立新学校，尽量吸收学生上学，所以搞了三年制的专科大学。但又觉得这样比较零碎，70年代开始就尝试搞总体大学。总体大学把同一城市的若干高校联合组成。到现在为止实际上存在三种形式：一种是大家凑起来，譬如说把上海的大学都串起来叫做上海大学，可是其中没有任何协作关系；另外一种是有校际协作关系的；再有一种是新建立起来的，内部各部门统一领导。他们搞的主要是后一种。

这里要说一下三年制的专科大学。我到西柏林去参观一所专科大学，该校的校长原是西柏林自由大学的数学教授。我看他对学校非常满意，事业发展得比较好。我们去看了实验室，条件非常好，学生有三四千人。他陪我们参观时带了一串钥匙，到处的门他都能开，每个工作部门的负责人他都叫得出名字。他说，现在再叫我回西柏林自由大学教新学，我不干了，我觉得这里干起来很有劲。现在西德的工业界很欢迎这种专科大学。因为这种学校实习多，比较联系实际，对国家培养人才也比较经济。所以我建议我国也要多搞这类三年制学校。现在大家都是希望搞五年制、六年制，不要三年制、二年制。我觉得这是错误的。此外，1977 年西德还成立了函授大学，有一万多学生，全西德现在有 30 个学习中心的函授网，也就是面授中心。我们再看一下这类学校发展情况。

学校科类＼学校数量＼年份	1950	1960	1970	1975	1977
1. 大学	31	33	40	49	50
2. 总体大学	—	—	—	11	11
3. 师范大学	78	77	32	33	31
4. 神学院	16	17	14	11	11
5. 艺术学院	18	25	27	26	26
6. 专科大学(三年制)	—	—	98	136	136
合　计	143	152	211	266	265

从表上可以看出，德国五十年代还没有专科大学。大学是 31 所。60 年代大学发展到 33 所，总体大学还没有，师范有一部分并到大学去了。专科大学是 1970 年办起来的，一开始就办了九十八所。那个时候，学生数量不断增加，老大学扩建还不能适应，又开设一些新大学。新大学也不能解决问题，就搞三年制的专科大学。从这里也可看出，1970～1975 仅五年时间，这类学校发展到 136 所，增加近 40 所之多，到

75 年总体大学开始办了 11 所。总体大学里也有专科。他们采取的策略是:缩短学习年限,培养比较结合实际的学生。

二、学生人数的发展情况

(一) 各类高校学生人数分布情况如下:

到 1977—1978 年,在校学生 91.3 万人,其中大学 60.5 万人,占 66.3%;师范学院 6.9 万人,占 7.5%;艺术学院 1.5 万,占 1.7%;神学院 0.2 万人,占 0.2%,专科大学 16.5 万人,占 18.1%;总体大学 5.6 万人,占 6.2%。学生数从 50/51 学年度的 17 万左右发展到 77/78 学年度的近 100 万,增加了五倍多。其中专科吸收了 18%的学生,总体大学学生占 6%。二者合起来差不多占了 1/4。就是说有 20 多万学生在专科和总体大学里学习。

(二) 大学中各类学科的分布情况如下:

语言、文科	30%
法律、经济、社会科学	23.5%
数学、自然科学	20.5%
工科	12.4%
医科	9%
艺术	2.3%
农业、营养	2.2%
	100%

可以看出,文科比重最大,将近三分之一;社会科学也相当多;数学、自然科学加上工科、医科只有 40%多(其中工科医科较少)。当然,我们国家和他们国家的性质不一样,经济建设所处的发展阶段也不一样,因此学生在学科分配比例上可有所不同,不过有一点,我们现在也发现了,我们过去把文科、社会科学、管理、经济等基本否定了,结果吃了很大的亏。西德的工业在战败后能迅速恢复,有几个因素,第一个因素是人的因素。它虽然打败了,建筑物都破坏了,可是人还在。它的人

员组成有几方面：一个是技术工人；一个是中级工程师；一个是高级工程师；特别重要的是组织管理人才，他们这些人都在，这是一个很重要的因素。第二个因素是不需要国防开支，战后的马歇尔计划可能也帮了他们的忙。但这不是最主要的，最主要的是战后不准建立武装，所以国防费用等于零，可以用全部的钱去搞再生产，这也是他们发展起来的一个重要因素。以上两个因素，一个是人，一个是钱，使西德发展很快。我们现在缺的也正是人才和钱。

三、学校的组织

在第二次世界大战之前甚至在50年代初期，纯粹是教授治校。我那时在西德的时候，就是由教授组成的委员会决定一切重大事情。学校里的基层组织是教研组。他们的教研组与我们的不一样，一个教授就是这个小天地的太上皇，一切工作、实验室等等都是他说了算。他的女秘书也很得力，我们去访问先向女秘书通报，然后再安排接待。这就是50年代初教授治校的情况，基层就是以教授为首的教研组。

60年代情况开始变化。一方面学校发展得很大，达姆施塔特大学，我过去在的时候不过千把人，现在有一万多人。学校大了，教授治校不行了。此外，整个社会民主化的要求，带来了民主的发展。60年代中期大概也受我们文化革命的影响，学生造反了。所以从60年代开始，要求改革。改革有两个方面：第一方面，基层不再是教研室而是一个专门化。达姆施塔特大学土木系有几个专门化，如工程结构、道路交通（包括铁路）、水利、城市建设、给水、排水。很像我们解放前的土木系的路工组、结构组、水工组、市政组。第二方面，学校组织领导的情况变了。联邦法律正式规定，学校由四类人员组成治校的班子，他们是：①教授；②学生；③助教，科学助手；④其他职工。这四类人推选代表组成一个学校的最高机构，就叫它“代表大会”吧。代表大会选举校长并讨论决定一切比较原则的重要问题。校长的任期，现在各个学校还很不一致。

有的学校是一年、二年选一次。他们觉得这样连续性太短。现在如波洪大学今年改了，四年一任。达姆施塔特大学是七年一任。在代表大会之下的组织形式就各不相同了。有的建立一个常委制，由各个系的系主任参加，讨论经常性的工作。校领导机构也很不一致。校长、副校长这是肯定要的。此外联邦政府还规定要有一个秘书长。秘书长的人选不是选举产生，而是由州的文教部任命，是终身制的。校长有任期，换来换去没有关系，反正秘书长几十年一直在那里管理日常行政工作，特别是管理整个学校的经费。波洪大学里一个校长总负责，三个副校长，一个管科研、一个管教学、一个是校长不在时代理校长。三个副校长来自理、工、文三个学科，还有一个秘书长。我问校长，你们是怎么工作的？他说，每星期我们几个人开一次会，布置办公室的一些助手及各个职能部门的工作。第一职能部相当于我们的校长办公室。还有一个会是各系系主任参加的，相当于行政会议。

达姆施塔特大学又不相同，有一个副校长平时不起什么作用，只有校长不在的时候代行校长的职责。校长是总负责，下面有三个助手非常之能干。一个管组织，一个管财务，一个管科研。所以校长要与我们联系工作都是他的助手来的。各个学校的做法虽有不同，但是学校的代表大会体制都是一致的。要有教授、学生、助教和科学助手、职工四类代表组成。另外还有一个聘任教授委员会。教授在他们那里是头头，所以聘任教授很慎重的，这个委员会中教授要占三分之二以上。

大学下面的组织就是各个专门化。他们没有一个土木系的系办公室，而是各个专门化的办公室。不过土木工程方面的概念还是有的。我们去参观就是到这个到那个专门化，没有系主任。可是各大学的做法不一样。有的学校还有一个系主任的名义，下面是系的专门化。各州做法不尽相同，但有一点是明确的，即专门化作为他们最基层的组织。

四、高校新建、扩建规划的制定

制定规划这一点，我觉得对我们有参考的意义，这里先画一个图来表示：

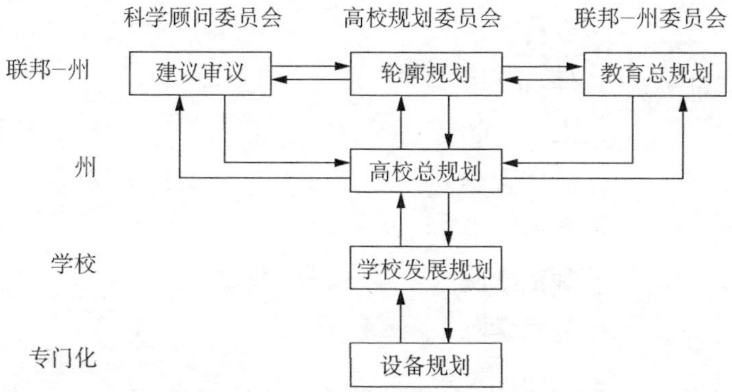

制定扩建、新建的规划时，学校的最基层要把这个专门化需要的一些设备(实验室、实验设备、图书等)告诉给学校，学校提出学校发展规划送到州里，同时送给科学顾问委员会。这个委会的表态虽然是建议，但往往是关键性的。它有意见回来，你可以提了意见再送上去。高校总的规划应该是联邦和各州教育总规划的一部分，所以要联系起来，送到高校规划委员会，这基本上是州管的。联邦和州一道制定轮廓性规划。这里特别要说一下，德国人做事情非常之严密，特别是制定重要的轮廓性规划。总的规划的制定一般是十年；轮廓性规划是五年，五年之后，每年还要制定。法律上对轮廓性规划的制定也有规定的程序和具体的期限。因为轮廓性规划要从这里送到那里有来往反复，譬如说至迟三月一日要报到科学顾问委员会审议，审议后四月十五日要把意见提出来回到送审单位修订，经过一次往返，最后在七月一日要做出决定。他们把制定规划当作一件特别重要的事情。人家不像我们做事拖拖拉拉，一旦定了，就照规定做，期限就是法律，过期就不行。

制定规划的基本数据有二个，第一个数据是要盖多少房子；第二个数据是要多少教授、助教、科学助手。这两个数据是有规定的，介绍如下：

教学用房净面积定额(1978年)

文　科：				
	大　学	每个学生	4～4.5	平米
	总体大学	〃	4～4.5	平米
	专科大学	〃	4	平米
自然科学：	理、工、医			
	大　学	〃	15～18	平米
	总体大学	〃	15～18	平米
	专科大学	〃	12	平米
	师范学院	〃	5.4	平米
	艺术学院	〃	12	平米

从这个标准可以看出，自然科学的标准比文科的高3～4倍，这也可以给我们参考。他们造价也有定额。

造价标准

文　科	每平米	2.850	马克
物理、电工	〃	3.610	马克
化学、生物	〃	5.090	马克

从这里我们可以看出，造价最贵的是化学和生物。当然造价的绝对值没有多大意义。不能拿我们国家的造价以人民币8角＝1马克来换算。举这个例子的意思是说明人家的工作做得很细，这个多少，那个多少，都作规定。化学、生物的实验室不光是房子，还应把一些管线包括进去，这就差不多比文科的造价增加了一倍。

现在我觉得有一个问题。我们学校现有学生7千，按照他们的定额，就照理工科吧，只要房屋10～13万平米。我们现在学校建筑面积23万多平米，就算七折八扣算它对折吧，也有差不多十四万平米，可是挤得不得了。而人家怎么样呢，人家却非常之宽。这里面究竟是什么道理呢？我觉得有这么几个问题：第一是学生、教师吃、住在学校。占去了很多地方。人家学生宿舍都盖在学校外边，和学校管理无关系，建造费用联邦和州各付一半，但这些宿舍只能满足十分之一的要求。所以我们学生到那边去学习，住的问题很紧张，一般都是到私人家庭去租房住。第二是教师太多，我们有一千五百多教师。他们教师与学生的比例是 1∶10。按这样的比例，我们将来发展到 1 万人，包括研究生在内，还要减掉 500 名教师。第三是我们有一套政工系统，占的房子也不少。还有一个原因是我们的教室使用率很低，现在学生宿舍太挤，十几平方米住 8 个人，房间里没有办法自修，他们必须到教室去，所以要搞专用教室。因此教室的使用率非常低，实验室的使用率也很低。其次一个就是教师的定额。1978 年，全德国高校教师 106 767 人，包括教授、助教、科学助手。他们的助教都是考了博士去当的。科学助手的水平也很高。职工 169 748 人(他们的教职工比例是 1∶1.6)，加起来是 276 515 人。1975 年是 209 661 人，3 年增加了差不多百分之三十。

对于这个数字，我想说明一点我们国内存在的问题。我们国内高校教师和学生的比例太糟糕了。像我们学校，1 500 个教师，学生才 7 000 人，就是发展到八千，也只要 800 个教师。而他们 100 万个学生就只 10 万个教师，差不多 1∶10，这是第一点，说明我们教师数量有余，质量不足。第二点，他们的数字说明，我们现在的职工太少。他们的职工主要是职员，还有一些是实验室的技工。我们打听了二个大学清洁工作是怎么搞的？他说，我们这里是包出去的，由清洁公司打扫。所以我们的清洁工还不包括在他那个职工里。波洪大学就是校长办公的部分自己打扫，因为可能关系到一些重要的文件。其他的他们都包出去。他们的职工主要是技术工，职工和教师之比是 1∶1.6。这里我们就可知道了，为什么我们的教师老是在叫“哎呀，我们现在的教辅人员太少，要买些设备都要教师自己去跑”，我们现在教师太多，职工太少。拿同济来说，3 200 多教职工，教师是 1 500 多一点，差不多一半对一半。这个还不说明问题，我们有相当多的职工是搞在教师和学生的生活上了。

吃、住、幼儿园、卫生科、清洁卫生、保卫工作,什么都管。所以比例很不合理。因此要改善学校的工作,这个问题必须解决。当然职工里也有一个质量的问题,文化水平的问题。人家的职工水平是蛮高的,一个女秘书比我们一个助教还高明。比如要写科学论文的话,你写好一个稿子她就打出来了,教研室里的一个女秘书,教授的资料放在什么地方,教研室的资料放在哪里,她都知道。教授有哪些人联系,电话来往她都能接待,教研室里的经费她都管。来往信件,都是教授口授,她速记下来打好。现在我跟西德联系,有些信还要自己拟稿。从我们国家现在的情况来看,教师数目要缩减,职工数目要增加,特别我们还有政工,师生的生活、福利各方面都包下来,都算在学校的编制里,连学校实习工厂也算在学校的编制里了。这是有问题的。

西德现在的定额大致是 1∶10,不过各个学科有一些区别。还得说一说,德国大学里,学生都可以自己来安排学习,有伸缩性,所以所谓六年制一般都要搞到八年,有的甚至更长,平均要多二年。三年制的,有的也要多半年到一年。四年制的,我问了一下。他们一般平均要 11.2 学期(像建筑学课目),就是差不多五年半到六年,也差不多多两年。从这里就可以看出,培养一个六年制的医生,教师和学生的比例特别小,因为医科要带实习比例不能大。三年制实习得少些。理工一般规定 1∶8,三年制的 1∶10。文科就多得多,1∶15 或 1∶16。这样对于制定学校的发展规划有好处。新建院校的话,就要根据这个标准去审批。最好我们国家也根据我们国家现阶段的情况制定出一个切合实际的比例作为我们今后(比如 5 年也好)调整改革的方向。

1978 年高校师生比例定额

医:	六年制	1∶3	文科:	四年制	1∶15
	三年制	1∶10		三年制	1∶16
理工:	四年制	1∶8			
	三年制	1∶10			

五、西德高校的教育经费

首先,西德高校的教育经费中经常费都是各州负担的,新建院校,联邦负担百分之五十,州负担百分之五十。建造学生宿舍,联邦也补助一半,州负担一半。

其次,作为西德一个国家教育经费的支出情况,大致如下:1961～1975 年,十五年间,高等教育经费增加了八倍,国民生产总值增长三倍,教育经费增长六倍,高教经费占国民生产总值的 1.3%左右。这里就看出,他们国家对教育重视的情况。整个教育的支出占国民生产总值的 5.5%。高教经费 135 亿马克,大致的用途分三部分。一是工资占支出的 55%。二是设备购置,占 22%。三是其他消耗,占 23%。

其次介绍一下每个学生培养费用每年是多少。举几个主要的数字。

每年每个学生培养费用 单位:马克

学科类别	大学	专科大学
语言、文科	4 900	4 700
理	12 100	13 400
工	10 000	5 100
医(包括医院实习)	36 800	—
农	13 900	8 300
艺术	1 500	2 300

可以看出,医很花钱,理、工、农也很花钱,文科和艺术花钱很少。工科专科大学的费用只有大学的一半。

再介绍一下教师的工资情况。40 岁左右的教师夫妻二人有两个孩子,一年收入为 8 万到 12 万马克,所得税约三分之一。30 岁左右的助教和科学助手,也是夫妻二人有两个孩子,一年收入为四万五千马克,所得税少些,平均下来,一个月可有三千马克。他们住房较贵,一个月得花一千马克,加上自己有辆汽车,维修费、汽油费,一个月得支出六七百马克。这样,单单房子和汽车就要花去收入的一半多,剩下的就是吃、穿,等等。

六、教授的聘任和教学科研

教授是公开登报招聘的,学校里有聘任委员会,从应聘者里面选择。选择后进行试讲,就是作一个报告,看水平和表达能力怎样。聘任委员会中教授占三分之二以上,起决定作用。不过也有学生代表和助教代表参加。通过后报给文教部。文教部可以同意,也可以否定而另外提名。学校没有决定权,只有选择候选人的权。至于助教和科学助手则由学校聘任。助教一般是考取博士后来担任的,他到学校来的主要目的,除了担任教学科研工作以外,很重要一个是要获得学位。德国还有一个学位,博士后加考一个 Habil,是证明你有担任大学教师资格。助教工作的时间是六年到八年,一般六年,最多不超过八年。科学助手任期不限,有很多是博士,多数博士都是能独立进行教学科研的,不过他的名义是教授的科学助手。

教学负担方面大学里教授每个星期上八小时课。专科大学每星期十八小时。德国人来华教外语,一个星期六天,每天上午都教 3 小时,有时甚至 4 学时,下午还要改卷子。我们的教师,一个星期排 8 小时,已经是要求情了。

那么,科研的时间怎样呢?德国大学的教师要求既搞教学又搞科研。据向各个方面询问得出来的结果,大概大学里的教师有三分之一的时间进行科研。专科大学的教师,因为一个星期要上十八个小时课,就比较困难了,但也约有一半的人还能够有余力进行科研。德国现在学生太多了,因此他们有这么一个趋势,就是有可能有不少教授将来要以教学为主。主要是培养大学生。另外就是以科研为主的。还有一点,德国教授都是每天上午下午都到学校的。他们的工作条件很好啊!

自己一个很大的房间，我校长办公室没有它的四分之一大。前面总归是女秘书的房间，一进门总是先通过女秘书。另外，他有助手，实验室。所以他工作的条件、空间、设备都比我们好得多。他们都是上午下午都到学校，而我们现在不坐班，规定星期五下午政治学习要到。教学科研是一个集体的社会活动，教师之间，教师和实验人员之间要经常接触。师生之间要经常接触，现在这个样子我认为是不能容忍的，可是还标榜，这个学校不搞坐班制，那个学校不搞坐班制，我觉得这是不正常的。我们国家要上轨道的话，教师一定要到学校去。教师不是作家、自由职业者，可以关起门来写东西，你是在学校里进行教学、科研，进行集体的社会活动，怎么能坐在家里？这是不行的。

七、高校的科研

西德大学的传统，是教师、学生都尽量结合教学进行科研。现在西德的科研系统，除大学进行科研外，校外的科研有几个系统。

1. 大任务的研究中心，是关于空间、宇航、肿瘤、癌症这一类的，有十二个。

2. 马普协会，有51个研究所，主要是研究天文、生化这些方面的。

3. 佛劳恩何夫协会，有29个研究所，是工程应用方面的研究。

4. 各企业内部的研究所。

大学以外的科研系统，大致就是这样。

西德研究力量的分布：

据1970年统计，西德有科学研究工作者四十一万五千人。

大学占30%(包括有三分之一时间搞科研的和专门搞科研的)，其他大学(六类高校中的其他五类)占3%。

大学外科研机构占19%。

企业内部科研占47%。

大致分布就是这样。这是1970年的情况，现在当然有些变化了。

这四十一万五千人，企业内科研差不多占了一半。大学占30%，由此可看出，高校的科研力量，其他大学占3%，虽然是微不足道的，但总共凑起来占全社会的三分之一。我们国家说高校科研是一个重要方面军，这个完全是对的。但现在看起来，我们国家对这方面还重视不够。

学校里科研经费是由州从经常费用里拨的。此外西德还有一个机构叫做德国科学研究联合会（DFG），这是最主要的一个资助科研的机构。它可由自己提出重点邀请人来参加科研，也可由高校的教师去申请。大学里教师的科研，有一半可向这个联合会申请到科研经费。这个联合会1970年的科研补助费有七亿马克。当然，高校的教师申请的很多，高校有一半的教师除学校的经费和科研合同的收费外，可以从这里得到补助。还有一些小的基金会，也可以从那儿得到补助，不过这不是重要的。

八、学生的录取和学习

德国的制度是这样：中学毕业都可升大学，不需要其他附加条件。不过从60年代开始，有些系科、专业由于报名的人太多，容纳不了，所以就采取限制。总共限制的有：牙医、医科、兽医、药物、心理、生物、建筑学、农业、家政和营养、测量。他们采取的限制方法有两种，一个是你毕业的成绩要达到怎样的标准，德国记分的办法最优是1分，优是2分，4分是勉勉强强及格，也可算是不及格，进医科的学生，你毕业的平均成绩要1.2分，超过1.2分就没有希望了。这样的人还太多，那怎么办？他们还有一个办法，就是按等待的时间，你今年报名了，今年不能录取，那就等下次再轮到你吧。像医的话，搞了这么个办法，拿出60%的名额按成绩，再拿出40%的名额按等待的时间，最长的有等到6年的。这是关于入学的情况。

他们的学习，在大学比较自由，可以选课，也可以转专业，自己去搞。每个星期上课的时间大概总是20～30个学时。你要积极一点，多选一点也可以。毕业的时间(学完的时间)一般四年制的总要五年半到六年,所以我们现在派留学生到西德去,要他们五年毕业回来那是很紧张的。专科大学选课的自由就比较少,每周上课30多小时,基本上按年级,按课程表,有点像我们国内的情况。

大学培养专门化的方式。西德大学前二年叫做前期。比如土木、机械、电器、工科的基本都一样,过两年以后考试,有几门课程规定要考,及格了前期就算完了。然后你可以去读后期。后期读什么专门化,主要采取这样的办法,比如土木吧,道路、水利、结构、市政、普通的课程大家都得学。此外,你假如要以市政、结构作为专门化的话,要通过三个环节。第一,专题调查或文献总结报告讨论会,这个搞上差不多一年时间,最后提出一篇报告,教授组织讨论会来进行讨论。第二,除了做大家共同性的课程设计外,还要做这一个专门化方面的所谓加深课程设计。时间也可拉到半年到一年,不过总共花费的时间约5到6周。第三,毕业设计。例如市政组的学生选择市政方面的,排水或给水的毕业设计。现在他们的毕业设计,改变了从前的做法,从前我在那里的时候,他们的毕业设计作半年到一年,也是从头到尾,是非常全面的,好像我们50年代学苏联的那一套。现在改了,毕业设计6~8周,不是全面了,而是重点深入,可以是一个设计,也可以是一个实验,也可以是一个计算。他们现在的观点是要看学生在这6个到8个星期内可以做出什么东西来,水平如何?工作能力如何?他们的学习就是这样的。

关于教师教学的几个环节,许多课是上大课,习题课、讨论会是小课,还有实验。特别提一下实验。他们的实验条件比我们好,学生可以随便进实验室自己做,上计算机也是,学生可以随便去。留学生都反映我们中国学生理论上、书本知识不比德国人差,但是动手能力比他们差远了。就是因为我们实习实验太少。这里我还要提一下上大课的问题。我们现在师资紧张和我们课堂太小不能上大课有关系,79年我去参观的时候,他们在500人的大教室上机械零件课。这次去,听了一个钟头一位教授在400人的大教室里上物理课。上课的设备很好，有投影机，也有话筒，字、图和声音都很清楚，还有两三个助手帮助他作示范表演。我们现在助教提升有一条规定，要上一年课，证明他有教学能力。有的助教不行，也争着要开课，结果明明一个教授可以上大课的却分成几个小班，让更多的人上，效果也不好。所以我觉得，我们应当奖励让许多的公共课上大课。我看到阿亨大学有一千人的大课。尤其是文科的课，像政治、哲学这些课，我们学校也试过1 000人在礼堂上政治课，效果很好。分开来上，讲得不好，这何必呢？我们提升讲师的条例要改，不能要求助教一定要开过一门课，证明他能上课才能升等。其实，只要听一个教师作一次报告，就可看出他的水平。看出他能不能上课，不一定要上一年课。把学生当作试验品这是不行的。要提倡基础课上大课，由好教师来上，这对提高教学质量很重要。毕业设计我觉得也要改。过去我们学习苏联的。而苏联又是学习德国的，现在德国已经改了。苏联的那一套办法不妥当，搞一个学期毕业设计要从头开始，许多都是重复过去课程设计做过的东西，花大部分时间做机械性的工作，真正阅读文献，思考问题，实验和理论的研究很少。所以我觉得我们的毕业设计也要改。

九、西德在进行的高等教育教学改革试验

他们进行一些试验的主要目的是如何适应那么多学生上大学的问题，大学怎么办？过去一个大学不过是一二千人，现在四万多人，怎么搞法，怎么进行教学？另外，他们培养一个学生一年要上万马克，你拉长一年的话，国家就要多花一万马克。因此要考虑如何来缩短学习年限。所以他们进行试验的目的一是为了能对更多的学生进行教学，二是为了缩短学习年限。

从1971年开始，他们在高教的七个方面进行了试验：

1. 总体大学，开始他们有个设想，把西德所有的大学都慢慢归并为

总体大学。75年搞了11个，后来没有发展下去。为什么？这里面有一个原因，就是大学里学生有等级。三年制和四年制的，教师好像也有等级，一个上8小时课，一个上18小时课，这个很不好办。所以他们想怎么进一步改进。

2. 怎样提高教和学的效率，来缩短学习年限，他们是采用一些物质辅助设备来看能不能提高效率的。

3. 在函授方面进一步作试验。

4. 想在总体大学和专科大学都有的一些共同性专业里，试验能不能分段进行教学。让学生不那么死板，可以读了一段后读一般大学，不一定一进来就注定读专科，这种分段学习的学校有9个。

5. 试验如何改进现在基础课的教学，有一个试验想把化学、物理、生物三个专业的基础课搞成相同，看行不行。我们现在光是物理或者化学就分成不同的基础课，而他们可是想把化学、物理和生物三个大的学科的学生的前期基础课统一起来，因为现在学科的交叉很厉害。

6. 怎样改革培养中学教师的方式，他们现在进行的重点试验是中学的物理教师怎么培养更有效。

7. 怎样改进法律系法律专业的教学，重点是理论联系实际。就是在学习时去参加法律的实习，搞调查。

总的可以看出：西德的高等教育自从1950年到现在，是在不断地发展的，还在试验和改变。教育应当是和当时的社会政治、经济的各方面情况相适应的。以上介绍的情况主要是供作参考的。我们要结合我们国家的具体情况、需要和可能，看看哪些可以作为参考。

[原载《上海高教研究丛刊(第一辑)》，1981年10月]

在接受歌德奖章仪式上的发言稿

1982 年 3 月 22 日

李国豪

尊敬的修德大使先生

尊敬的贵宾们

尊敬的女士们和先生们：

歌德是中国人民仰慕的伟大诗人，他的不朽著作为中德文化交流做出了巨大贡献。今天，我们怀着崇敬的心情来纪念他逝世一百五十周年。在这个纪念会上，歌德学院授予我歌德奖章，大使先生为此举行隆重的仪式，我感到很荣幸，并对此表示衷心的感谢。三年来，同济大学在促进中德文化学术交流方面做了一些工作，取得了一些成绩，这是在各种有利的条件下，各方面人士的努力和支持下取得的结果，功归于大家。对我个人在其中做的工作给予这么高的评价，我感到受之有愧。请允许我代表大家来接受奖章。

中德两国人民具有长期存在的友谊，同济大学也曾经为中德文化、学术交流起过桥梁的作用。近年来，两国人民都具有加强经济、文化、学术方面交流、合作的共同愿望。所以，1978 年方毅副总理提出要同济大学为中德文化交流继续起桥梁的作用，要把同济大学作为吸收西德科学技术先进经验的中心之一。1979 年春天，我应邀到德国访问的时候，试图为同济大学和西德高等教育方面建立新的联系，得到德意志联邦共和国有关文化教育领导机关、洪堡基金会、德国学术交流中心和许多大学以及各方面人士的响应，并且在访问结束时和波鸿鲁尔大学、达姆施塔特工业大学商定了建立校际合作。与此同时，我国教育部得到德国方面的合作，在同济大学举办留德预备班。同年十一月，德意志联邦共和国研究与技术部豪夫部长访问同济大学，并且代表大众汽车基金会捐赠一笔资金帮助同济大学建设波尔固体物理研究室。从此，同济大学与西德的联系和文化学术交流顺利地开展了。

自从1979年以来，德意志联邦共和国文化教育、科学技术、经济等方面的领导机关和基金会的许多领导人士，许多大学的校长，有名的专家、学者访问了同济大学。从德国派到同济大学来讲学、授课的专家、教授约100人。同济大学派了60多位教师和约200多名留学预备班的毕业生到德意志联邦共和国进修和学习。

这期间，同济大学为培养科技德语的大学生和研究生设立了德语专业，我们为理工专业的一部分大学生安排了一年的德语学习，现在全校已经学过和正在学习德语的学生有2 000人。数以百计的专业课教师积极学习德语。为了承担这些德语教学任务，我们初步建立起一支有40多人的德语教师队伍。对于同济大学开展德语的教学，德国科学促进会、洪堡基金会等以及前来讲学的德国专家、教授赠送的德文图书、资料，起了良好的帮助作用。

在科学研究方面，同济大学与德国的专家也开始了合作。去年九月，在同济大学举行了第一次中德合作召开的固体物理学术讨论会。其次，同济大学和达姆施塔特工业大学的教授正在进行一项关于中国道路工程技术的合作科研。

几年来，同济大学之所以能够在中德文化学术交流工作中取得一些成果，一方面是由于我国教育部的领导与支持和同济大学的教师，包括德国教师、学生和各方面工作人员的积极努力，另一方面是由于德国各界在派遣专家、学者，给予在德国的奖学金和捐赠图书、设备等方面提供了帮助。1980年冬，我再次访问达姆施塔特的时候，黑森州成立"同济大学之友协会"。这也表现出德国各界人士对于促进中德文化学术交流的意愿。我在这里代表同济大学向过去给予我们支持和帮助的各方面表示衷心的感谢。

歌德是沟通各国人民的诗人。今天我们纪念他，让我们发扬他的这种精神。我相信在双方共同努力下，中德文化学术交流必将日益发展，祝中德两国人民的友谊日益加强！

（原件藏同济大学档案馆，档案号 2-LGH-RW13-2）

朝着教学、科研两个中心的目标前进

——在教职工代表大会上的报告

1982年4月16日

李国豪

各位代表、同志们：

今天，教职工代表大会胜利地开幕了。在此，我表示衷心的祝贺。同时，把学校里工作向大家做一个汇报。请代表们审议和批评。

报告共分两个部分：一、学校这几年工作的回顾。二、今后的任务和措施。

一、学校工作回顾

这几年来学校的工作，总的说是在恢复中迅速地发展，在这个过程中，由于全校教职工的努力，我们奠定了向多科性和向德语转变的基础，正在朝着既是教学中心，又是科研中心的社会主义同济大学的目标前进。下边我扼要地谈五点。

(一) 教学方面

在教学方面，这几年大家做了大量的工作。到今年一月份，文化大革命后第一届经过正式考试进校的77级学生毕业了。可以说我们完成了恢复阶段的第一个回合。现在，恢复的老专业和新设的理工及德语专业共29个，分属15个系。今年77级本科毕业生约有1 000名授予学士学位。教务处对质量做了调查和分析，认为总的质量不低于文化大革命以前。

我校是较早设立函授的学校，1978年，我们恢复了函授专业，现在已有7个本科函授专业和3门单科函授。前者学生为2 100人，后者为363人。

我们还积极进行了教材和实验室的建设。1978年以来，我校教师参加编写的教材36种。主编的63种，主审的33种。去年以来，我校自编的教材有291种。还翻译了德文教材40种，其中有许多是我校印刷厂自己印的。现在各门课程的教材基本上解决了有无的问题。与文化大革命前相比，大多数教材更结合中国实际了，但仍然存在内容太多的缺点。几年来，我们还花了很大的力量进行实验室的建设，现在教学实验大部分恢复到了文化大革命前的水平。按教学计划应开设的实验有800多种，已开出的有600多种。我们还发展了电化教学，这是一个方向。部分课程已经开始使用录像和语音设备等现代化的手段进行教学，将来还要有更多的发展。

此外，我们恢复了建筑设计院，为建筑和结构方面的师生提供了理论联系实际的场所，同时，也支援了我校基建工程设计。

(二) 科学研究和培养研究生方面

恢复了原有的研究室，建立和发展了新的研究所、室。现在我们有两个研究所，一个是道路交通工程研究所，这个所增加了交通工程的内容。另一个是结构理论研究所，这是文化大革命前的结构理论研究室发展起来的。声学研究室也有所发展。新成立的有波尔固体物理研究室、海洋地质研究室，环保研究室等。现有专职教师研究人员280人，比文化大革命前有较大的发展。

几年来的科学研究，取得了可喜的成绩，我们获得上海市和国家各种奖的科研设计成果共有144项，其中5项发明奖。目前正在进行的项目有200项。学报恢复以后，出版了科学专著10多部，发表论文500多篇。此外，还建立了为经济建设，特别是上海城市建设服务的科技咨询服务部，已经签订了技术服务合同40余项。

国际合作科研也有良好的开端，如中美曲桥抗震和中德道路工程技术的研究都在顺利地进行中。

在培养研究生方面。1978 年恢复了研究生的制度，开始招研究生。今年起建立了硕士和博士研究生的学位制度。今年毕业研究生中已有 135 人授予硕士学位。现在在校的硕士研究生有 137 人，博士研究生 6 人。

(三) 教职工队伍建设方面

教师队伍。这几年通过教学、科研工作、校内外进修和出国进修，教师队伍的业务水平逐渐缩小了与国际水平的差距，外语水平也有所提高。这几年我们派出去进修的教师近 100 名。

在“两个转变”当中，初步建立了一支德语教师队伍，1979 年初我校只有 3 名德语教师，现在我们有 40 多名了。另外，我们还培养了少量掌握德语的专业教师，有的已能采用德语教材进行教学了。

我们扩大了基础课和新专业的师资队伍，特别要指出的，除从各方面调进之外，还补充了约 100 名硕士研究生这样一批新生力量。

为了不断提高师资队伍的素质，近几年，我们实行了教师考核、升等和退休制度。我们办了几次升等，解决了过去积下的问题。最近又办了退休的工作。对此，许多教职工是拥护的，但有些同志还没有按照国家规定办手续。退休制度是社会主义制度优越性的充分表现，是对我们教职工的极大关怀。少数人有一些困难，我们也理解，但我们更要体谅国家的困难。有些问题，在政策范围内我们尽量帮助解决，如医疗、借书等问题。有些难以解决的，希望退休的同志谅解。

职工队伍。在建设师资队伍的同时，我校也注意了职工队伍的建设，近几年补充了不少青年职工并且通过业余学习，提高了他们的文化水平。在职工中也实行了确定技术职称、定级和退休的制度。

(四) 物质建设方面

主要是两个方面：一是仪器、设备和图书，二是基本建设。

几年来，投资了1 000多万元购买仪器、设备，充实了一些实验室，建立了中心实验室。另外，还有两个大型设备在建设中。一个是电子计算中心，西德赠送我校一台电子计算机，明年春可安装起来，我们要努力争取今年把房子造好。第二个是模拟地震振动台，差不多400多万元的投资，合同已经签订了，明年就可以安装了。

这几年我校中外文图书的数量都有较大的增长，每年用于图书的费用是五六十万元。图书馆现有德文书刊三万余册，还远远不能满足师生的需要，亟须改善。

这几年学校修建了大量的教职工宿舍和食堂以及一部分教学房屋，改善了教职工的居住和用膳条件，教学条件也有了一些改善或即将得到改善。

(五) 工作中的缺点，主要谈三点

1. 在实现两个转变的过程中，对校内外的情况估计不足。向德文的转变步子大了一点，以致目前懂德文的专业师资和德文图书跟不上发展的需要。另外，这几年我们设立了一些研究机构，有几个研究室成长了，壮大了。可是，也有一些研究室，由于条件不具备，未能很好地开展工作，流于形式。

2. 对基本建设考虑不周，主要是对教学用房的修建重视不够，抓得不紧。个别的基建项目不恰当，如留学生宿舍即使要建也不应建这么大，因为近期我校不可能有那么多留学生。现在已经建了，就要从全校的实际需要考虑，充分发挥它的作用，不一定作留学生宿舍用。

在购买设备、仪器方面，存在盲目性，特别是科研方面的设备，有些不应该买的买了，造成了积压、浪费。

3. 这几年的工作过程中未抓紧建立健全的行政管理体制和规章制度。我们的事业发展了，但这方面的工作没有跟上，今后我们要尽快把新的必要的管理制度建立起来。

二、今后的工作任务和措施

今后学校的任务，总的说是以巩固、提高为主，适当发展，同时进行必要的调整和改革。这就是在教学和科研方面要巩固已经开创的新局面，提高现有成绩，发展新的学科。

（一）提高教学质量

学校要培养出高质量的人才，首先，是提高教学质量。今年我们学校毕业的学生，业务水平虽不低于20世纪60年代，但在实践环节上比较放松了。今后相当长的时间内要针对这个缺点进行改革。提高教学质量总的目标是德、智、体全面发展。政治思想工作在党委的领导下充实了政工干部，正在加强这方面的工作。在体育和健康方面，体育教师和医务人员都在为增强学生体质进行大量的工作，我在这里着重就智育问题提出几点意见。

1. 实行学分制。有的同志认为学分制是自由化，这种看法不对。我们规定大部分课程必修，30%左右的课时可以选修。选修的课程，可以是基础课，可以是技术基础课，也可以跨专业选修某些课程。这样有利于贯彻因材施教，扩大知识面或加深某一方面的知识，还可以正确地评价学生的学习负担。所以，我们要积极推行学分制，暑假以后，在土建结构工程和应用力学两专业开始试行。

2. 调整教学计划，目前教学计划中存在的问题是课程太多，要压缩必修课程及其时数，特别是讲授时数，要给学生一点回旋的余地。从减轻学生负担和培养高质量大学生来说，专业课要压缩一些。因为基础打好了，将来学生在专业上容易发展，从国外回来的同志一致认为我们现在讲得太多，要压缩。实验课要独立和加强，改进实验课的组织方式、方法。这不仅有利于培养学生的动手能力，也有利于提高设备利用率。

3. 改进教学方法。讲授内容要精练，讲课方法要改进，教材只作为参考书，可以做一些补充笔记或发一些补充讲义。高年级可以开设讨论课、讨论班，这对培养学生独立工作能力有利。在学习过程中，学生参加几次讨论班，自己做报告，这有很大好处，我们要提倡。还可以考虑废除课程设计及毕业设计指示书。过去把这当成苏联先进的东西来学，现在看来是弊多利少。教师花很大气力来写指示书，学生完全照样子做，这是束缚学生进行独立工作的有害方式。

4. 要严格考试制度。这个方面有所改进，但是还不够，希望我们的教师对考试制度要严格执行。另外，要建立一个适当的评教制度，这对每一个老师也有好处，可以知道不足之处，以便改进。

改进本科和研究生外文教材的供应，特别是目前最缺乏的德文教材的供应。现在这方面跟不上，应想办法影印一些外文教材。

（二）调整教学和科研组织

1. 继续贯彻按学科设系、研究所（室）和实验室。过去我们这样做了，今后还要前进一步，还有少数系要进行调整，研究所里的研究室也要进行一些调整。实验室的体制可按不同类型分三级管理，一种是校部直接领导的，如电子计算中心、测试中心，第二种是由系领导的，如海洋实验室、道路与交通工程实验室，第三种是在所、系范围里边，实验内容和设备上共同性不多的，可以由研究室、教研室管。

2. 按课程或学科设立精干的教学科研组。今后庞大的教研室要分小，要真正使教研室成为一个教学和研究的基层组织，不是一级行政组织。这个组，要既搞教学，又搞科研，但可以按情况对某一方面有所侧重。研究室以科研为主，也要搞一些教学，搞教学的也可以对大学生或研究生有所侧重。

（三）调整和发展专业设置

1. 根据专业范围要扩大的原则，调整合并一些专业。怎么做法请大家研究。有些专业的基础课共同性可扩大一些，将来作为一个专门化；有些在内容上差不多的，可以合并。

2. 根据需要和可能,条件成熟的时候,设立工业美术专业,流体力学专门化,还有最近在酝酿的医疗专业。

今年年初,上海市卫生局提出要同济大学办医疗专业,教育部蒋南翔部长、卫生部钱信忠部长和上海市教卫办杨(恺)主任也都表示支持,认为在多科性大学里办医疗专业可以培养高质量的医生,同时同济有吸收西德先进医科的条件。学校正在积极创造条件,主要是医学基础的师资。后期临床方面的实习和上课,已商定由第一人民医院负责。拟今年招生 30 人,第一年学德语。

3. 增设函授专业,发展函授教育。

(四) 提高和发展科学研究与研究生培养工作

1. 学校科研工作近几年发展较快,成绩是显著的,不过今后还要提高和发展。我校科研成果有 100 多项得了奖,但许多未能达到可供实际使用的程度。今后,在提高方面,要把这个作为一个方向,我们的科研要联系实际,使科研成果最后可以实际使用,用于经济建设。要发展与上海市政建设结合的科研,很好地为上海市的建设服务。

2. 要发展具有稳定方向的科技前沿的科学研究和生产建设中关键问题的科学研究。这种课题一般比较大,比较难,要投入比较多的人力、物力,比较长的时间才能解决。再就是发展多科性的综合课题。我们还要多发展国际合作的科研。这有利于提高我们的科研水平,有利于我们赶上国际先进水平。

3. 在发展科学研究的基础上,争取更多的研究生专业具有硕士和博士学位授予权。现在我校前者有 23 个,后者有 5 个,明年要增加,各单位要积极准备好申报工作。在这个基础上,稳定地扩大研究生的数量,宁缺毋滥。今年准备招生 20 名。

4. 改进研究生的培养计划和培养方式。过去研究生的培养,要求读的课程太多,并且用大学生上课的方式;在科研上,导师指导的也太多,这样不利于培养研究生独立工作能力,要改进。要设法提高研究生独立工作、独立科研的能力，并提高科学研究的水平。

（五）为了完成以上任务，我们需要做好三方面工作

1. 搞好领导班子和教职工队伍的建设。现在中央、教育部的一些方针、政策逐渐具体了，我们主要是贯彻执行。为此，我们队伍的建设就是关键。

(1) 要建立革命化、专业化、年轻化的各级领导班子，中央早就提出了，干部要年轻化，国务院连部长也只能65岁。所以，校部的干部要增加年轻同志，各级都应这样，要破除当上个什么长，什么主任就是当官了，不能下来了的思想。这是封建残余的东西。解放前，学校里系主任、院长都是兼职的，每年一个聘书，很自然，我们要形成这么个风气。这个问题关系到我们今后的工作，要抓好。

(2) 补充新的师资，重点是硕士研究生和掌握德语的学士生，明年学过一年德语的学生将毕业了，应该多留一些。其他方面的教师也要适当补充一些，但今后师资的主要来源是研究生。

(3) 选派硕士生和教学、科研的骨干教师到国内外进修。

(4) 提高职工的文化水平和业务知识。中央有文件规定，68届以后的中学生一定要补足初中毕业文化水平，否则将来不能作为职员了。我校好多青年是很努力学习的，有的学得不错，但也有的自己抓得不紧。我校差不多有600个青年职工，达到中学毕业水平的只有100多人，怎么办？我们希望职工文化水平能够迅速提高，希望年轻的同志抓紧时间进行学习。学校也要创造一些条件。另外，职工还要学习业务知识。各个部门不同，业务上有不同的需要，要学习，对学校教育、科研中共性的东西也要学习。职工文化水平、业务水平不提高，要建设一个社会主义的同济大学是很难的，希望大家在这方面共同努力。

(5) 继续贯彻执行教职工内外调整、考核、升等、退休等制度。学校的人才今后是要流通的。有一部分教职工要调出去，有些要校内调整。考核制度一定要坚持，要搞好。教师的升等已经转入正常，成熟一个提

升一个，希望大家来共同掌握标准，真正符合教育部有关标准的才升。退休的工作要搞好，教师的退休已进行了一部分。党委、行政、教育部、高教局、上海市兄弟院校都在研究教授退休问题。原则上教授一定要退休，在年龄界限上，我们可以先放到70岁。对带研究生，还能坚持工作的，暂缓退休。多年来不工作了，身体不好的，要退休。希望我们的教师按照中央的政策来搞好这项工作，退休之后，还可以对社会主义建设做出很好的贡献。

2. 后勤工作

(1) 关于学校的基础建设，计划到1985年基本上建设好现有专业的教学用房，包括实验室和图书馆，同时，每年继续建一些教职工的宿舍，来改善教学组织和职工、学生的工作条件。

(2) 到1985年基本上建设好各专业教学实验室。用好、管好计算中心、实验中心和模拟地震振动台等大型设备。现在就要培养这方面的队伍，这是很关键的工作。同时，要开展有关方面的科学研究，才能够把它用好。

(3) 继续改善学校的绿化、卫生和师生职工的居住、食堂等生活条件。

3. 健全行政管理体制和规章制度

(1) 行政上要建立健全的决策、执行、监督、反馈系统，提高工作效率。

(2) 健全教学、科研、人事、财务、物资、生产、生活等方面的规章制度。这些规章制度，教育部、高教局正在搞，我们不要等，我们可以先搞一些必要的办法，等上级有了，我们就采用上级的。

希望代表们在大会期间和会后，与全校师生员工一起鼓足建设我国社会主义物质文明和精神文明的信心及斗志，发扬主人翁精神，改善工作作风，在教育部、上海市和学校党委领导下，为建设社会主义的新同济而努力。

（原件藏同济大学档案馆，档案号2－1982-XZ-27）

在 1982 级新生开学典礼上的发言稿

1982 年 9 月

李国豪

全体新同学：

在党的十二大召开的喜讯中，新的学年开始了，来自廿八个省市的 1 376 名新同学 25 名外国学生及 111 名硕士研究生来到我校学习，我代表学校向你们表示热烈的欢迎！

同学们！我们生活在一个承前启后、继往开来的伟大时期。党的第十二次全国代表大会，是在一个十分重要的历史时刻举行的一次具有伟大意义的大会。这次代表大会，要制定我们党今后一个时期的奋斗纲领、奋斗目标，通过新的党章，选举党中央的领导机构，使全国人民更加紧密地团结在党中央的周围，进行社会主义现代化建设。我们要积极认真地学习这次会议的重要文件，深刻领会会议精神，并贯彻到我们日常的工作、学习中去。建成社会主义现代化强国，这是历史赋予青年一代的崇高责任。你们在中学学习阶段，思想进步，成绩优秀，有了一个较好的基础。在所有的同学中，共青团员有 1 256 人，占 91.07%，被评为三好学生的有 353 人，占 25.65%。进入大学以后，希望你们发扬已经取得的成绩，进一步树立革命的理想。每一个人都有他自己的理想，但是不同的时代，不同的人有着不同的理想。一个人的理想，是为了多数人的利益，为了社会的进步，对社会生产力的发展起促进作用，也就是说，合乎社会历史的发展规律，就是伟大的理想。共产主义……在我国历史上，许多民族英雄、大发明家、科学家，他们都是一些有伟大理想的人。对于一些具有伟大理想并为伟大理想而斗争的人，千百年来人们一直在尊重他们，怀念他们，纪念他们。我国汉代有一个将军叫霍去病，为了国家的生存和强盛，在戎马中过了一生。当他击退了匈奴的入侵，汉武帝想给他盖房子酬报他的功绩时，他回答说："匈奴未灭，何以家为。"这就是"先天下之忧而忧，后天下之乐而乐"的真实写照啊！这两句话也是你们这次高考时的作文题，不知你们是如何回答的。

最近，共青团中央授予北京长辛店铁路中学钟铧同学"优秀共青团员"的光荣称号，号召广大青少年向她学习，让青春闪烁共产主义思想的光辉，这是一种很有意义的事情。钟铧是个普通的中学生，她没有一鸣惊人的壮举，却以她的言行举止为社会主义精神文明宝库创造了财富；她身患重病，却能抓紧生命的有限时间为共产主义的实现添砖加瓦。我相信，我校广大青年学生，经过自己的努力，也一定能够逐步树立共产主义理想和人生观。

建设社会主义精神文明，体现在日常生活的一言一行中。我们高等学校的学生都应该有革命的高尚的精神生活，要塑造美的心灵，使用美的语言，具有美的行为，创造美的环境。大学的学习生活是一种集体生活。许多新同学过去都是生活在父母身边，没有独立生活的实践，一旦进入大学，七八个人同住一间宿舍，几百个人同在一个食堂吃饭，同学之间的接触多了，个人与集体之间的矛盾增加了。这就需要我们培养集体主义的思想，遵守学校制定的规章制度，建立一个充满友爱精神的温暖的集体。心底无私天地宽，在集体生活中，我们应该把方便让给别人，把困难留给自己，发扬助人为乐，互相尊重、团结互助的高尚风格。生活上要提倡艰苦朴素，勤俭节约，抵制资产阶级思想腐蚀。要积极参加各种公益活动和义务劳动，养成良好的个人卫生与集体卫生的习惯。今年上半年我校在文明礼貌活动中，曾经多次组织卫生公益劳动和为您服务日活动，得到很好的效果，评选出市三好学生 20 人，校三好学生 236 人，优秀学生干部 96 人，学雷锋创三好积极分子 725 人。我们学到一点知识，是为了更好地为人民服务，特别是为广大劳动人民。只有热爱劳动，参加劳动，我们才能真正培养起劳动人民的感情，才能真正与劳动人民打成一片，才能发挥知识的力量。从今年入学新生开始，我校在教学计划中安排每两周一次三个小时的公益劳动，希望大家认真参加。

学习科学文化知识需要勤学苦练，锲而不舍，但也不能靠少睡觉，不休息，一刻不停地死读书。要注意掌握科学的学习方法，打好基础，勇于探索。要培养自己自学的能力和独立工作的能力，善于查阅资料，使用参考书；善于动手实验，正确、熟练地使用仪器；善于归纳所学的知识，举一反三，触类旁通。同济大学在长期的教学实践中，一向注重理论与实际的结合，重视学习基础理论和实验、实习环节。希望你们努力和提高自学能力，多动手，多思考，多研究，学好各门功课，更好地完成党和人民交给你们的学习任务。

在第一届大学生运动会后，教育部部长何东昌同志指出，要正确处理体育与德育、智育的关系，做到"健康第一"。我校的体育工作，过去取得一些成绩，群众性体育活动开展得比较广泛，学生中达到体育锻炼标准的人越来越多。新同学中，也已有 40%的人达到了体锻标准，这些情况是好的。但根本问题在于要切实提高学生的体质健康状况。在老同学中，我校近视眼患病率在逐年上升，某些慢性病的发病率也比较高。为此，希望你们每天要有足够的睡眠和休息，保证每天有一个小时的体育锻炼时间，根据自己的体质，积极参加多项有益的体育活动。同时，要注意用眼卫生与饮食卫生，预防疾病的发生。

同学们，同济大学是一所有 75 年历史的老学校。近三年来，在党中央的关怀下，我们进行了向多科性和向德语两个转变，正在朝着既是教学中心，又是科研中心的社会主义同济大学的目标前进。解放以后，已经为国家培养了两万四千多名高级工程技术人才。现在全校有 15

个系，32 个专业，有教职工 3 433 人，其中教师 1 646 人，教师中有教授、副教授 230 人。原在校大学生 4 700 余人，研究生 260 余人，函授大学生 2 500 余人，今天又增加了 1 400 多名新秀，使我校各类学生总数近九千人。我们为同济园的欣欣向荣而感到鼓舞。

党的十二大召开以后，我们的国家真正进入了一个中兴时期，我们的学校也进入了一个中兴时期。展望未来，我们充满希望与信心。让我们在党的光辉照耀下，全面贯彻党的教育方针，为培养有理想、有道德、有文化、守纪律的又红又专的新一代而努力。

（原件藏同济大学档案馆，档案号 2－1982-XZ-27）

积极改革　办好同济大学

1983 年

李国豪

党的十二大明确地把教育和科学作为经济发展的战略重点之一，这是一个重大的战略决策。我们在高等教育基层工作的同志既受到巨大的鼓舞，又感到任务的艰巨。

自从党的十一届三中全会决定把全党工作着重点转移到社会主义现代化建设上以来，同济大学为适应四个现代化的需要，在恢复的基础上，进行了比较大的改革。从院系调整时以土建为主的单科性学校，转变为以理工为主的多科性大学，并重点与西德建立联系和以德语为主要第一外语，以期发挥同济历史上曾起过的吸收西德科学技术持长的桥梁作用。近四年来，我们的教学体制、专业设置、教学内容和方法、师资队伍结构、科学研究组织、科学实验设备等均有了较大的变化与发展。党的十二大提出全面开创社会主义现代化建设的新局面的号召，增强了我们的信心，促进我们更明确、更自觉地进行这方面的改革。我们要在总结、巩固已有成果的同时，探索新的改革，调动和发挥广大教职工的积极性，进一步开创新局面，把同济大学办成我国一所具有特色的社会主义大学。

高等学校的主要任务之一是为国家培养又红又专的社会主义建设人才。学校应当向社会开放，采取多种途径办学，多快好省地培养各种高、中、初级的人才。我们在培养高级人才方面，一则除招收脱产的博士、硕士研究生外，正着手招收在职的和采取自学考试方式培养的博士、硕士研究生；再则积极发展生产部门迫切需要的高级管理干部、工程师的各种培训班。在培养中级科技人才方面，除全日制大学生外，学校计划大大发展函授教育、夜大学及自学考试等培养形式，这类学生人数将接近甚至超过日校学生数。由于目前我国各部门，包括高等学校内部，初级技术人员非常缺乏，我们正筹办脱产的和半脱产的大专、中专班，培养少量的初级技术人员，以满足学校内部和社会的需要。我们还把支援边远地区如云南、新疆的院校开课和培养师资作为培养人才的任务之一。今后将进一步加以发展，包括派教师到上海市有关部门及郊县，举办各种培训班，以充分发挥学校力量为国家多多培养人才。

高等学校的另一主要任务是开展科学研究，以适应培养高质量的大学生和研究生的需要，同时为社会主义经济建设、为发展新的科学技术做出贡献。我国工农业等各方面的体制改革和技术改造，对科学技术提出了迫切要求，同时为其发展提供了广阔天地。高等学校的科学研究必须适应这个要求，联系实际，面向社会，从中央到大、中、小城市，从城市到农村。在重视理论研究的同时，大力加强应用研究，广泛开展咨询服务工作，其中突出的是当前有关城市建设、重大工程等决策性的问题和重要产品的攻关课题。

我校正在现有的科研和咨询服务工作专职队伍的基础上，进一步发展专职的与教学、科研、咨询服务三结合的队伍，以开创学校科研的新局面。实践证明，这也必将开创教学改革的新局面。例如我校环境工程系 50 名教师，1982 年除接受了国家及市的 15 项科研项目外，还承接了 19 项工程技术项目，其中有吴泾地区、松江地区水污染控制的课题。担任教学工作的教师结合城市给水及工业污水处理工程的设计，指导 81 名毕业生做了真刀真枪的毕业设计，既完成了部分科研任务，又改革了毕业设计，提高了学生独立工作能力，同时充分调动和发挥了师生的积极性，并增进了教工的经济收益。

我国经济体制和人事制度的改革，开辟了人才流通的渠道，而且现代科学技术多是各学科互相渗透、结合，因此，高等学校教学改革，除积极改革课程内容和教学方法外，如何使学生的专业面宽、知识面广，这一要求日益迫切。前年我校设立土建结构工程试点专业，培养内容包括房屋工程、桥梁工程、地下工程和海洋工程的有关结构，就是在这方面的一个探索。今后，我们将一方面扩大专业改革的范围，另一方面考虑让学生以一个专业为主，兼选相关专业为辅来学习，以便更好地发挥学生的主动性、积极性，培养专业面广而且知识结构主次不同的人才。与此同时，增设新的专业，如医疗专业，加强理、工、医的结合，培养具有较好理工基础知识的医学人才。

在教学和科学管理体制上，我们已经完成按学科设系的调整工作。实践表明，高等学校内系很多时，有按大的学科设立几个学院的必要。把学校的教学、科学研究的管理大部分工作量集中在几个学院，既有利于学校领导，又可减少系和校部的行政工作和管理人员。我们争取早日作这种改革。

为了发挥广大教师的积极性，现在的教研室组织形式必须彻底改革。我校几年来组织了一些高中初自愿结合的教学、科研小班子，实现工作上领导与被领导，业务上指导与被指导的关系，多数成绩显著。今后要积极推广，成为我校教师的主要基层组织。但这不应是唯一的组织形式。要让一部分教师为“单干户”，现在已进行这种试验。这些教师不再由教研室安排工作，而是由本人直接向系或研究所承包教学和科研任务。我国解放前和有些国家现在的教师工作就是这样组织的。当然还要制订有利于教师在校内外发挥积极性的规章制度。

要在学校的教学和科研方面开创新局面，必须彻底改革吃“大锅饭”的现象，一般地加强工作的责任制和定额管理、鼓励先进等等办法，都是必要的，但还不足以调动广大教职工的积极性。学校里教学、科研和后勤工作，我们认为都可以采取不同形式的承包责任制，并正准备将教学和科研任务连人、财务承包给系和研究所，进一步承包到教师个人或小班子；后勤则按企业性质改为承包责任制。但是必须强调，这样改革主要是为了贯彻社会主义按劳分配的原则来发挥教职工的积极性，提高工作效率和克服官僚主义观象，并改善教职工的工作和生活条件。

当然，要开创社会主义现代化建设的新局面，除了学校本身的改革外，还涉及国家人事、财务制度和高教战线领导体制的改革问题。在高教领导体制中，我们在基层工作的同志感到存在的问题主要是：婆婆多和管得太多、太死。我们希望这个弊病早日改革，使我们高校在中央的方针、政策规定的范围内，能够发挥基层工作的积极性，进行改革，为开创我国高等教育新局面贡献力量。

（原载《上海高等教育研究》，1983 年第 1 期）

适应新形势的需要　加速发展社会主义高等教育

1983 年

李国豪

近几年来，由于党的路线的正确和领导的英明，我国的高等教育事业有了很大的发展，取得了较好的成绩。但是，就当前国家形势发展的速度来看，高等教育事业还须加速开创新局面。

邓小平同志曾指出："教育要面向现代化，面向世界，面向未来。"这是社会主义高等教育的方向。目前来说，就是要迎接世界新的技术革命的挑战，培养高质量的人才。

一、要培养有较宽知识面的人才

随着科学技术的日新月异，知识更新的周期缩短，且各学科之间不断产生新的渗透和结合，这就对高等教育提出了更高的要求，就是要培养有较宽知识面和掌握多种技能的人才。为培养这样的人才，以适应新学科产生和发展的需要，十分有必要对我国现有的教育状况做些分析和研究。现在有许多高校正在进行这方面的工作，并针对性地做了些改革，且展现了一个好的开端。我觉得，我国高等教育中，现在对专业设置、教学计划、教学大纲、课程、教材等统一得过多，甚至连专业名称都要统一起来，而且基本上是承袭了五十年代苏联的一套，这是不足取的，也是不合于我国国情的。在我国工业、农业、科技文化各方面，从中央到省、市、自治区以及各地县，所需要的人才规格是多种多样的。有的要求专业面窄而专，有的则要面广而多能，所以不能机械地统一。如何适应这个需要？能不能再发展一些专业面窄而专的中等专科、高等专科学校呢？把高等教育更多地用于培养那些有较宽知识面的人才，来适应社会上“面广而多能”的需要？过去，像土木、机械两大类，就是两个专业，现在各分成十几个专业。有的原来只是一门课程，现在成为一个专业了。这样的毕业生在某一方面学得是深一些，专一些，但是知识面窄了，适应性也差了，分配出去，所从事的工作偏差一点点，便成了个“用非所学”的难题。对于这样的毕业生，在今后知识的更新中会遇到很多的困难。为了使毕业生将来的发展不受到限制，除了重视基础理论教育之外，还须扩大他们的知识面。应该吸收国内过去的经验，参考国外一些做法，试办些知识面广的专业，如土木、机械等。此外，还要改革教学计划，课程设置，减少必修课，增加选修课，使学生在学好本专业的学习内容之外，可以涉猎更多的知识，了解学科与学科的内在联系。这样，毕业生不仅在经济建设中可以适应复杂的工作，还可以在科学研究中为发展新学科做出贡献。同济在这方面做了些尝试，设立了土建结构工程专业，作为试点。这个专业的培养内容包括房屋工程、桥梁工程、地下工程和海洋工程的有关结构，今后，我们还将一方面扩大专业改革的范围，另一方面考虑让学生以一个专业为主，相关专业为辅来学习，以便更好地发挥学生的主动性、积极性，为国家培养专业面广而且知识结构主次不同的人才。

二、要重视发展高等学校的科学研究

除了“面向现代化，面向世界，面向未来”采取多种途径搞好教学工作之外，高等学校的另一个主要任务是开展科学研究。学校的科学研究，不仅有利于提高教师自身的学术水平，培养高质量的大学生和研究生，而且有利于发展新的科学技术，促进社会主义的经济建设。我国工农业各条战线的迅猛发展，对科学技术提出了迫切要求，同时对其发展提供了广阔的天地。高校一般都有相当强的科研力量，且已有一定的设备仪器，如国家进一步给予重视，为高等学校创造更多的物质条件。

那么，高等学校的科学研究就能适应新的要求，而真正走到四个现代化的前头，在国家科技事业中发挥巨大的作用。作为同济这样的多科性理工科大学，由于学科的广泛性，面向社会，联系实际更有着它的便利。我们将在重视理论研究的同时，大力加强应用研究，广泛开展科技咨询服务工作，其中突出的是当前有关城市建设，重大工程等决策性的问题和重要产品的攻关课题。

同济的科研力量近年来有了很大的发展，学校在现有的科研和咨询服务工作专职队伍的基础上，进一步发展了专职的教学、科研、咨询服务三结合的队伍，与社会的需要妥善地联系起来，使学校的科研工作取得了很好的成绩。实践证明，这样做还大大有利于开创教学改革的新局面。例如我校环境工程系五十名教师，一九八二年除接受了国家及市的十五项科研项目外，还承接了十九项工程技术项目，其中有吴泾地区、松江地区水污染控制的课题。担任教学工作的教师结合城市给水及工业污水处理工程的设计，指导八十一名毕业生做了真刀真枪的毕业设计，既完成了科研任务，又改革了毕业设计，提高了教师的业务水平和学生独立工作能力，同时充分调动和发挥了师生的积极性。实践说明，把学生的毕业设计和教师的科学研究结合起来是一种很好的方式。

在组织形式上，也需要进行改革。目前教研室这种庞大的组织形式已不适合。我校几年来组织了一些高、中、初自愿结合的教学、科研小班子，实现工作上领导与被领导，业务上指导与被指导的关系，多数成绩显著。这种小班子，四五人一组，高、中、初级学术水平的同志搭配起来，使高水平的同志有助手，新生力量有导师，对提高学术水平和形成学派，对出人才和出成果都是大有裨益的。

我认为应积极推广这种形式，使它成为教师的主要基层组织形式。但这不是唯一的组织形式，还可以让一部分教学成为“单干户”，现在我们在进行这种试验，这些教师不再由教研室安排工作，而是由本人直接向系或研究所承包教学和科研任务。借鉴国外的经验,许多国家的教学、科研工作就是这样组织的。当然,还要制定有利于教师在校内外发挥积极性的规章制度,避免放任自流等现象的发生。

三、正确地学习外国的先进经验

在教育改革中,正确地学习外国的先进经验是很重要的。要建设现代化社会主义的精神文明、物质文明,我认为教育界的同志们一方面要提高共产主义觉悟,同时不排斥学习外国的先进经验,过去,我们在这方面很薄弱,各界未予很好重视,只管关起门来称“大王”,自己把自己束缚住了。我们的教育事业和其他战线一样,确实是落后了。在大学里,教材内容有许多新的东西没有反映进去;实验设备还比较陈旧;教育方法还是落后的,填鸭式的多;课堂上的教具还是粉笔加把尺……这些都有待于通过我们的努力来改变,缩小与国外的差距。在教育方面,我们要吸取外国好的经验。在科学技术上更是如此。我们的科学技术,有人估计与外国要相差十多年,有的方面要差二十年。怎么办?只有下苦功夫来学习。教育战线上的同志要学,科技战线上的同志也要学。年轻的同志要学,年老的同志也要学。凡是国外先进的东西,我们都应该尽一切办法,采取多种渠道进行学习,这就要求学习外语。因为外语是学习的一个重要工具。五十年代,我们国家有过失误,搞了个全国一律学俄文。现在又有些除了英文什么都不要的倾向,这是不对的。要博取各国之长,就必须避免外语单一化。同济大学现在是多科性理工科大学,并把德语作为主要教学外语,从而成为我国吸收德国先进科学技术的渠道之一。假如我国一些高等院校甚至有一部中小学分别对某一种外语有所侧重,这样全国一盘棋,对避免外语单一化的缺点是有好处的。当然,我们并不是要恢复解放前之旧。就同济而言,也不是德语一律化,一边倒。如:在学校的重点科研项目地震工程研究方面,外语就是以英语、日语为主,来吸收这方面科学技术居世界前茅的美国和日本的经验。

当前，我国大力实行"开放"政策，这给我们学习外国提供了很好的机会。当然，更对我们提出了新的要求。教育要为改革和开放服务，要为实现我国的四个现代化服务，那么，就需要大量的德、智、体全面发展的，既懂专业，又懂外语的高级科技人才。这既是当务之急，也是我们教育工作者的光荣使命。

我们社会主义事业的前程是光明的，我们高等教育的前程同样是光明的。让我们团结起来，继续开创自己的道路，建立具有中国特色的高等教育体系。

（原载《上海高教研究》，1984年第3期）

重返故乡

1984 年

李国豪

1982 年 12 月，我匆匆回到阔别多年的故乡梅县访问了两天。新中国成立后，多次想回家乡看看，一直未成行。这次趁到广州讲学的方便，实现了夙愿，十分感谢梅县地区党政领导的邀请。

故乡，和童年、少年的生活交织一起，总是美丽的，使人怀念的。坐在从广州回梅县的汽车里，我浮想联翩。小时候我在梅乡村上小学，后来到城里上县立中学。梅乡村里的祖屋和梅乡小学，乘过风凉和扒过松毛的松树林，游过泳和捕过鱼的池塘，县中里我上课的教室，早操的操场，打乒乓的"大成殿"（梅州学宫），东校场的足球场和靠近的县中宿舍，城里几条攘攘的街道，南门外的滚滚梅江……这些景象又浮现眼前，现在变得怎么样了？怀着即将再见的喜悦，不断地回忆和想象。

回到家乡，受到地、县领导和各界的热情接待，家人的欢迎，心情十分温暖和高兴。短短两天里，我参观了梅县的工厂、中学、人境庐、东山大桥工地，看了梅乡村老家，最后还和各界人士见面谈了回乡观感，收获很大，特别是密切了与故乡梅县的联系，心里非常愉快。

今昔对比，梅县城区真是旧貌变了新颜，我有很多不认识的了，好像到了一个新城市。梅县有了一些新的工业，建设了许多新的市政、文化、体育、卫生、旅游设施，并正在兴建许多工程，其中有横跨梅江的东山大桥这个大工程，这些都使人很高兴。但是美丽的梅江河淤浅了，梅乡村的松树林成了光山，村里的房屋依旧。家里人的生活，自然比我小时候一天三顿粥和番薯、芋头的日子好多了，但也还不宽裕。这些又说明，家乡也曾经历不平凡的岁月，不免使人感到心头有些压抑。

梅县地区山多地少，缺乏矿藏。要开展现代化经济建设，重要的是要开发智力资源。梅县地区，相对而言，文化比较发达，但以现代化建设的要求来衡量，科学、技术、文化水平还不高，人才还很缺乏。因此，必须迅速建设大专学校，发展高等教育，培养现代化建设所必需的各种专门人才，梅县地区的党政领导和许多旅居国外的梅县人士积极努力复办嘉应大学，我十分赞成并完全支持。

在我回乡之际，参观东山大桥工地时，对大桥的设计提出了修改建议，返上海后又接着做出了新的设计与施工方案，节省了不少大桥修建费，我深以能够为家乡出一点力而高兴。现在和将来，我也很高兴为嘉应大学的复办和建设尽点力，但愿梅县地区的经济建设和文化建设能够迅速发展，人民的物质和文化生活能够早日丰富起来。

（原载《梅州日报》，1984 年 6 月）

附："既是大学又是研究院"

1984 年 9 月 24 日，李国豪致信嘉应大学筹委会，阐述自己对学校定位的看法和做法。

一、要把嘉应大学建设成为梅县地区培养高级专门人才和发展科学技术与文化艺术的中心，既是大学又是研究院。

二、要制定比较全面的长远规划，包括专业和研究单位的设置，学生、研究生和教职工的发展规模，校园和校舍建筑的规划。国内外许多大学都痛感这方面的失策。相信嘉应大学将会发展成为具有文、法、理、工、农、医等专业和研究所室的万人大学，校园得有两千亩地，建筑面积得五十万平方米以上。规划宜宽不宜紧。

三、在近期设置的专业中应有土木、机械和电子学，专业范围宜尽量宽一些。

四、采用各种方式方法解决师资问题。1.以优惠待遇聘请外地的专职和兼职以及短期讲学的教师；2.派人到国内著名学校进修；3.委托国内院校培养大学生作为将来师资（梅县地区招生）。

五、要在国内报章包括英文的《中国日报》报道嘉应大学的消息，以引起各方的注意并争取支持。

（转引自程国政《李国豪》，同济大学出版社，2003 年 4 月）

《同济大学史》序

1987 年

李国豪

同济大学在八十周年校庆之际编写出版校史，借以回顾过去，展望未来，总结基本经验，发扬优良传统，这对于学校的今后建设具有重要意义。

同济大学过去的 80 年历史，从性质上说，以 1949 年五六月间上海解放和接管同济为线，可分成前后两个历史时期；从专业设置上说，又可以 1952 年的全国院系调整划分为前半段和后半段。

前半段的老同济，从 1907 年德人创办德文医学堂开始，经过本国人接办的私立同济医工专门学校，到 1927 年成为国立同济大学，由此逐步发展，继医、工两科改为医学院和工学院之后，20 世纪 30 年代设立理学院，40 年代设立文、法学院，其间经历了 8 年全面抗日战争，学校被迫从上海吴淞辗转迁至四川李庄，此后返回上海，迎接解放，直至院系调整。在 40 多年间老同济为我国培养了不少医、工、理、文、法科的人才，尤以医科和工科(特别是机械)著称。

后半段，通过 1952 年前后的院系调整，将上海、杭州 11 所高等学校的土木建筑系、科、组的师资和设备集中于同济，同时从同济调出除土建以外的所有系科，由此诞生了新同济——一所土木建筑类的专门学府。50 年代后期，学校陆续增设了函授部和数学、物理、力学、机电方面的专业。为适应国家社会主义建设的需要，在解放后的 10 余年中，新同济以空前的发展速度和规模，为国家造就了大批土木建筑人才。在文化大革命十年浩劫期间，它遭受了严重挫折，但随后在中国共产党十一届三中全会的正确方针指引下，又得到恢复、发展和提高，成为一所既是教育中心又是科学研究中心的学校，培养出了具有较高质量的大学生和研究生，创造出了具有较高水平的科研成果。鉴于土建单科性院校在教学和科学研究中的局限性，鉴于理和工、医学和理工、自然科学和社会科学之间日益相互结合、渗透，新同济从20世纪80年代起，适应国家的需要不仅陆续扩充了机、电等工科专业，恢复了数理化等理科专业，而且还增设了管理、德语等专业，成了一所以理工为主的多科性大学。同时还酝酿重设社会科学专业，并积极筹备恢复医科，但由于种种主客观原因而至今未成。相信这些有利于社会主义建设的事业终将逐步实现，同济大学必将在专业方面发扬老同济的传统，发挥新同济的优势，成为一所学科广泛的新型社会主义大学。

同济大学素以吸收德国文化著称。老同济一直以德语为教学外语，并聘请过许多德籍教师任教，当年在校的我国教师则大都曾留学德国。今天，我国熟谙德语和德国政治、经济、医学、工程、科技等方面的老一辈，可以说很多是出自老同济大学和附中、附职。党的十一届三中全会以来，新同济贯彻党的改革开放的方针和“教育要面向现代化、面向世界、面向未来”的要求，在五年制各专业中，以德语作为第一外国语，并和联邦德国的几所大学建立了教学与科研的协作关系；教育部还委托同济开办了留德预备部（学校），1985年又设立了联邦德国问题研究所。几年来对德联系发展迅速，成效显著。如今同济大学不仅成为我国一个重要的吸收德国文化和德语培训的中心，而且还和美、日、英、法等许多国家进行学术交流，以博采众长，面向世界。几年来的改革、开放和由此促成的国际学术交往、协作，使同济大学的教学和科学研究得到了飞跃的发展，呈现出崭新的面貌。它必将循此继续前进，跻身于国际先进行列。

理论联系实际和严谨求实是同济大学已形成的优良学风。在教学方面，专业设置根据国家需要和学科发展而定，教学内容既重理论又重应用，教学方法则强调手脑并用，练好基本功。例如，30 年代的同济大学工科，它的学制就比其他大学工科多整整一学年的工厂实习，学生在各种车间当工人学操作。我作为当年学土木工程的学生，也从中终身受益不浅。在科学研究和培养研究生方面，近年来出成果出人才比较多的学科，如声学、力学、海洋地质、地震工程、防护工程、结构工程、岩土工程、桥梁、道路与交通、市政工程、环境保护、建筑材料、建筑设计和城市规划，等等。研究课题都来源于工程实践和国家的需要；研究人员亲自动手，艰苦创业，从无到有，逐步创造研究条件，并通过勤劳，严谨的科学调查、试验、计算、分析，最终取得研究成果，在各项工作中都重实干，求实效。同济的这种好学风、好作风是学校的宝贵精神财富，是进一步办好学校的重要条件，今后不仅要保持，而且要发扬光大。

同济大学具有光荣的革命传统。在旧中国，同济的师生职工与广大爱国志士、热血青年一起，站在反帝、反封建、反对国民党反动统治斗争的前列，不惜牺牲个人的一切。同济烈士的鲜血洒在“五卅”反帝示威的南京路上，洒在抗日前线和敌后战场，还洒在上饶集中营、重庆白公馆等等地方。忆往昔，多少同济人在中国共产党的领导下，或走上抗日战争前线、奔赴解放区，或坚持在白色恐怖下的蒋管区开展斗争。他们参加 1947 年 5 月的“反饥饿、反内战、反迫害”斗争，参加 1948 年元月的“一・二九”争民主、反迫害斗争，等等，直至迎接上海的解放。新中国成立不久，1950 年许多同学又响应党的“抗美援朝、保家卫国”的号召，投笔从戎。在尔后的社会主义建设中，同济的广大学生和教职工继续发扬热爱祖国，艰苦奋斗的革命传统，只要人民需要就去农村、边疆、全国各地，不管做什么工作，竭尽全力为人民服务。这种爱国主义精神和同舟共济的优良传统，是又一项宝贵的精神财富，今后同样要继续发扬光大。

回顾过去、同济大学作为我国的一所高等学校，它曲折的历程和巨大的变化是我国近 80 来年高等教育历史的缩影。展望未来，我国在四项基本原则指引下，正沿着安定团结、改革开放的道路、向建设具有高度物质文明和精神文明的社会主义现代化强国这个宏伟目标稳步前进。预祝同济大学在它的一百周年校庆时建成为具有高度科学技术水平的社会主义现代化大学。

（原载《同济大学史（第一卷，1907—1949）》）

怎样培养好博士生

1987 年

李国豪

一个重点学校，要为国家四个现代化多做贡献，就要积极招收培养博士生，博士生的质量又是衡量一个学校办学水平的重要标志。所以，博士生的培养工作是十分重要的。回顾几年来培养博士生的情况，谈谈我的体会。

一、录取时要注重考核考生硕士学位论文的水平和分析考生攻读博士学位的设想

我起先是以入学考试为主来录取博士生的，第二年就发现这样选才不很理想，感到入学考试的成绩还不能说明考生的水平。因此，我开始注重审阅考生的硕士学位论文，这样就可以看出考生在攻读硕士学位时所掌握的基础理论和专业知识的程度，可以初步估计其攻读博士学位的条件。攻读博士学位，时间有限，要深入一个领域不容易，而能在硕士论文的基础上再深下去就比较好。此外还要看考生对考博士生有何设想，准备搞什么。因此在招生录取时，对入学考试、审阅硕士论文、考生对攻读博士学位的设想三个环节，我认为应着重在后两个环节上。通过实践证明，这样做比较恰当，可以培养出较满意的博士来。

招收博士生，除了面向本学科、专业外，还要注意跨学科选才，注意选拔有实践经验的考生。

二、培养工作中的几个主要问题

1. 关于博士生的培养计划问题

我国的学位条例上规定博士生有学位课程，念些书我还是赞成的。在制订攻读博士学位的培养计划时，主要根据博士生自己的情况和博士论文的方向来明确应设的学位课程。对外文的要求，还是要看原来的基础，假如日文好的，就让他以日文为第一外国语，如果一定要求他重新选一种外语作为第一外语，由于时间有限，恐怕会影响其他课程和学位论文的工作。

对于第一外国语的要求，博士生毕业后应当做到能听能讲，听讲对阅读也很有帮助。现在我国对外开放，国际学术交流多了，因此，我主张要逐步加重听和讲的分量，至少在交往中要词能达意，同行听得懂。

基础理论课、专业课应当结合论文的方向来确定。培养计划中的时间安排很重要，基本上在第一年快结束时就要对论文方向有具体的设想，否则会来不及的。因为以后还要继续看文献，确定实验方案，准备实验设备，做实验，整理论文工作，等等。

2. 关于博士生的论文问题

对应用性学科来说，博士生学位论文的要求有两点。

第一，要理论联系实际。搞工程的论文不能太理论化，论文要回答实践中的问题。论文的做法也有两种，一种是以学术性为主，但也必须既有理论又有实践，而且有实验；另一种是以设计、工艺研究为主的工程博士学位论文。搞应用性学科的，大多数论文一定要有工程背景，要对国民经济有价值，否则论文再好，也是很可惜的。当然，涉及理论、方法的发展，为此开辟了新的领域，也是有实用价值的。

第二，不能光搞理论分析，也要做实验。做实验有两个目的：一个是培养认识论的观点。我们搞的理论分析，往往是作了简化、假设，最后才得出结果。这样的理论分析是否正确，要通过实验来检验，要看理论分析的结果能不能反映实际，这是一个认识论的重要问题。我对硕士生或博士生，从入学那天起，就要求他们建立这个观念。有的论文要到工程中去检验。当然有时因为条件的限制会有困难，但是可以设法在学校内做实验，如用模型实验来检验理论分析对不对，这是科学工作者的正确态度。另一个目的是要培养动手能力。通过自己动手做实验，可以更深刻认识实验数据，以便判断自己和人家的成果。我们国内的同志到国外去，人家认为我们的理论分析能力还是比较强的，但有三点不够：一是外语不太流利，二是动手能力差，三是缺乏排程序、上机的训练。为改变这种状况，这几年的计算机训练是提高了，在强调动手能力的训练上，我们对硕士生有这个要求，而博士生就更应具有这种能力。

3. 关于指导方法问题

对于指导博士生，我一向认为不必具体、过细地指导，只是在方向上、关键的问题上给予指导就行。

首先，论文题目不应该由导师给，而是要由博士生自己设想两三个方向，提出自己的见解，然后由导师提出意见，再由自己去选定。博士生的论文范围和内容不要太大，因为大了，考虑的面就宽了，工作量也就大了，不容易深入。要做出一个创造性成果，必须把范围适当限制一下，要做到在有限的两年多时间内，把题目做得深一点，真正做出相当出色的成果。

其次，博士生在文献综述的基础上，提出论文计划、拟定实验方案时，导师要注意指导。这是关键时候，要对博士生的计划、设想提出指导性意见。如果在论文完稿后再指导，那就太晚了。

论文完稿后，导师要审阅一遍，要对理论联系实际结论是否恰当，是否要扩大或缩小，要给予指出。结论不适当，内行一看就看出问题了。

在具体做法上，我主张关键时候导师要相约博士生见面讨论。我不赞成博士生在研究中一有困难就找导师，我倒希望博士生自己遇到“困难”“烦恼”时，自己去解决，去克服，这样他过后就会感到是一个锻炼。有的导师可能与研究生面谈得很多，谈得多有多的好处，但我认为这种做法缺点多于好处。一个博士生，就要像学位条例中所说的，要有独立从事科学研究的工作能力。挽着手来指导研究生的方法，这对硕士生不允许，对博士生更不应该。如果一篇博士论文不是看博士生本身的水平，而是变成看导师的水平，这就值得深思了。

（原载《学位与研究生教育》，1987年第5期）

面向经济建设培养工程设计研究生

1988 年

李国豪

我国在恢复招收研究生和实行学位制度以来，研究生教育有了很大发展，取得了显著成绩，毕业研究生和所授学位的质量是好的，得到了国内外专家的好评，不少人成绩突出，成为工作岗位上的骨干力量。研究生教育已成为我国高等教育的重要组成部分。

随着国家建设的进一步发展，研究生教育要研究如何进一步适应经济建设的需要，满足社会不同部门对研究生的要求。回顾几年来的研究生教育，我们主要是培养了比较适用于从事教育、科学研究工作的人才。这些人才是属于学术研究型的，在教学和科研工作中发挥了很好的作用。对于适用于从事工程设计部门、施工单位的工程设计、施工组织的人才，我们培养得很不够。分配到工程设计部门去的研究生，由于只熟悉搞科学研究，不熟悉工程设计，更不负责施工组织工作，因此设计部门对这样的研究生不感兴趣，研究生本身也认为不适应这些部门的要求，这就要求我们要面向设计部门的需要，培养工程设计规格的工程研究生。

培养工程设计规格的研究生，就是要求不仅学好基础理论，还要参加具体的工程设计任务，解决工程中的实际问题，使工程任务付之实现。通过工程设计的锻炼，研究生要收集、掌握工程设计项目中国内外的设计水平，熟悉工程设计程序，能够分析工程环境、技术经济、生产工艺、施工条件，真刀真枪地完成设计项目，以达到培养具有独立担负工程设计工作能力的高级工程技术人员的训练。我们已承担了上海市黄浦江大桥引桥的设计任务，工程设计量大、任务重，必须组织相当的技术力量投入设计工作，而研究生是一支重要力量。研究生参加设计工作也是结合生产实际撰写学位论文的好机会。他们可以从整个设计任务中选取题目进行设计，完成工程硕士学位论文的要求。黄浦江大桥的主桥跨度，原则上定为400米，研究生可以对该跨度的具体长度进行方案比较，提出可供实施的跨度尺寸，也可以对引桥的交通工程规划，上、下部结构，甚至桥面板材料、桥内的支座、桥面的伸缩缝等进行设计。根据任务的提出，可以是结构设计、工艺设计或计算机的软件开发等。能够独立担负综合应用国内外已有成果、经验，做出具有经济、合理的设计成果，并加以总结提高、写成论文，就可以认为达到硕士学位的水平。这个要求不算低了。

对于这类工程设计研究生的培养，不能采取学院式的培养方式。首先，由于设计任务有期限，在课程学习上要灵活安排，不要影响设计任务的完成，可以边设计、边学习有关课程，把设计的需要与课程学习内容有机地结合起来。在学习内容上，除学习必要的基础理论以外，还要增加经济、管理等方面的知识。其次，这类研究生要多到生产实际中做调查研究，向生产中有丰富实践经验的工程技术人员请教，从中学习在学校里学不到的工程知识、生产经验。当然，由于设计任务具体而又繁重，最好是有实践经验的研究生参加设计工作，这对按时完成设计任务，保证设计质量有好处。如果是从校门到校门的研究生参加工程设计，则除了加强指导外，更要注意安排他们到生产实际中去学习、锻炼。

近年来，我们高校科研在理论研究方面搞的多些，我们的教师在这方面比较熟悉。面对改革、开放的形势，面对经济建设和有关部门的需要，我们高等院校也要有一部分在工程设计、施工方面具有丰富实践经验、造诣较深的教师队伍。当前，我们一方面可以聘请设计部门退居二线的高级工程技术人员到校兼职，担任设计指导，发挥他们知识和经验丰富的长处；另一方面抽调一部分教师到生产部门，在工程设计、施工、工艺等方面进行锻炼。对于当前不能以学校为主完成工程设计任务的专业，也可与生产部门联合培养工程设计研究生。这一工作做好了，从总的办学思想上会更有利于本科教育的改革。相信经过几年的努力，我们会在实践中解决好研究生教育面向经济建设服务的问题。

（原载《学位与研究生教育》，1988 年第 4 期）

从严治校　再攀新高

——在同济大学校长换届和任命大会上的讲话

1995 年

李国豪

感谢国家教委和上海市教委对同济大学的关心和支持。吴校长做的施政演说，为同济大学描绘了非常完整的蓝图，我感到很鼓舞。我只是想补充一点，我感到要实现这一蓝图，有许多工作要做，关键是我觉得现在学校里缺少的是一个“严”字。

我们办学校，要在“严”字上下功夫，做到四个“严”：首先领导干部要严格要求自己。什么事情都要身教重于言教，我们做的事情应该是群众无话可说的，不是什么事情有好处领导干部抢先，那么事情就不好办了。所以领导干部要严格要求自己。其次是各个职能部门一定要严格要求。我们大多数职能部门的同志还是辛辛苦苦在工作，不过现在也有乱套的地方，有些散。职能部门是实施领导决策的机构，必须严格工作。就像计算机指令下去，程序不对了，不好办。所以职能部门要严，一定要严格要求，要整顿。再者，对教师要严格要求。我们现在许多教师在非常困难的情况下坚守教师的岗位，这是非常可敬可佩的。但我们也不能不看到有少部分的教师今天并不是专心致志于教学科研，思想不在学校里了，这样不好，我们应该严格要求教师。假如教师自己不能在行动上表现出为国家全心全意从事教学、科研的话，你教出来的学生当然也是马马虎虎的。只有教师严格要求自己了，他们才能严格要求自己的学生。否则的话，学生也不听你的。最后，对学生一定要严格要求。不能考试作弊，学习不行的就要退学。我听说现在我们的硕士研究生简直是招进来都结业的，我看这也不一定是好事情。一些大学生、研究生不行的，就是要勒令退学，这样我们才能真正培养出社会主义建设需要的人才，否则我们送出去的含有“伪劣产品”，这个事情就不好办。所以我觉得办学要严。我们学校工作各方面的发展是有目共睹的，确实取得很大的成绩，不过我们今后应该做得更好。吴启迪校长提出的这样的一些设想要实现的话，没有一个严格组织起来的、令行禁止的一个队伍、系统的话是不可能实现的，松松垮垮、人心涣散是搞不好的。所以我要补充这一点要“严”，只有这样同济大学才能不辜负国家教委和上海市教委的期望，迈向更高峰。

（根据录音整理，原载《同济教育研究》，1995 年）

中国科学院院士自述

1996 年

李国豪

在梅县梅乡村小学读书的时候，听老师讲到夏禹治水三过家门而不入的故事，我非常景仰。在县里上中学时便怀着将来做一个为人民鞠躬尽瘁的工程师的愿望。16 岁(1929 年)考进上海同济大学，读完两年德文补习班升入大学本科时，我于是违背了父亲的学医嘱咐，进了工学院，后来在土木与机械分科时我又选择了土木系。

当年在土木系的学习内容很广，包括水利、铁路、公路、市政、房屋、桥梁等工程，我都感兴趣，也都认真学习，还受到免学费的奖励；但是感受最好的算是桥梁结构。正巧 1936 年夏毕业考试结束后，有机会到钱塘江大桥工地实习一个月，这更增加了我对桥梁工程的了解和兴趣。1937 年 8 月 13 日，日本帝国主义侵袭上海，同济大学内迁，部分德国教授未同行，迁在浙江金华和江西赣州。这一年，我作为助教代讲了钢桥和钢结构的课，又加深了我在这方面的钻研。1938 年秋，我得洪堡奖学金之助到德国达姆施塔特(Darmstadt)工业大学进修，博士导师克勒佩尔(Kurt Klöppel)教授是德国著名的钢桥和钢结构专家，又是当时拟在汉堡易北河上修建的一座公路铁路两用的悬索桥的技术顾问。于是，我以这座桥为对象，做了悬索桥的理论分析和模型试验，于 1940 年春，以《悬索桥按二阶理论的实用计算》的论文获得了工学博士学位。后来，由于第二次世界大战爆发而无法回国，我就留在这个教研室继续从事桥梁的研究工作，一直到大战结束。在这个与祖国音讯隔绝、战火连天的艰苦岁月，研究工作成了我主要的精神寄托。就这样，我从大学到留学，与土木工程特别是桥梁工程结下了缘。这里我得感谢我的恩友与同学李惇谊和李缵松，靠他们的帮助，我这个贫苦农家的孩子才能够读完大学和出国留学。

在德国七年，我无日不思念在危急存亡中的祖国。抗日战争胜利了，不仅雪了国家耻民族恨，而且作为五大战胜国之一迎来了复兴的前景，盼到了为祖国建设出力的日子。我怀着十分兴奋的心情，迫不及待地于1945年冬踏上归途。几经周折，由法国乘轮船，经西贡，于翌年夏回到了上海。回国以后，机遇对我还是很慷慨。1954年，中国科学院吴有训副院长从北京打电报到上海，要我代表中国科学院参加铁道部在北京召开的武汉长江大桥方案讨论会，吴老还亲自到北京火车站来接我。会后我就参加了武汉长江大桥技术顾问委员会。继这座大桥于1957年建成之后，铁道部大桥工程局于1958年筹建南京长江大桥，决定完全由我国工程技术人员自己设计、自己施工，同时成立技术顾问委员会，并要我担任主任。我有幸和这两座大桥结缘，后来竟成了我的"患难之交"。在那十年民族浩劫的文化大革命的灾难日子里，解武汉长江大桥建成通车时发生显著振动之谜这一研究难题，成了我唯一精神支柱。在囚室里，我偷着做理论推导和笔算，在监督劳动之余，我在家里做赛璐珞桁梁模型扭转试验，并用手摇计算机做运算。就这样，我精神上解脱了各种人格侮辱和体罚囚禁的痛苦，还利用几年逆境中充足的时间取得了满意的科研成果，以论文《桁梁桥扭转理论——桁桥梁的扭转稳定和振动》，揭开了武汉长江大桥振动之谜。80年代以来，国家在改革开放的新形势下，桥梁建设事业突飞猛进。我又有机会参加上海南浦大桥、杨浦大桥和汕头海湾大桥、虎门珠江大桥、江阴长江大桥等的技术顾问工作，十分庆幸。特别是后面三座大桥都是现代化悬索桥，而且江阴长江大桥的主跨1 385米列居现在世界第四。半个多世纪前，我在德国时盼望祖国大江、大河上能造起大跨度悬索桥的梦想实现了，真是高兴。

工作中我体会到：从事工程科学技术研究，一要理论联系实际；二要理论上敢于创新；三要有科学试验或实践结果以检验理论。我的关于悬索桥计算和桁梁桥振动的研究都是如此，后者还有武汉长江大桥建成通车时的振动观测结果作检验。1943年夏我接受一个任务：一座多斜腹杆系的铁路桁梁桥，跨度为90米，要求按照上下弦杆在节点刚固连接的实际情况来分析杆件的内力。这是一个50次超静定的体系，应用经典结构力学的方法和当时使用的手摇或电动式计算机，完全不可能解决这个问题。我只能另辟蹊径，设想将离散布置的腹杆体系化为连续分布的腹杆条体系，将上下弦杆作为弹性支承在腹杆条体系的受轴力和弯矩的连续梁，由此建立微分方程组来描述这样连续化了的桁架物理模型的弹性变形与荷载的关系，从解微分方程组来求得杆件内力。理论计算和模型试验的结果互相符合，问题就这样得到了解决。这个把离散体系的桁架化成连续体系的构想，我在文化大革命的囚室中又一次扩展应用于武汉长江大桥。这里不再是一片平面桁架，而是由两片主桁架和上下纵联结系组成的箱形截面空间桁梁。但是，同样可以运用4个联立微分方程来求得问题的解答。如果不这样做，将桁梁如实地按照离散的杆件体系来对待，我当时是无能为力的。

回顾过去，我做得太少，现在只要力所能及，就继续做一些有关桥梁的研究工作和参加一些咨询，以弥补过去的时代浪费掉的大好时光。

（原载《中国科学院院士自述》，上海教育出版社，1996年1月）

同济大学办文科刍言

1997 年

李国豪

同济大学于 40 年代创办了文学院和法学院，但在 50 年代初被调整到其他学校去了。在院系调整后，原来具有医、工、理、文、法五个学院的同济大学，仅仅保留了土木建筑类专业，成为一所单科性高等学校。继 80 年代恢复数理化机电等方面专业之后，近年又恢复了包括 7 个系和多个研究所的文法学院。这是顺应我国社会主义建设和社会发展需要的举措，应当欢迎。

首先，国家需要培养大量文法方面的人才。我们现在要继承邓小平同志开创的伟大事业，把经济落后、封建意识残余严重的中国建设成为现代化的富强民主的国家，必须既有大量的理工医农方面的人才，又有大量文法方面的人才。邓小平同志教导，要依法治国，要建设社会主义精神文明，要建立社会主义市场经济体制，没有大量文法方面的人才怎么行呢。在长官意志统治时代，在计划经济时代，尤其是在文化大革命时期，没有这种需要，所以也就认为不需要在大学办文法科。结果，到现在还非常缺乏这方面的人才。同济大学恢复文法学院正适应国家的急需。

其次，现代的建设人才应当是文理结合的。这里说的文理是指广义的文和理。先说理科方面的人才，今天，这方面的人才，如果不学习一些经济和法律，就不能适应工作需要，不但做不好工作，还可能给国家和个人带来损失，这方面的例子不胜枚举。其次，文科方面的人才，如果缺乏理科方面的知识也做不好工作，也可能给国家带来损失，甚至巨大的损失。同济大学既有理又设文，为此创造了条件，值得欢迎。

基于上述的考虑，希望学校的文科方面的专业范围不要太窄，尽量宽些。理科方面的专业早已痛感范围太窄的缺点，正在试图改进。再则希望把文科方面的必修课程压缩一些，增设一些理科的选修课程，理科的则反之；而且把学校设立的双学位制积极推广于文理结合的双学位，为国家培养更好的人才。

关于同济大学的文科今后的发展，我以为除国家的需要外，要考虑上海市的和学校的具体条件。鉴于学校的规模已经不小，扩展的余地不会很大，文科的专业设置似宜少而精。其次，教学和科学研究应充分发挥同济大学与德国合作的优势，不仅在教学内容和研究方向方面，而且在人员交流方面。第三，要避免与上海市兄弟学校无意义的重复。但是，如果某一专业或研究室，虽然名称相同，但是我们的侧重点不同，例如侧重于介绍和结合德国方面的内容，也是国家所需而又区别于兄弟学校，则不必有重复的顾虑。第四，关于科学研究，结合国家需要是大方向，但是具体做法值得考虑。现阶段须做一些小课题，以取得为持续发展研究工作所需的经费。同时也要抓大课题，如能选好大方向、大课题，锲而不舍，则经过一个时期系统的研究，必将出高水平的成果和人才，这对国家、对学校都是大贡献，谨预祝成功。

［原载《同济大学报(人文、社会科学版)，1997 年第 1 期］

重视素质　加强理想教育与能力培养

——在1997年本科教学工作会议上的讲话

1997年

李国豪

今天很高兴来参加这个会，我已多年没有参加学校教学工作了，但也有些感受和看法。

教师的责任就是传道授业，传道就是指理想和素质教育，授业就是指知识、能力的培养。最大的问题是理想问题。我培养的研究生都跑到国外去了，最大的失败是理想问题没有解决好。我们培养的人应是为我们国家建设服务的，理想的最大体现是对我们的民族和国家抱什么态度。我们需要的人才为什么不在国内服务而要到国外去？其次我们培养的人要有抱负，就是指对事业本身的执着追求。而现在不少毕业生只希望到外资企业、合资企业去，追求高薪。还有是素质问题。有些大学毕业生连起码的人际交往礼节都不懂。有的毕业生告别，在专家楼喝得酩酊大醉，把啤酒瓶砸碎，说明素质很差。还有中文修养问题。有的大学毕业生、研究生写的论文文理不通，写错字、别字。关于培养能力问题，学生学的知识不少，但没有学会学习新知识的能力、解决问题的能力、运用基础理论的能力，这也是一个大问题。现在大学生理论知识学得太多了，只要学好基本概念和理论基础就够了。提高学生素质，加强理想教育和能力培养的关键是什么？有大环境、小环境的问题。但是要教好学生，关键还在于教师。老师要为人师表，起潜移默化的作用。怎样开展教师的工作？教师的素质、理想、教学方法如何提高？我有几点建议与做法。这次校庆，我对校友说，校友给学校的支持有精神方面和物质方面的。许多校友给予了经费上的支持。我请他们在精神方面，除在教学科研领域给予合作、支持外，根据个人的经验、体会给我们学生做报告。例如一位事业上很有成就的校友谈到他工作中最大的获得不是金钱而是满足感和成就感。我请他们不仅给学生，而且也要给老师做报告。现在教师工资还是很低的。在评定教师职称、教师待遇问题上学校可以改进。衡量的标准仅仅要求年资和几篇论文不全面，这只是着重"智"，应更全面些。我觉得德与智，可否三七开，学术水平是"七"，德是"三"。在教学、科研、社会工作中表现较好的应该有分数。这是一个树立什么作标准的问题。在素质方面教师也应以身作则。我最近参观青浦监狱后体会很深。监狱不许犯人抽烟，看管人员自己在犯人面前也不抽烟。我们要求学生不许抽烟，但老师呢？老师也要在学生面前不吸烟。这样才能做到"无烟大学"。再则，能力培养问题。老师辅导太具体不行，要培养学生独立工作的能力。举例来说，你有一个老朋友在杭州，如果老朋友带你坐车去游各景点，下次老朋友不在了，你去杭州还是找不到景点。但如果你带着地图，按地图上一个个景点边找边玩，时间可能花得长一些，但下次去杭州你就认识路了。而且不单是去杭州，去其他地方也一样，你也可以采用同样的方法。教师就是要教会学生这种方法，一种学习方法。我们过去年轻教师上课有试讲，现在不知有没有？再有现在的教材、教学内容分量太重，都要学生学得尽量多，实际上不消化。例如工科学生学的理论力学、材料力学、高等数学就学得太多。我看砍掉三分之一毫无问题。把最主要的东西教给学生，学生课余的时间多了，可以去看一点旁的书。我读书的时候，高等教学中只学了一阶微分方程，其余的都是以后自学的。同济大学能否拿一个专业作试点，教材砍三分之一，作全国的一个典型。这是我个人的观点。现在教学中还有许多大的问题没有解决，但归根结底是要重视素质，加强对学生的理想教育与能力培养。

中国工程院院士自述

1998 年

李国豪

在《中国科学院院士自述》里，我讲了我和桥梁结缘的梗概。中国工程院大力抓咨询工作，非常好。我就讲讲我过去做的咨询工作中的一个——宝山钢铁总厂工程技术顾问委员会的咨询，作为《中国工程院院士自述》中的一篇吧。宝钢于 1978 年开始兴建。1979 年，宝钢工程指挥部商请上海市科协帮助成立宝钢顾问委员会，并要我（市科协主席）担任首席顾问。接着，顾委会连续做了三件重大的决策咨询：一、关于桩基水平位移问题；二、关于一期工程上下马问题；三、关于引水工程问题。

1980 年春，顾委会成立伊始，宝钢工程中许多打好的钢管桩发生水平位移，最大的达 50 多厘米。宝钢领导急着找我研究对策。我和顾委们到现场视察后，我认为是由于附近开挖基坑引起土体移动，导致基桩发生水平位移。当晚我就演引出在这种情况下桩在土体中的弹性弯曲平衡微分方程，在翌日的顾委会会议上做介绍，并建议宝钢对位移桩做现场试验，测量其沿深度的水平位移和竖向承载力，以便做定量分析。接着，我依据试验结果，在家里花了一个暑假的时间去解微分方程和做数字计算，写出《关于桩的水平位移、内力和承载力分析》研究报告。宝钢的两位总工程师很高兴地到我家来致谢，说研究报告既解决问题又及时，因为过两天就要和日方讨论这个问题的对策了，按照报告所提建议，对桩的加固比日方的方案可大大节约人力、物力和时间。当时，北京有些人士听了夸大讹传的消息，说是宝钢的基础要滑到长江里去了，真是好像把老鼠说成是大象。

接着于1981年元月，在国民经济调整形势下，国家计委在宝钢现场召开会议，研究论证宝钢工程如何调整下马，以求减少损失。此前，北京有的专家已提出分拆宝钢设备的下马方案，有些全国人大代表在人民代表大会上，质询冶金部唐克部长，说是长江边地基不能建宝钢，投资又大，是决策错误，应该立即下马，不能一错再错。就在这种情况下，召开了宝钢顾委论证会。在会上，我首先发言，因为我猜想，许多顾委有顾虑，不敢直陈己见。我说：首先，这次会议的论证程序颠倒了，应该是先论证后决定工程的上或下；现在论证宝钢要结合实际情况，算账不能从零开始，一期工程已经到了现在这样的程度，120亿投资花了80多亿，再花一些就可建成投产；其次不仅要考虑宝钢的设备和员工的问题，还要考虑接受加工订货的国内工厂企业；再则国内钢产量一年才三千多万吨（当时情况），我国这么多人口，至少得有一亿吨，亟需增大钢产量。所以，不仅宝钢的一期工程（主要生产钢锭）不能下，二期工程（生产钢材）也不能下，这是两条腿成一套。最后我十分自信地说，历史将会证明，建设宝钢是正确的。接着，许多顾委都踊跃发言，表示支持的意见和提出补充建议。后来写出一个暂时缓建的建议，受到上海市和中央的重视、称赞和采纳。一年之后工程就续建，于1985年9月建成投产，接着二期工程又建成投产，增加的三期工程也将于本世纪末建成，宝钢成为我国一颗钢铁企业明珠。多年来，宝钢的同志一直高度评价我们的这次论证所起的作用，称我们为风雨同舟的朋友，于1989年11月在顾委会成立10周年的前夕还举行隆重的纪念会。在会上我说：在当年关系宝钢存亡的论证中，并不是我们顾问比他人聪明，能提出正确意见，事实上我后来了解到，宝钢的一些领导都曾经提出过工程不宜下马的意见，但未被采纳，碍于组织原则又不便坚持，而顾问委员无行政关系约束，比较开脱，尽管事到最后关头，仍可不问成败得失，据理直言。热烈的鼓掌表示赞赏这番坦率的实在话。当然，顾委们都争取为宝钢做出贡献，并以此感到光荣和快慰。

在宝钢重新积极进行建设时，又出现了一个引水工程问题。宝钢原定引用淀山湖水作为生产用水，因为长江水有时氯离子含量超出日方提出的防止设备腐蚀的标准。在这个引水工程已开工铺设一段钢管之际，上海市科技界和宝钢有的领导提出从长江取水的建议。我们顾问委员会接受委托，研究论证这个建议。经过包括宝钢的各方面专家的努力，形成在江边筑库蓄水以备海水倒灌的长江引水方案，其投资和运营费都比较省，而且水源取之不尽，又不与上海市民分争淀山湖水。一期工程建成投产的期限很紧，必须尽快做出决策，但是争论很大。这时，我经过细致研究之后，于 1982 年 4 月致函和面陈当时上海市副市长兼宝钢政委陈锦华同志，从技术、经济和发展三方面考虑应当从长江取水。最后他是这样做了决策，在 1985 年 1 月他为《宝钢志》写的回忆中有这样一段话："宝钢引水方案先后有多种取水方案，每个方案都各有所长，都有反驳另一种方案的技术经济数据。面对这些众说纷纭、莫衷一是的建议，如何比较选择？靠谁比较、选择？……但在最后决策时，我主要听了李国豪教授的意见。"我的建议能起这样的作用，实非始料所及。1985 年 8 月水库建成蓄水，9 月及时为一期工程投产向厂区输水；现在，这个碧波涟漪的宝山湖还给吴淞区输送居民用水呢！

宝钢顾问委员会在上述三项重大咨询中做出了贡献，受到各方面的赞扬。自然，这是约 30 位各种专业的专家的集体功绩和光荣。这里不是顾委会的工作介绍，而是我的自述，所以仅仅讲了我自己参与的这一侧面。关于顾委会的工作可参见宝钢和上海市科协主编的宝钢顾问委员会科技论证选——《智囊与咨询》，1985 年已出版。

（原载《中国工程院院士自述》，上海教育出版社，1998 年 1 月）

学校领导要德才兼备

——我任校长的体会

2000 年

李国豪

我很高兴和教育界的同事们谈谈做校长的体会。徐匡迪市长曾做了“今天我们如何做校长”的讲话，对此已做了很全面的论述，所以有些内容，例如校长要贯彻党的教育方针等，我就不重复了。

我从 1977 年到 1984 年在同济大学担任了 7 年校长，此前从 1956 年到 1966 年文化大革命开始，担任了 10 年第一副校长。今天主要谈谈后来 7 年的体会。

校长作为一个单位的领导者要具有领导者的德和才，而作为培养德智体美人才的领导者，此外还应是全校德智体美的典范。这两方面的要求很多，我体会最主要的可以综合为如下几点：

一、大公无私，胸怀宽广；

二、尊重人，平等待人；

三、严格治校；

四、有远见，抓大事；

五、当业务内行、高手；

六、热爱教育事业，热爱学校。

这些要求相当高，当年我以此作为鞭策自己的信条。下面分别具体谈一些个人的经验体会。

一、大公无私,胸怀宽广

大公无私,胸怀宽广,是领导者最重要的品德。只有大公无私才能胸怀宽广。这个品德是领导者的威信所系,是事业成败的关键。对人对事,一切从工作出发,从大局出发,没有个人得失恩怨的私心杂念,考虑问题和处理问题就比较简单,轻快,自由,能够做到不偏不倚,比较正确。否则,必然失之偏颇,甚至完全错误。例如学校里机构与院系的调整,干部任免,教师的升级和出国,新生录取,等等,都是大家十分关注的问题,必须公正处理。对此我从不考虑人事关系,不讲人情,按照规章制度行事。一次,我的至亲考同济大学研究生,有一门课程不达标,尽管系里申请录取,我还是否决了。

事业的成败,干部常常是关键。要做到任人唯贤,必须胸怀宽广,不计亲疏,尤其是不计个人恩怨。文化大革命把大学的教学和科学研究破坏无遗,我任职伊始,即着手大力恢复过去,也着眼部署未来。但是当时人才奇缺。为了恢复同济大学与德国的合作关系,1979 年春我出访德国,需要一个懂德语的助手,我不计前嫌,请这一位教师来担任,他是文化大革命期间我的专案组的成员,后来我还请他担任德语系的系主任,成绩不错。当时还急需恢复管理专业,可是只有一位教师适于担任这个工作,于是我请他来负责。他 1952 年"三反"时曾编故事,使我被当作贪污巨款的大老虎关了两个多月。他负责后,这个系也办得不错。还有,其时需要一位教师来担任校长办公室的工作,我物色了一位同志,他的夫人是文化大革命时把我当作阶级敌人和罪犯一般对待的一个造反派。我并不计较,这位同志工作得不错,后来担任了副校长。大家熟知春秋时齐桓公任用管仲的故事。在这方面,20 世纪社会主义大学的校长总不能还不如齐桓公吧。

二、尊重人，平等待人

人都要受人尊重，平等对待。知识分子在这方面的意识尤其强烈。在学校里尊重同事和教职工，平等相待，是团结的基础，而团结是做好工作的重要条件。要尊重各部门同志的人格、工作职权、对工作的意见和建议。我在任期间，对党委同志个人和意见都是尊重的，意见相左也遵从；副校长分工的工作和系、所、处、室、科里的工作，一般我不干预。处理重要问题时，常先向有关工作人员了解情况或征求意见。召开会议时，说明主题之后，先让与会者发表意见。这样，我感到工作很顺畅。

我性急，有话直说。但是，记忆中与同事和教职工只有争论，没有吵架；有批评，没有厉声训斥人。有一次，我很生气地向我的驾驶员说了气话，事后我主动向他道歉。我对人外表比较严肃，虽然人们说有点怕我，但是见面时彼此还是融洽的。现在退下来十几年了，大家相见还是很亲热。

三、严格治校

治校必须严，严才能出人才，出成果。治校要严，校长必须严于律己，以身作则，淡泊名利，遵守规章制度。对教师要严格要求，其中重要环节是把好升级关。当年我对此很严格，使人感到教授职称可贵。后来，有一段时间，为了追求教师中教授的百分比不低于兄弟学校，大开绿灯，结果人们说，教授不值钱了。对职工的工作，我主要通过“校办”的工作来督促检查。对学生，我的方针是严格与爱护相结合。考试必须严格。对品质上的错误，如考试作弊和偷窃，初犯从宽，再犯从严，开除学籍，对思想上的错误则着眼于教育挽救。有一个试图偷渡去香港被抓回校的学生，我不赞成开除他，而是亲自找他谈话，并送他一本方志敏烈士写的《可爱的中国》，他非常感动并沉痛悔过。

四、有远见,抓大事

领导者最重要的任务是出主意和用干部。作为校长要对有关提高学校的教学与科学研究水平、学校的发展等重大问题,提出有战略性和有远见的主意,并把主要精力用于实现重要的决策、解决重要的问题。这就要求校长,避免沉浸在日常事务、会议、应酬之中,要有时间去研究思考问题。对历史人物的功过评价,是根据他做出了、实现了多少正确的或错误的决策,及其后果好坏的大小。对校长功过的评价也是如此。我就任伊始,抓了两件关系学校发展的事,一是恢复与新建一批研究所、室,二是提出同济大学"两个转变":第一,把土建单科性大学转变为以理工为主的多科性大学;第二,恢复与德国的合作关系和恢复德语作为教学外语之一。这两件事,特别是后者对同济大学的发展影响比较大,一直受到赞许。应该说,能够实现两个转变,是因为有了改革开放的大环境和当时教育部对高校政策比较宽松,同时部长和司长都很支持这个建议。在 50 和 60 年代,这是不可能的。

五、当业务内行、高手

校长要领导好学校,应当是一个业务内行,并熟悉学校行政和教学科学研究的运转规律和发展趋势以及有关的方针政策。一个不熟悉战争规律的指战员,是不可能指挥战争、赢得胜利的。如果校长在教学或者科学研究方面是高手,例如能上好一门课,或者科研有造诣,那会增加他在教师和学生中的威望,提高他的权威,说话办事会更有力量。除此以外,校长如果还能够兼一点课或做讲座式的报告,或参加一些科研,对于联系师生和了解教学科研的情况,是有很大帮助的。我在担任副校长期间一直上课和搞科学研究。当校长后,没有时间上课,可是科研仍然没有间断。我一方面继续已做的科研项目,另一方面组织新的研究所、室,即结构理论研究所和桥梁研究室,并亲自参加研究和指导研究生。今天，这两个所、室的研究工作都已国内外知名了。

六、热爱教育事业，热爱学校

一个校长热爱教育事业，才会为教育事业献身；热爱这个学校，才会为这个学校的事业竭尽全力。

我大学毕业后，本想当一个桥梁工程师，可是机遇使我在学校当了助教。1946 年留学德国回国后，又是如此。仅仅做了短时间桥梁工程师，最终还是当了教师。我感到做教师不仅意义重大，而且很有乐趣。一年一年看到新的学生进来，学成的学生毕业，令人高兴。从此，教育岗位成了我的终身事业。

我于 1929 年进同济大学，当了 7 年学生，于 1936 年毕业。后来，除了在德国进修和工作 7 年之外，一直在同济大学做教师和兼任行政工作；曾担任土木系主任、工学院院长、教务长、校长。可以说，我的命运和同济大学联系在一起，同济大学成了我的家。我熟悉这个家的家史，关切它的传统和发展。所以我当校长时，积极提出恢复同济大学传统的“两个转变”，并且极力试图恢复 50 年代调整到武汉去的医科，可惜没有成功。现在学校又有了医科，并且大大发展了，这是国家发展兴旺的缩影，十分令人高兴。

（原载上海《思想·理论·教育》2000 年第 9 期校长论坛栏，《上海教育》2001 年第 3 期转载）

新世纪祝愿[1]

2001年1月

李国豪

20世纪过去了，21世纪来到了，让我对校内外的同事、同学和国内外包括港澳台的同济校友致以衷心的新世纪祝福。同时祝愿同济大学在新世纪里繁荣昌盛、祝愿祖国民族复兴、伟大，事业辉煌成功。

同济大学在20世纪走过了93年极不平坦的道路，她与祖国共命运，命途多舛，但是最后得到了辉煌的复兴。今天，同济大学已经发展成为理、工、医、文、法、经济、管理的综合性大学，屹立于上海，驰名国内外。

但是要把同济大学办成学校布局完善、管理精良、著名教授荟萃、教学科研出类拔萃、毕业生社会称赞、科技贡献巨大的一所大学，这个任务还很艰巨，要同济人齐心协力、艰苦奋斗。

新同济大学已经诞生半个多世纪了，分散在几个校区的学习布局尚未调整。鉴于它将影响学校今后发展，宜早日做出安排，这将是同济大学继20世纪50年代院系调整之后一次比较大的变动。对此，学校要高瞻远瞩，大手笔规划，精心安排，细致操作。教职工和同学，特别是在工作、学校、生活方面受到影响很大，需要顾全大局，做出一点牺牲。上下一心、必定能够做好。当年院系调整时，我们采取了一些过渡办法来克服和减少困难，似可参考。学校总务部门任务艰巨，只要解放思

1　该文发表在2001年1月20日《同济报》第4版。

想，不怕苦难，必将给同济大学做出新的贡献。祝愿在三到五年期间，学校能够基本上完成新的布局，跟着完善新的管理提质。

前面提到的后四项发展提高的任务，需要同济人长期的努力，这个任务没有止境，努力也无止境。可是，我们应当鞭策自己，在同济大学建校 100 周年时，即在今后 7 年，学校在这几方面上一个新的台阶。

我于 1929 年进入同济大学，七年同济毕业后，除掉在抗日战争期间去德国留学外，一直未离开同济园。如今屈指岁月，我学习于斯、工作于斯、不觉已经六十多春秋矣。在此世纪之交，对同济大学旧世纪的沧桑感受良深，对她的新世纪前程期望有加，老骥伏枥，愿继续为同济大学摇旗呐喊，并衷心祝愿同济人，发挥同舟共济精神，团结努力，在新世纪把同济大学建设成为国内外群星中一颗闪耀的东方明珠，为伟大祖国和中华民族增光添彩。

老知识分子的心声

2001 年

李国豪

我是一名 88 岁的老知识分子，长期从事教育、科技工作。1956 年 2 月，我在共产党思想教育和党的知识分子政策感召下，加入了伟大、光荣、正确的中国共产党。尽管我们党在探索社会主义道路的过程中，曾遭受过各种挫折，我本人也曾受到过党内错误路线的打击和迫害，但是，我对党的信念坚定不移，对党所领导的社会主义事业矢志不渝。

党的十一届三中全会之后，我们党的工作重心转移到经济建设上来，我国的社会主义建设进入了一个新的历史时期。以邓小平同志为核心的第二代中央领导和以江泽民同志为核心的第三代中央领导，做出了“改革开放”“科教兴国”等一系列重大的战略决策，使我国的经济建设和社会发展进入了高速前进的快车道。改革开放和现代化建设的大好形势，为广大科教工作者开辟了更加广阔的天地。那时，我虽已步入古稀之年，但“壮心未已”，决心以自己多年积累的学识和智慧，投身到大规模的现代化建设中去，为国家的重大工程建设提供科技咨询；为中央和地方领导的决策，建言献策；为经济建设和社会发展，尽微薄之力。

20 世纪 70 年代末，为了加快现代化建设步伐，中央决定在上海宝山建设特大型钢铁基地。我当时担任同济大学校长，并被选为上海市科协主席。为了确保重大工程决策的科学性，中央和市委邀请上海市科技界、工程界一批著名专家组成了“宝钢顾问委员会”，我被聘请为首席顾问。1980 年初，宝钢工地出现了桩基水平位移的严重问题。一位中央领导接连下达指示:“千万不要出岔子”,“要慎重、慎重、再慎重”。日本专家提出了防止桩基位移加固的方法,但在计算方法上存在问题,而且工程量大、造价昂贵。情况发生后,应宝钢总指挥的邀请,我和顾问委员会专家们很快赶到宝钢,深入现场,实地勘察。我们经过暑期一个多月的分析计算,向工程指挥部提供了《关于桩基的水平位移、内力和荷载力的分析》的研究报告,对位移桩的承载力、需要加固的范围和合理加固措施,作了理论上的分析和论证。指挥部根据这个方案,采取积极措施,解决了桩基位移问题,不仅节约了大量投资,而且缩短了工期。

1981 年,国家实行国民经济调整方针。社会上出现了一股“宝钢下马”的论调。当时,有关部门领导对宝钢工程做出批示:“二期工程取消,一期工程下马,论证善后方案。”宝钢一时面临着上还是下的重大抉择。在宝钢工程调整论证会上,面对当时强大的舆论压力和有关部门领导的基调,我和顾问委员会专家们经过反复思考,提出了三个论点,坚决反对宝钢下马:(一)宝钢不是从零开始,已花费了 80 多亿元,再投资 20 来亿元,就能建成一期。(二)宝钢下马,将会带来本厂和国内协作厂的大量职工失业,影响很大。(三)一期工程不能下,二期工程也不能下,这是宝钢的两条腿。论证会最后得出了宝钢不能下马的结论,并得到了中央领导的重视和采纳。如今,20 年过去了,宝钢已建成中国和世界著名的钢铁工业基地。宝钢的领导和广大职工在回忆这段历史时,都说“以李国豪为首的顾问委员会,是我们风雨同舟的朋友”。

随着改革开放和经济建设的迅速发展,1982 年,中央和市委领导决定在黄浦江上建造大桥。这对于我,一个从事了一辈子桥梁学科理论研究和教学的老科技工作者来讲,是一件莫大的喜事。当时我担任上海市政协主席、同济大学名誉校长。受上海市科委的重托,我带领同济大学桥梁系的教师和科技人员,进行南浦大桥的可行性研究。经过反复调查、论证和思考,1983 年 9 月,我们向上海市科委提交了“叠合梁斜拉桥”的建桥方案可行性研究报告。这种跨江大桥，在国内没有先例，在国际上也属罕见。谁来设计大桥？这个问题严峻地摆在决策者面前。当时，日本提出免费设计南浦大桥，并提供贷款，条件是工程必须由他们承担。我想，抗战时期，日本军舰在黄浦江上耀武扬威，今天，我们不能再让日本人在黄浦江上设计、建造大桥。中国桥梁界完全有信心有能力在黄浦江上架桥。我向市领导反映了这个想法，并由我的助手项海帆院士代表同济大学桥梁系的教师给江泽民同志写了一封信，力陈中国人自己设计、建造南浦大桥的理由。1987 年 9 月，当时担任上海市长的江泽民同志在信上批示：“我看主意应该定了，就以中国人为主设计，集思广益。”这个果断决策，体现了党和政府对中国工程专家的无比信赖，给了专家们巨大的精神力量。在南浦大桥设计、建造中，我担任了专家组组长，积极参与解决工程中的理论和技术问题，尽心尽力为大桥建设做贡献。

后来，广东准备在珠江三角洲虎门建造跨珠江大桥时，我了解到业主有意请英国人设计建造，就立即写信给当时的广东省委书记叶选平同志，认为虎门是当年林则徐销毁鸦片、抗击英国侵略者的战场，建造虎门大桥具有重要的政治意义，应当由中国人自己设计建造。叶选平同志完全同意我的意见。大桥建设时，我担任了专家组组长。在中国同行们的共同努力下，我国桥梁史上具有里程碑意义的大跨度悬索桥终于在虎门建成了。

按照中央的部署和上海市经济和社会发展的需要，上海要建成为世界重要的国际航运中心。实现这个目标，没有一个优质的深水港是不行的。对此，上海市领导和有关部门根据多年考虑、研究，确定大、小洋山为对象，组成专家组，并请我担任组长，负责深水港的选址和论证工作。经过大量的调查研究和多次的专家论证，圆满完成了可行性研究。但由于各种原因，上海建造国际深水港的计划被搁浅了。去年 9 月和 10 月，我先后两次给江泽民同志写信，在信中充分表达了必须尽快在上海建造深水港的意见。10月20日，在镇江长江大桥开工典礼上，我见到了江泽民主席，又向他进一步说明了建设上海国际深水港的可行性和紧迫性。江主席回京后很快召见国家计委领导了解情况并在我的信上做了四点批示，特别强调建设上海国际深水港“意义非常重大”，要求“全国有关各方顾全大局，通力合作建设好”。在党中央、国务院的关心和支持下，大、小洋山深水港工程已正式列入国家项目，今年夏天将完成工程的可行性论证，明年正式开工。不久的将来，一个现代化的国际深水港湾将屹立在东海上。

我从自己的亲身经历中感受到，中国共产党是领导全国人民建设有中国特色社会主义伟大事业的核心力量。只有在党的领导下，中国人民才能走上强国富民之路。

（上海市政协“风雨同舟八十载”征文）

在同济大学举办的名誉校长李国豪院士90华诞庆祝大会上的答谢词

2003年4月12日

李国豪

尊敬的各位领导，各位来宾，

各位亲友，各位同事，各位同学：

今天各位光临这个盛会，对我是莫大的光荣，我表示衷心的感谢。

同济大学情深意厚，为我举办今天这样的盛会，我表示衷心的感谢！我还感谢桥梁系的同事们，为我90岁生日，组织编写出版《中国大桥》画册。我承各方面的友好，对我90岁生日，送来许多精美的礼品和厚礼，我表示衷心的感谢！刚才宣读了北京许多领导的贺信贺电，许多来宾和领导的热情讲话，对我的祝贺，以及赞美之词，我也表示衷心的感谢。

我其实没有做多少事，如果说，我做了一些事情的话，我觉得主要还是我们国家的大环境给我创造了这样的条件。因为我回忆，我从1946年回来到1949年解放那几年，我在同济算是教授、土木系主任，可是那个时候什么事情都做不成，那时在工务局待了一年多，什么事情也没有办法做，只修理了外白渡桥的北桥台。所以新中国成立以后，尽管从1949年到1976年，政治上有许多动乱，可是，还是有桥梁建设。首先1957年的武汉长江大桥，后来1968年的南京长江大桥。我对桥梁方面做出的一点贡献是微不足道的。主要还是1977年以后，新中国出现了新的历史一页。这20年来，我们国家建设了许多大桥，我有这个机会来参加，这应该感谢国家给我创造了这个大环境，有这个条件。就是在同济大学里也是一样，我从 1946 年到 1949 年，担任土木系主任、教授，经常发生罢课游行，课也上不成，我后来担任工学院院长，主要解决的问题是同学吃饱饭。所以那个时候也不可能做什么事情。从 1949 年到 1976 年，政治气氛不好，我在同济大学除了刚才说的培养了一批学生之外，对同济大学做了负的工作，因为 1952 年院系调整，我们把同济大学拆掉了一部分，而且大部分拆掉了。当然啦，我不是主要负责人，不过，我也帮着搞的呀，医工理文法，拆到最后只有一个土木系了，工学院、机械、电机、造船等分到交大去了，理学院分到复旦、师大、化工学院去了，所以，我对同济还是有点负罪的感觉。只有到了 1977 年，在新的历史情况下，又把同济大学恢复成多科性学校，所以还是国家创造了条件，我有机会来为同济大学做一点事情。至于各位过奖我对桥梁、对上海建设宝钢、深水港，也是因为有建设的机会，我正好碰上了，所以，我出了一点主意，这个话，我在宝钢就说过。在新的历史条件下，我们知识分子讲话，领导愿意听才有意义，否则的话，你讲的他不听，不也是白讲吗？所以，还是靠大环境给我创造了这个条件，使我有可能为上海的建设做一点事情。这首先该归功于我们的国家，给我创造了大环境，那么我算是机遇不错的一个人，我碰上了这个机会，可能我的性格也有关系，在这种场合喜欢讲话，也不大保留，所以被采纳了。我想，我还是很幸运的。

我也讲一点我求学时的困难，因为刚才有同学讲了，现在学校是有很多经济困难的同学。我自己就是很苦的，我是出生在广东梅县的一个贫苦农家，我的父亲是在印尼做很小的小生意，母亲是在农村劳动。我在农村上完小学，在县里上完中学，十六岁跑到上海来考进同济大学。头两年念德文，大学本科五年，我念到四年级、五年级时候，没有钱，家里再也没有办法给我钱。中国话叫作“在家靠父母，出门靠朋友”，我就是靠朋友。四年级的时候一个湖南的同学——李惇谊，我的好同学，我们进校时就同住房间，他借钱给我一年，到五年级还是没有钱，我也不好再借他的钱。后来再找一个同学——李缵松，是梅县的，他的父亲在汕头开了一个百货公司，我就跟他商量，你把我的成绩寄给你的父亲看，是不是与你父亲商量，每月借给我四十块钱，让我念完五年级。否则的话，我大学毕业都找不到工作，不毕业，更是毫无出路啊。他同意了，他父亲也很开明，就资助我念完了大学，所以1936年才念毕业。实际上两年靠同学资助。现在的同学，农村来的，再困难，有银行贷款，有奖学金，比我好多了。我1938年出国，也是幸运。我1936年回到学校做助教，教钢筋混凝土的德国老师，他非常欣赏我，他主动给我申请洪堡奖学金。1938年我出去了，出去时也是很辛苦，旅费算来算去要1 200块钱，学校怎么样也没有办法资助我，那时教务长对我还很客气，他说我发给你暑假到9月份的聘书，三个月最多。这样3个月工资等于送给我，凑下来，只凑到900块钱，无论如何不够，还差300块钱。还是写信给李缵松同学，我说还差300块钱，请你无论如何帮忙。他的账我还没有还清，又寄给我300块钱。这样我才拿了1 200块钱，从广州(那时已受到轰炸)到香港去。买了一只大樟木箱，做了两套西装，付了轮船的钱，跑到达姆施塔特之后，身上还剩3镑钱，所以还是很苦的。到了德国，德国洪堡奖学金一年1 000马克，分9个月，一个月110马克，是很苦的呀。晚饭的时候我吃小吃，只要5角钱。到了1939年7、8、9月，我没有生活费呀，后来还是一个中国同学汤德全，现在也是工程院院士，他知道我没钱，问我要多少，我说3个月你给我500马克，他说我借钱给你，我说，你借钱给我可以，但什么时候还你我可说不出。就是靠他的500马克，使我不用去打工。这3个月，我就抓紧做我的博士论文。9月份，第二次世界大战爆发了，有钱的中国同学都跑了，到瑞士去了，我走不了，我没有钱。我的德国教授、博士导师，对我非常好，他比我大12岁，我是他第一个研究生。我是1938年到德国达姆施塔特大学，他也是1938年刚来，意气风发，正好碰到我，后来我们又是师生，又是朋友。下班以后，一起讨论问题，一起吃晚饭，夏天还一起去游泳，过节和我生日他都请我到他家里去。大轰炸，我家里炸坏了，半夜里我跑到他家里去，真的变成好朋友，所以，我求学的时代，碰到了三个好同学，两个好老师。现在，我们学校，国内的同学不要怕穷，总有办法，现在你们的条件，比我那时好多了。

我1946年到上海的时候多困难呀，市政府吃住包3天，没有办法了，接下来找救济总署救济5天，住在山西路的山西宾馆，5天以后我也没有办法了。后来，经过汉口路的工务局，我毛遂自荐，跑到工务局去看看有什么事情好做，因为走投无路了。跑到3楼局长室门口，我就写了个条子，留德回国学生李国豪。等了一下，传达说局长请你进去，我也不知道局长叫什么名字，他说你是谁介绍过来的，我说没人介绍，把情况一说，他说，好吧，你就留在这里吧。原来这个局长是赵祖康先生，他也是留学回来的，对留学生还有点同情。那时和我一起回国的刘先志夫妇两个人，我和夫人还有个小女孩，5个人，住在平凉路一个日本式小房子里，一个房间，一个小天井，实在没有办法住。我们买了4张行军床，晚上把行军床拉开，后来实在过不下去了，正好是1946年8月份，同济搬回上海了，我找了同济，所以又回同济了。我回同济，也是一个机遇。当时住在"一·二九"楼的大楼二楼的大教室，非常大，冬天是风溜溜的。讲过去的艰苦，不是诉苦，是鼓励现在的年轻同学，你们的境遇比我当年的好得多，现在国家的大环境也好得多，所以你们是前途无量，应该专心地念好书，为国家做点事情，这是我想讲的一方面。

还有一方面我也是很幸运的。我在农村长大是很苦的，吃稀饭、山芋和芋头，杂粮吃饱的呀，我小的时候，身体并不好，我靠那时的营养能活到90岁，是很不容易的事情，我觉得有几条经验。

第一，心情愉快，我觉得基本做到了。我知道自己没有什么关系，也没有什么后台，不可能做官，我没有什么名的思想，穷出身的人也没有什么利的概念，自己在德国几年做学问确实入了迷，没有名利思想。我自己认为还是比较开朗的，工作中没有多少牵挂，处理事情，对事不对人，同事之间没有什么过不去的地方，心情比较愉快，睡觉很容易入睡，这是很大的优点。第二是运动，从中学起到大学、到德国，一直到前几年，经常打乒乓球、网球、游泳、自行车。我是同济大学网球队的队员，我曾经和当时国内知名的网球名家林宝华对阵过，当然是我打输了。后来游泳、骑自行车一直不断，游泳一直到前两、三年，主要因为腰椎管狭窄，医生要我保暖，不能下水，所以我才不游。骑自行车，我觉得也是很好的锻炼，我在德国7年，一个同学送我一辆自行车，他们都开摩托车、汽车，我骑自行车远足旅行，从达姆施塔特骑自行车到特里尔，经常骑自行车两、三天去郊游。回到上海以后，一直骑自行车，礼拜五、礼拜六我到宝山、吴淞、江湾到处跑，70年代末到80年代初，我还骑自行车4个钟点从同济新村到昆山，那时汽车还少。路上空气新鲜，在昆山住一个晚上，第二天回来，后来打太极拳。1960年骑自行车到江湾去，在新华书店看到一本《保健按摩》，我觉得很好，以后一直做保健按摩到现在，四十多年没有一天间断，从头一直到脚，还有叩齿，前几天在华东医院，医生看见我的牙齿，他说："啊！你的牙齿这么好，比我的还好。"我说："我叩齿40多年，你晓得吗?"当然，是不是叩齿的关系，我不晓得。就是说，注意保健，经常运动，这是很重要的。各位领导，各位同志，现在的条件好了，有好处，也有缺点，汽车太方便了，工作节奏太快了，你不坐汽车也不行，汽车一坐，很少走路、骑自行车了，至于要挤时间去游泳是更难了。无论如何希望各位要注意保健，一定要运动，打太极拳也好。另外，生活有规律，我觉得也很重要。我几十年来没有开过夜车，我在大学的时候，功课很紧，一个星期上三十几个钟头的课，设计、画图的任务都是很重的。可是，到了下午四点多钟，就打网球。后来工作很忙，我也不开夜车，可是我开早车。那时我担任副校长，还上课。有的时候晚上人家找到家里，一谈谈到十点钟，明天的课没有办法备了。我就早上五点钟起来备课，我觉得早上我的脑子很清爽，过了10点半以后，神经活动就很慢了。所以，生活有规律还是很重要的。我喜欢喝点咖啡和茶，酒不喝，烟也不吸，对身体有帮助。各位肯定也想知道我为什么会 90 岁，就是这么一回事。

过去中国有句话：日子难过时说度日如年；在顺境、幸福的时候，我们都觉得日子过得很快，度年如日，好像一年一下子就过去了。我想了一下，假如把一年当作一日的话，把今天当作礼拜天，我算了一下，下礼拜有很多重大的喜事。礼拜二，就是 2005 年，是上海深水港第一期工程完工；礼拜四，就是 2007 年，是同济大学百年校庆；礼拜五，就是 2008 年，北京举行奥运会；下个礼拜天，就是 2010 年，是上海举行世博会。所以，我预祝各位工作顺利，身体健康，在下个礼拜的许多盛会上，我们再见，谢谢！

附：同济大学工学院学制及课程改革经过

李国豪

1950 年 10 月

一、解放前的情况

同济大学工学院有机械、电机、造船、土木、测量五系。上海解放以前，土木和测量两系的修业期限是四年，机械、电机和造船三系修业期限是五年，其中第一年着重工厂实习。抗日战争以前各系教师多数是德籍，用德文讲授，因此不谙德文的新生尚需预先修读德文，后来虽然教师都已经改为国人，但是大都还是沿袭旧制，采用德文教材，新生仍需在所谓“新生院”预修德文一年，所以实际上土、测两系的学生须修业五年，机、电、船三系的学生须修业六年。这是学制方面。

在课程方面也有许多不合理的地方：

(一) 在新生院一年每周德文课十六小时，其余为高中程度的英文、数学、物理化学课程，一方面德文钟点太多，不合教学原理；另一方面其余几种课程因与高中课程重复而使学生感到乏味，因此在新生院一年的学习成绩并不好，学习情绪也不高。

（二）机、电、船三系在一年级上午上课，下午工厂实习。由于上课的间隔，工厂实习工作不紧张，同学也不能专心实习，而且一般都有重视功课忽视实习的偏向。

（三）由于同济一向上课不用教本而采用随堂笔记的办法，授课的进度一般比较慢，因而造成许多课程的讲授时间过分拖长的弊病，例如各系的投影几何及材料力学每周各四小时讲授一年，土木系的普通结构学每周四小时讲授一年，机械系的机械原件（即机械设计）每周六小时为期两年等等。

（四）而最不合理的是课程和教材没有配合各系或各组的需要，例如机械原件修两年每周六小时，对机械系尚嫌费时太多，对电机系和造船系的同学则自然更是浪费了。再如土木系水利组的同学跟着路工组的同学一起学路线测量、土工、线路工程、线路定线及隧道等课程，也是很不合理的。

总而言之，当时的课程是松懈、繁乱、目标不明确，因而也不专业化；浪费师生的时间和精力，增加学生不必要的负担。

从第一表中列举的解放前各系级每周上课的时数就可以看出当时的学生负担之重，譬如土木系和电机系三年级学生每周上课时间，就是把实验和练习以两小时作一小时计算也将近达四十小时！这种不合理的学制和课程我们曾经打算修改，但是当时的伪教育部竟然批复不准，其昏庸腐败可见一斑。

二、解放后的初步改革

上海解放以后本院行政方面立即发动各系进行学制和课程改革运动，在系主任的领导下，各系师生分别于一九四九年六月底至七月初开座谈会，讨论大学教育的一般问题，检讨我们自己的学制、课程和教材等并研究改革的方案和步骤。各系师生都热烈地辩论和详细地研究。综合各系研究结果最重要的有两项：

（一）废止新生院，德文改于大学一、二年级修读。

（二）机械、电机、造船三系的工厂实习确属重要，但实习可改于寒暑假举行，借以缩短修业期限，同时可使工厂实习更为紧凑。

因此我们就在一九四九年七月初总结全工学院的意见决定把各系的修业期限包括修读德文一律改为四年，工厂实习改于寒暑假举行。在过渡期间，机、电、船三系的修业期限除毕业班不变外，下一班缩短半年，其余各班则缩短一年，这个决定由本院送呈本校校务委员会核准并转呈高教处核备后，已于一九四九学年度开始实行。与这个改革同时并进的是废除数十年来不合理的硬性学年制，改用学分学年制。在过去的硬性学年制中，学生有因一科补考不及格而留级的，甚至有因一科的学年成绩在四十分以下便不得补考而留级一年的，而且留级以后须重修该年级的全部课程。其不合理实无以复加。但是居然可以施行数十年而不改，由此可见国民党时代的教育是如何荒谬和腐败。

跟着学制的更改，课程也必须改革。困难是旧课程授课的时间实在太多，修业期限缩短以后更感困难。当时采取了针对过去的缺点和弊病的下列改革办法：

（一）新生院取消后德文改于大学一、二年级修读，第一年每周八小时（在精简课程运动中减为六小时）第二年每周四小时。

（二）工厂实习改于寒暑假举行，机械实习共二十周，电机、造船两系实习十周（一个暑假）、土木系实习六周。

（三）提高讲授效率，缩短授课时间。方法是精简教材中太空洞或太琐碎的部分，把教材中之若干示例改为学生之练习题并避免在上课时演算费时之例题等。运用这种方法，譬如把前述的投影几何、材料力学及普通结构学的讲授时间由两学期缩减为一学期，机械系的机械原件由四学期减为三学期等，但是教材的重要部分并未减少，质并未降低。

（四）按各系或各组的需要缩减课程分量，例如电机、造船两系的机械原件由四学期改为两学期，只修对该系比较需要的部分。

（五）把若干必修课程改为选修以求专业化，并把若干不切实际的课程如从前大学里那种国文课等废止。

我们运用这几种办法排出了四年制的和过渡期间的各班课程。第二表便是学制和课程初步改革以后的解放后第一学期的各系级每周上课时数。和第一表比起来有两点不同的地方：

（一）添设了选修课程。

（二）虽然所有的班级都添了三小时政治课和一年级添了八小时德文，还是把过去上课达四十小时的情况改善了。

三、在精简课程运动阶段中的改革和收获

解放后的第一个学期开始上课了，同学们以前所未有的热情迎接新的学习，既要学得好而又要学得多，希望更好地为新中国的建设服务。因此我们的劝告也阻挡不住同学们尽量多选课的偏向。机械系五年级同学有的选课达四十小时以上，并要求教授在晚上上课，使各种选修课程的讲授时间不致冲突，以便都去旁听。但是这种过度的兴奋和贪多很快就引起不良的后果：上课只有一个月，同学们的身体便支持不住了，跟着肺病的警报，精简课程的运动便在高教处的号召之下于十一月底展开了，因而我们的课程改革又进入了一个新的阶段。

在精简课程的运动开始的时候，我们先作了一个临时紧急措置，限制各系级每周上课的时间不分讲授或练习总共不得超过三十四小时。接着我们有计划地推动进一步的课程改革工作。经过广泛和深入的酝酿以后，于本年一月七日各系同时分别召开第一次系代表会议，由系中的教授讲助及同学代表每小组二人暨各级级长出席，这一天师生济济

一堂，由清晨至晚上，把学制、课程、教材、教学方法、师生合作等问题热烈而又详尽地讨论了一整天。经过了几次类似的会议，不独在精简课程方面有圆满的收获，而且也使师生对于教学的目标有了更明确的认识。根据这几次各系代表会议讨论的结果，经过工学院教学研究委员会的分组研究和总结，把旧的课程更彻底地改革了精简了，打好了以后的课程的基础。

在这一次课程改革工作中，我们掌握着“专”和“广”兼顾的原则。课程必须“专”才能够精简，同时又必须“广”才能避免狭隘的弊病。一方面为达到“专”的目的，我们把与某系或某组关系较少的课程尽量划出该系或该组的范围，同时充实或增设本系或本组的专门课程；另一方面为了照顾“广”，我们把几种邻系或邻组的课程合并成为一种“概要课程”。譬如电机、造船两系的机械原件在初步改革中由解放前之每周六小时为期两年改为一年，只修对该系比较需要的部分，而在这次精简课程运动中却更进一步把该课改为机械原件概要，讲授一学期每周四小时，简要地介绍机械原件的全貌（参阅注一：“机械原件概要提纲”）。这样电机系和造船系的同学只花解放前六分之一的时间去修读所需要的关于机械原件的知识；因此可腾出一部分的时间去充实和增加本系的专门课程，譬如电机系增加应用电子学，载波电话等，造船系增加船舶计算制图等。再如土木系的水利组，在课程改革之前，该组同学除水利课程之外所必修的，铁路方面课程计有路线测量及土工、铁路工程、铁路定线及隧道等共十一学分，市政方面课程计有都市计划、给水工程、沟渠工程及道路工程等共十一学分，这样该组同学所必修的铁路及市政课程达二十二学分之多，而且所学到的还不是铁路及市政工程的全貌。当然作为一个水利工程师，铁路市政方面的知识是需要的，但是他们费了那样多的时间去学自己毕业以后应用不到的东西却是不值得的。现在水利组的同学只要修读铁道工程概要和市政工程概要，他们可以得到这几方面的全貌的知识（参阅注二：“铁路工程概要提纲”），但只费一学期每周四小时的时间。这样一来就精简了十六个学分。因而可能给他们增开一些本组的课程，如中国水利史等。课程较原来充实了，同时上课时数约减少了四分之一。这样精简和充实课程的情形还很多，在课程精简之后，不独学生的负担大大地减轻了，教学质量反而提高了。从这次运动中我们体会到“精简”两字是分不开的，必先明确目标，树立在一定程度上的专业化的方向，然后课程才能够“简”，而在“简”了之后，就更加能求“精”。八个月之后，中央教育部公布的课程草案中也采用了概要课程的办法，与我们做的不谋而合，这更增加了我们改革课程的信心和勇气。

因为我们在这一次课程改革中获得了相当圆满的结果，所以在今年三月初我们可以没有什么困难执行高教处在寒假决定的指示，即各系级每周上课时数（练习实验以两小时作一小时计）以不超过二十一小时为原则。第三表便是当时排的各系级每周授课时数，把这个表和第二表对照一下，就可以看出课程精简以后授课时数大大减低了，同时分组的时间提前了，譬如土木系的分组，由四年级提前到三年级，这便是专业化的表示。

今年暑假中央教育部规定每周学习时数不得超过五十小时以后，我们的课程也没有受到多少的变动。第四表便是按照这个规定排出的各系组每周授课时数。这个表与第三表的比较表示出每周学习时数四十四至五十小时的规定实际上和每周上课二十一小时的规定差不多。

四、关于教研组及中文课本

配合着学制和课程的改革。在教学组织上也有若干改进的措施。去年十二月我们把材料试验馆从隶属于系的单位改为直属于院的教学机构。主持全院各系的材料试验及材料力学课程，同时并筹设应用力学馆及工程图型馆，统筹各系的应用力学及工程书的教学事宜，这些都正是当前提倡的教学研究指导组。根据我们的经验各系共同的课程，如前述的几种，若由各系自理则不独有浪费人力情形，而且在教材、教学进度及教学方法上可能参差不齐，若由某一系主持则该系的负担又不免太重，而且当有对本系特别负责对旁系则抱帮忙态度的情形。为求这些公共课程在教学上易于改进及设备上易于充实起见，成立直属于院的统筹机构实是最好的办法。这一点从我们的材料试验馆改属于院以来十个月当中的表现得到了充分的证明。

其次为了配合精简课程的需要，提高教学效率及质量起见，从今年春起我们已经把数十年来上课做笔记的制度渐渐放弃改用油印的中文讲义当作课本。但是我们这样做并不是否定上课做笔记的“手到”的优点，只因为上课的时候抄写、画图、听讲三件事同时兼顾，对于没有训练过的同学确实相当困难，而且相当费时，但是有些课程用上课做笔记的讲授方法还是可以达到高度的教学效率，这与教材的选择和教授的技术有密切的关系。

五、总结

在过去一年多的学制、课程、教学组织及教学方法等的改革工作中，我们曾获得若干成果，这主要是由于大多数师生都认识到了旧教育改革的需要，由于院系负责人的领导和教授们的合作，而用于获得这些结果的方法是：

（一）减除不必要的课程，系组之划分力求专业化，分工越细，课程即越可精简，我们把过去自四年级分组改变为现在自三年级分组，即解决了许多问题。如分组更行提前，分组之种类增加，必能解决更多的问题。

（二）但分工太细，容易发生狭隘的流弊。所学过专，即缺乏广大的基础，为补救这个流弊，可多开各种概要课程，使学生能用很少的时间获得有关部门约略的，却是全面的知识。

（三）提高课程内容质量，删除不必要的枝节部分，尽量提高教学效率，缩短教学时间。

在工作中我们也遭遇了若干困难，而且也还存在着若干缺点，主要原因是在少数师生的思想过于偏激或过于保守，或是个别的系的领导不够强和不够深入。

偏激的思想主要表现在同学方面，譬如在精简课程运动中只要几门实用课程，旁的都不需要了，这是贪多的偏向的另一极端：狭隘的实用主义。还有把教材比较枯燥的或讲授不甚满意的而实际上却是需要的课程加以废止的要求，因此曾经发生把课程精简过度的偏向。其次是同学对于教材和教授法的改进未免要求太急和太高，致使老师为难，行政困难的情形。

相反的保守的思想却主要表现在个别的老师和领导方面，有一种恋旧的思想，认为同济的传统一向如此，自己过去学的时候也是这样，觉得把过去的学制和课程改革掉很可惜而且不妥当；少数的同学也认为从前学六年还不够用，今把修业期限改成四年，那么学得太少，更不够用，因此机械系究竟改为五年或四年曾经热烈辩论，后来把草拟的四年制和五年制的课程研究以后才决定改为四年。其次是个别教席因为顾虑自己的授课钟点而不愿将课程合并或精简的情形，这种情形还有极少部分未能完全克服，因而课程的精简也尚未达到理想的地步。也有部分教材和教授法相当保守的现象，因而若干课程的教材内容没有"减少量、提高质"的精简，或精简的程度没有达到和新订的授课时数完全配合的地步。在这些方面，系的领导实有决定性的影响，个别的系由于领导不够强和不够深入，上述的缺点也比较显著，甚至还未能统一师生的意见，解决分组的问题。

以上的许多偏向，困难和缺点的发生主要是由于我们的改革是在摸索中进行的，今天中央教育部公布了大学教育的方针，学制和课程草案以后，我们更有勇气和信心去克服偏向和困难并改正我们的缺点，现在谨将我们过去所走的道路和获得的一点经验提请指正。

注一，机械原件概要提纲：

一、总论。二、结合机件：楔，梢，螺丝，铆钉。三、枢与轴承之式样原理及计算。四、接合器：固定接合器，带动接合器。五、大轴与轮轴之式样及计算法。六、齿轮：齿线原理，正齿轮，角齿轮，蜗齿轮。七、皮带轮：皮带轮式样及计算，皮带计算及安装。八、汽门之种类及构造。九、塞圈。十、起重零件及水管等。

注二，铁路工程概要提纲：

一、路线测量，二、单曲线及介曲线，三、竖曲线，四、土方测量及计算，五、轨道建筑，六、桥梁涵洞，七、隧道，八、车站房屋及设备，九、号志，十、定线经济，十一、路线养护。

世纪老人谆谆教诲

——名誉院长李国豪院士寄语新同学

2003 年 8 月

8 月 28 日，90 高龄的李国豪院士冒着高温，亲临我院，参加 2003 级新生开学典礼。李国豪教授是中国科学院、中国工程院两院院士，原同济大学校长，是我院名誉院长。在开学典礼上，李国豪院士向全体 2003 级新生提出殷切希望。讲话全文如下：

今天，2 500 多新同学来到建桥学习，我向大家表示热烈的欢迎。欢迎新同学，主要是想对新同学提几点希望。

一是希望同学们思想好，学习好，身体好。一个人的成败和他思想品德的好坏是有很大关系的。做一个高尚的人，做一个对国家有贡献的人，树立这样的志向，对同学们的健康成长十分重要。学习好，很重要的一点，是要专心，要专研，要刻苦，再研究一点学习方法。身体好，对此我是深有体会的。我当学生时就很喜欢运动，乒乓球、网球、游泳，我都喜欢，我还是同济大学网球队的队员。好的身体使我终身受益。

二是希望同学们树立信心，胸怀大志。年轻人有没有信心，有没有志向，这很关键。我 16 岁时从广东到上海，考同济成绩不理想，倒数第二名。我没有泄气，当时我年纪小，没包袱，对自己充满信心。你们不要因为没有考上名牌大学，到建桥学习而不高兴。建桥很不错，比我们当年的同济好多了。建桥的校舍、设施都很现代化，又有一批好教师，再加上我们还有“专升本”的机会，你们对自己应该有信心。

三是希望同学们把自己的前途和祖国的命运紧密相联，投身民族复兴的伟大事业，为国家多做贡献。我已经 91 岁了，像你们这样的年龄，我所处的年代是一个很不幸的年代。抗战时，我 1938 年去了德国，1946 年回到上海，不但深深体会到什么叫“国耻”，而且还经受着生活的磨难。回国后，在上海工部局做工程师，工资不能维持正常生活，去当铺当掉很多东西，加上国民党政府腐败，做不成一点事，真是空有满腔报国情。1949 年建国后，我又经历了 1966 年至 1976 年的文化大革命，我被关进隔离室，扫地劳动。这个时候，纵使你有再大本事，也不能为国家贡献什么。直到改革开放后，我国经济飞速发展，我才有机会参与包括南浦、杨浦在内的许多重要桥梁的方案制定。我是上一世纪的人了，因此特别体会到，个人的工作、事业，和国家大环境的关系非常密切。我很羡慕你们，我要祝贺你们，因为你们现在所处的时代、环境真是太好了。你们现在才 18 岁，毕业时也不过二十一岁，全面建成小康社会，实现中华民族伟大复兴事业，这个时候，正是你们发挥才能的时候。要十分地珍惜啊！如果你们中有些人到那时候还不能有所作为，只能怪自己不曾努力了。我的这些话，你们越是到后来，越是会有体会。

（摘自《建桥报》，2003 年 9 月 1 日）

我说东海大桥

2004 年

李国豪

东海大桥是目前世界上在建的最长的跨海大桥，总长 30.87 公里，按双向六车道高速公路标准设计，桥宽 31.5 米，设计行车速度为 80 公里/小时，实际上是建造一条六车道 30.87 公里长的海上高速公路。建桥区域地处外海，受海况、气象条件的影响大，环境条件恶劣，施工难度大，因此大桥建设的施工方法要尽量考虑采用较为成熟和快捷的施工工艺。在外海海域进行桥梁施工，国内施工企业缺乏经验和设备，要在 2005 年底前保质保量完成东海大桥的建设任务是非常艰巨的。

东海大桥所处的海洋环境对结构防腐提出了较高的要求，因此，在国内桥梁建设中我们首次提出设计基准期 100 年的要求。针对这样的要求，在桥梁基础的选择中，根据不同的区段，不同的受力情况，选择了不同的桩型：非通航孔低墩区采用防腐性能较好的 PHC 管桩；非通航孔高墩区由于受较大的水平荷载，采用钢管桩，同时采用保护措施以解决基础防腐问题；对通航孔主墩基础则采用了大直径钻孔灌注桩。对于基础形式的选择，除了考虑防腐耐久性要求外，也兼顾了快速施工的要求，应该说是考虑得比较周全的。

对于桥墩结构的选择也考虑了海上作业的风险，尽量采用预制拼装工艺，缩短海上作业时间。桥墩承台主要采用预制混凝土套箱加现

1. 原载于《上海城市发展》杂志 2004 年第 2 期。这是能查核到的李国豪生前最后一篇公开发表的文字。

浇混凝土填芯;立柱采用预制安装、现浇混凝土湿接头的工艺,从而既降低了海上作业的难度,又能保证混凝土外观的光洁平整要求,也有助于提高结构的防腐耐久性能。

桥的上部结构,在近海段非通航孔采用60～70米简支变连续等截面箱梁体系,用单箱整孔预制、海上运输、大型浮吊起吊安装的施工方法,结构简洁,减少了现场浇筑混凝土的工作,并且施工工艺成熟、快捷,能提高工程质量和施工进度。

根据建桥海域的航运要求,全线共设4个通航孔,其中有3个辅通航孔、1个主通航孔。如果仅从考虑防腐要求出发,跨海大桥采用混凝土结构,主通航孔采用双孔单向通航方式、用主跨200米的连续钢结构梁较为合适;但如何要兼顾航运的要求,需采用单孔双向通航方式,通航净宽达400米以上,因此选用了斜拉桥。对它的梁体结构做过两个方案的详细比较,即全钢箱梁和叠合式箱梁,如采用全钢主梁,施工速度快,受力性能好,但沥青混凝土桥面铺装与钢桥面的结合,从国内几座大桥的实践情况来看,均不耐久,而口前还没有有效的解决办法,因此最后采用了钢混凝土叠合式箱梁,它的主要环节是在混凝土和钢箱梁的结合面的处理上。辅通航孔的主跨跨径在120～160米间,因此采用了预应力混凝土连续梁,这项技术在国内已很成熟。

东海大桥的建设开创了国内桥梁建设史上的新篇,将为国内跨海大桥的设计、施工积累非常宝贵的实践经验,并使国内施工企业的施工能力和机械设备跃上一个新台阶。2005年底,一条横跨南汇新港城与洋山深水港之间的东海长龙将浮现于波涛之上,为上海市的进一步腾飞助一臂之力。

附录

科学研究需要开创精神

——访著名桥梁结构力学家李国豪教授

方　荣

李国豪教授是我国著名的桥梁结构力学家、土木工程学家和杰出的教育家。他曾担任同济大学校长、上海市科技协会主席、上海市政协主席。他毕生致力于教学和科学研究，培养了中国几代土木工程科学技术人才。在教学和研究工作中，他崇尚实事求是的作风和严谨科学的态度，并特别注意理论联系实际，他以刻苦坚毅和富于创造性的精神解决了结构理论中的很多难题。在学术上的最突出成就是对大跨桥梁结构中的空间和非线性分析方法以及稳定和振动问题所做的开创性工作，从而赢得了国内外同行的赞誉。

受《群言》杂志编辑部的嘱托，我前往他的寓所拜望了这位德高望重的知名科学家。年逾八旬的李老是个大忙人，我不便过多地占用他的宝贵时间，谈话很快就转入了正题。他把自己坐的沙发移近了我，使我这个晚辈对学界泰斗原有的拘束感顿时消失了。谈话显得更加亲切和热烈。

方：李校长，大家都很关心您最近都在忙些什么？

李：近几年来我国桥梁建设的形势非常之好，可以说是历史上罕有的繁荣时期，这就使我作为一个桥梁结构力学工作者有了更多的用武之地。

上海的南浦大桥、杨浦大桥、江阴长江大桥、广州虎门大桥、汕头的海湾大桥我都参加了专家顾问组，并主持工作。最近汕头又在建第二座海湾大桥，所以我在这方面的工作这几年来接连不断。

方：李校长，您一生中的两个最艰苦的时期却是您最为发奋、作出卓越贡献的时期，请您谈谈这两段时期的经历好吗？

李：回顾一生，我出成果一个是在留学德国时期。1938 年到 1945 年共 7 年，主要是前 5 年。当时我在德国达姆施塔特工业大学进修，由于我大学学习成绩比较突出，德国校方破例批准我直接考博士学位，跟随钢结构克勒佩尔学派开创人克勒佩尔教授做学问。当时工程实践也比较多，我也没有什么可分散精力，所以能全力以赴，时间和精力都集中在科学研究上了。1939 年春，汉堡要修建一座主跨 80 米的公路铁路两用悬索桥，我就结合这座桥的实践开始我的博士论文研究工作。在做模型和试验的同时，进行理论探索和演算，通过研究悬索桥加劲梁变位理论（二阶理论）的弹性弯曲微分方程，悟出悬索桥的受力相当于一个受竖荷载的梁同时受一个轴向拉力的道理，由此演引出从概念到方法都十分新颖的《悬索桥按二阶理论的实用计算方法》博士论文，并用模型试验加以验证。不到一年工夫，我也由此得到工学博士学位，并得到了“悬索桥李”的名声，当时我才 27 岁。

第二次世界大战爆发使得我没法回国。我于 1940 年初担任克勒佩尔教研室的研究工作，一直到 1944 年 9 月大学校舍被炸。在这一时期，我除了从事钢结构焊接问题的研究外，主要负责研究工程建设中出现的各种桥梁结构方面的新问题和老难题，从中对悬索桥、桁梁桥和结构稳定的分析都作出了有创造性的研究，发表了近 10 篇重要论文。这个时期，由于年纪轻，精力充沛，思想非常活跃，加上工程实践多，出的成果也比较多。1942 年我以《刚构分析的几何方法》的论文成为第一个获得德国“特许任教工学博士”学位的中国留学生。

1946 年回国以后，我满怀激情想参加桥梁工程建设，但那个时代我能干什么？于是又回到同济大学去教书，生活一直不安定。解放以后，我担任了同济大学教务长，以后又是副校长，学校行政工作比较多，加上运动太多，所以心有余而力不足，有成果，但不多。

我第二个出成果时期倒是在文化大革命期间。这个时候我有时间了，我被关在隔离室里有两年多。

1968年的一天，我从广播里听到南京长江大桥通车的消息，作为南京长江大桥技术顾问委员会的主任委员，我当然很高兴，但也使我想起当年武汉长江大桥通车典礼时出现的晃动现象。由于对晃动的原因一直没有科学的解释，后来影响到南京长江大桥的设计。在逼供、批斗的间隙，我在隔离室里开始做艰难的研究工作。当时两手空空，能够利用的只有报纸的边角和夹缝，好在我的记忆力还不错，我把脑子里储存的知识运用出来，参考过去的成功经验，加上创造思维，我把桁梁桥这种空间离散体系化为连续体模型，建立弹性弯曲和扭转的微分方程组去求解。经过近一年偷偷的推导和计算，取得了理论分析的初步成功。

隔离室生活结束后，除了写检查、监督劳动之外，没人来管我做什么事情了。我把时间和精力都花在了研究武汉长江大桥的振动问题和南京长江大桥的稳定问题上了。我在家里做桁梁桥模型和扭转试验，并继续完善理论分析计算。1973年我写成了专著《桁梁扭转理论——桁梁桥的扭转、稳定和振动》。与此同时，我得知交通部要修订公路桥的计算规范，我就着手公路桥荷载横向分布的研究，进行理论分析，做模型试验，并将研究成果写成专著《公路桥梁荷载横向分布计算》，受到广泛欢迎。后来我又将用于梁式桥的方法推广于研究拱桥和曲线桥的荷载横向分布，取得了成功。这样，就建立起一个基于同一原理和力学模式、适用于各种公路桥梁荷载横向分布计算的统一方法。此外，我还研究拱桥和斜拉桥的空间振动问题，发表了被广泛引用的研究成果。唐山大地震后，我开始从事桥梁抗震的研究，并取得一系列成果。所以文化大革命时期是我感到第二个取得比较有分量收获的时期。

方：您在从事科学研究的60年时间里，不断探求、勤于思考、刻苦工作，对结构理论的许多领域都有所建树，"悬索桥李"和"李氏理论"被学术界广泛引用，您能谈谈它们对工程技术发展的影响吗？

李：在我的博士论文发表之前，悬索桥也有计算和分析的方法，我的计算方法应该说是更形象更简洁，不能说我是开创了一种理论，这种说法是不好的，应该说我对分析的方法有所改进和创新。在博士论文完成后，我继续对汉堡拟建的悬索桥进行深入的研究，揭示出三跨连续加劲梁不设中间支座的体系无支承弯矩高峰的优点。这种体系在70年代美国修建的一座斜拉桥上被采用了。

所谓"李氏理论"是外国人叫出来的。1958年我发表了题为《斜交各向异性板弯曲理论及其对于斜桥的应用》的论文，我针对斜桥的实际构造，将正交各向异性板理论，通过斜交坐标延伸为斜交各向异性板的弯曲理论，使各向同性斜板理论和斜交梁格系理论成为它的两个特例。这项成果较有开拓性，很快就引起国外力学工作者的重视，他们引用时就冠以"李氏理论"的名称了。

方：那么上海的"南浦大桥"和"杨浦大桥"的建造是否运用了您的理论？

李：不能这么说。但是这两座桥设计方案的诞生还是很值得说一说的。当时日本人提出愿意为我们免费做可行性设计，目的是将来他来承包建造。我认为这种跨度的桥我们完全能够自己造，我就向当时的市委书记江泽民同志反映，江泽民同志很重视，他还亲自到同济大学召开座谈会，大家都认为我们自己能做。江泽民同志由此作出决策说，这个桥还是我们中国人自己来造。我们上海人自己设计，亚行贷了一点款。

南浦大桥的方案还是我提出的方案。当时上海市政设计院已经有了一个方案，叫依列混凝土梁的斜拉桥，我的方案是叠合梁的斜拉桥。所谓叠合梁就是钢梁上面依列混凝土桥面板组合起来的梁。后来采用了我的方案，这个方案有什么优点呢？第一是桥面比较轻，这样基础就比较轻了，可以节省开支；第二是架钢梁比在现场浇混凝土梁要快得多，很多工作可以在地面上做。在黄浦江上架桥一定要在两个台风季节之间合拢，不然的话，桥的稳定性就要受到台风的影响，叠合梁造得比较快，能保证在第一年的9月开工，第二年的6月台风到来之前合拢。斜拉桥的计算方法和悬索桥不一样，所以和我的理论没关系。

悬索桥和斜拉桥各有优点，悬索桥两边的索要有锚柱，上海的地基比较差，做锚墩就不经济了。像汕头的海湾大桥两边都是山，岩石上做锚墩就好做了；虎门大桥也是这样，所以那里就采用悬索桥。悬索桥的跨度比斜拉桥大，日本的悬索桥是1 990多米，斜拉桥现在还没有达到这个程度，最大的跨度只有900多米。

方：听一些学者介绍，在您的学生时期，常常以令人吃惊的速度完成教授交给的艰巨任务，同时又用创新的方法找到简明地揭示问题本质的钥匙。您的学生说，从您的身上学到了您实事求是的作风和严谨、科学的态度，那么您的治学原则是什么呢？

李：我认为我们搞工程技术科学的，一定要注意理论联系实际。我一贯坚持科研选题“必须具有工程背景，必须解决实际问题”，主张理论意义和实用价值相结合。工程技术科学工作者是很难凭空搞科研的。我搞悬索桥研究、两座大桥的振动和稳定问题的研究、公路桥荷载横向分布的研究，都是当时的实际需要提出了要求。所以大环境的需要还是很重要的。

我国的工程技术人员有很高的聪明才智。解放前，建设项目少，实践就少，成果出得也就少。解放后，特别是党的十一届三中全会以后，工程建设多了。在这个时代，就看你是不是跟得上实际需要，通过探索重要问题提出新的工程建设理论。

除了大环境和自己的志向外，还要有实力。我们的研究主体是工程，需要专门的知识，左右臂是数学和力学。你若缺乏这些知识，当你遇到问题时，你就无法搞清问题的关键；遇到了问题的关键，你也无法去解决问题。有了专门的知识，又有了数学和力学知识作为基础，还需要专心致志、锲而不舍的精神。我就喜欢研究老难题和别人尚未涉足过的新问题，这样才能培养自己的思维方法富于开创性。有些难题一时不能解决，但是你老是去想它，过了一段时间如一个月、三个月，你对问题的认识和酝酿的程度就跟你刚开始接触这个问题时不一样，有时会突然触发一点解决问题的新的思想出来。抓住这个想法，你的思想就上去了。要锻炼自己从纷繁迷离、错综复杂的现象中敏锐地看到问题的本质，要抓住重点，以独创的新颖的简练的手法去解决新问题和老难题。

勤奋也是我一贯主张的。不管是在德国时期还是在文化大革命时期，我解决许多比较新的课题，都是经过非常艰苦的思维、反复的推导、大量的运算才得到成果的。那时我利用的只是一部手摇的计算器。要取得科研的成功，没有勤奋和成年累月的积累是办不到的。

方：在科学技术与生产实际相结合方面，您是大家学习的楷模。您作为宝钢的首席顾问，在避免一期工程下马和解决工程中的桩基水平位移问题时，曾以您的远见卓识和出色的理论分析做出了重大的贡献，您能谈谈当时的情景吗？

李：遇到重大工程问题时，我们工程技术人员应该服从真理，服从科学来进行工作。

1980 年春天，正值国民经济进行调整，人大代表的呼声很高，要求宝钢一期工程下马。夏秋时节，中央派的工作组已经到了宝钢工地，与宝钢领导商量怎样安排下马。宝钢工程技术顾问委员会成员应邀参加了一个座谈会。在当时的气氛下，大家都不大敢讲话了。我首先发言，我说宝钢不能下马：第一，宝钢建设到这个时候，已经不是从零开始了，一期工程共需 120 个亿，已经投入 80 个亿，下马盖仓库还要花十多亿，不下马再加一些钱就可以建成了；第二，那时我国钢产量只有三千多万吨，我国至少需一万万吨钢，从长远看，我国钢铁工业必须发展；第三，宝钢下马，不光宝钢工人需要安置，为宝钢配套的一些企业，如加工设备的工厂等，都要受到影响。我发表意见后，宝钢工程指挥部将我的意见反映到市里，市委觉得很有道理，又转到中央。国务院开会时听取了这个意见并采纳了，决定缓建，不是停建。一年以后，工程又上马了，1985 年 9 月正式投产。

第二个问题是桩基的水平位移。宝钢建设在长江边上，打了桩后，工人就在旁边挖基坑，之后就发生了桩基的水平位移。1980 年春，我去视察后，就提出了问题的解决办法：第一，做试验、测量；第二，我提出理论分析的方案。同年夏天，试验的指标出来了，我利用一个暑假的时间进行分析、计算，写出了《关于桩的水平位移、内力和承载力的分析》的论文，提出了如何加固、哪些需要加固、哪些不需加固的意见。报告完成时，正值我方与日方进行工程谈判，宝钢工程总工程师专门来拜访我，表示感谢。他说，李校长，有了您的报告，我们谈判时心里就有数了。

这就是科学技术与生产实际相结合，帮助生产部门解决实际问题的例子。对重大工程我们工程技术人员有责任从宏观的科学技术的角度，实事求是地发表意见。中央虽然有决定了，但应该怎么说，还是要怎么说。工程技术人员要敢于服从真理，讲真话。

方：作为一位老一辈科学家，您对青年学者有什么期望和要求？

李：现在的青年科技工作者，多数是非常勤勤恳恳的，在工程实践、设计方面，做出了非常显著的贡献。国家应对他们在生活条件和工作条件上给予更多的改善和支持。作为青年科技工作者，应该看得远一些，有较大的抱负。目前，市场经济正在发展中，出现了各种思潮，希望青年科技人员不要被某些错误的倾向所误导。

做学问是一项很艰苦的工作，应该意识到，没有很舒坦的路给你走。我在德国留学时，为解决一个桁架的分析问题，一直搞到失眠，神经衰弱，休养了一个星期，回来再进行。在生活上也不可能有更多的要求。不过有一点，我们从事科学技术工作，得到成功时，那种满足和愉快不是任何什么所能代替的，金钱也是买不到的。我做校长时，让我给毕业同学讲话，我说：同学们毕业后，究竟追求精神财富呢，还是追求物质财富？要两个财富兼而有之恐怕不太容易，要是追求物质财富，就得不到精神财富；要下决心追求精神财富，就要淡泊物质财富。我想，现在的青年同志还谈不上物质很丰富，有些人还有些困难，要国家多多关心。作为个人来说，这方面要淡泊一些，还是要以事业为重。

（原载《群言》，1996 年 3 月版）

袁国干教授谈李国豪的教育思想

程国政

已年逾八旬的袁国干是同济复员后招收的第一届工学院学生，毕业后就留在了同济工学院（后来为土木学院），亲眼目睹、亲身经历了李国豪与工学院、同济大学风雨同舟、和衷共济的半个多世纪。谈起李国豪的工程教育思想，年过八旬的老先生如数家珍："理论必须联系实践""实践中发现问题，上升为理论，检验后再实践，他解决武汉长江大桥晃动问题就是这样的过程。""一年看一两本书？太少太少，一个月一两本。"袁国干总结李国豪的教育思想说：

一、德艺双馨，敬业爱国爱人民爱专业

李校长正直无私，严以律己，敢批评，批评对事不对人，事业心重，责任心强，是非常受人尊敬爱戴的一位老前辈。

1. 上海解放前，对学生运动很支持，他也要求学好本领，报效国家。进步学生被捕，他四处奔走，反对开除学生会委员。

2. 治淮动员。当时大三学生有顾虑，他动员说："要服从'一定要把淮河治好'，淮河无出水口，夺江出水，国民党时期十年九荒。要为人民服务，参与治淮，一方面提高自己的工程实践能力，同时治好淮河也是一件造福人民的好事。治淮为子孙造福，功在千秋。"

3. 治学严谨。上课认真，亲编教材。当时无桥梁设计规范，油印出版《钢结构》《钢桥设计》等书；主编《中国大百科全书（土木卷）》，其《序言》三易其稿。

4. 同济复兴的最大功臣。同济在解放前是国内名校之一，日本侵略，八易校址；1946 年复员途中，长江中沉船，设备损失惨重，大伤元气。1952 年院系调整后变为单科性大学，损失比抗战时期还大，国内外名气一落千丈。李校长的“两个转变”救了同济。

二、办好(工程教育)大学的思想

1. 师资培养

① 注重师德，打好基础。除了要有好的师德，业务上要求精益求精，打好数学、力学基础，为青年教师办提高补习班，樊映川《高等数学》就是重要教材之一，亲授《桥梁稳定与振动》。

② 重视教材编写，注重教学法。他亲自编写《钢结构》《钢桥设计》等教材；他认为教学不能抱着走，要培养独立性、创造性学习能力，要给学生“一张地图”。

③ 要博览新书。他认为教师不能以能讲教科书为满足，一个月至少要看 1～2 本新书。

2. 要教学科研一起抓。科研很重要，可提高教学质量，可接触新事物，可为生产服务。

3. 教授要上课，不能以搞科研为满足。他当了校长后，还亲自上课。

4. 要理论联系实践，有社会责任感。土木工程学科先是从人类实践开始的，造桥、造屋、开河……然后上升为理论，再从理论联系实际，验证理论，发展理论。

袁国干深情地说：“武汉、南京长江大桥，宝钢工程，洋山深水港都为后人做出了很好的榜样，既对国家、社会做出了巨大的贡献，又为学校提高了知名度。”

（摘选自《桥梁大师李国豪》，同济大学出版社，2011 年）

代跋

“同济之魂”赋：国之英豪，校之魂魄

2013年元宵乃是同济大学名誉校长李国豪院士辞世8周年之忌日，其时我正夜以继日地修改一篇《“伟大的李(Grosser Lie)”：大学理念的笃行者与高教改革的战略家》的文稿，那天略下了淅淅沥沥的小雨后，夜半寒风中倒也月朗星稀，仰望星空，往事如烟……记得当年桥梁馆曾举办过一个悼念李国豪校长的图片展，时任教育部副部长的同济大学前校长吴启迪教授为之题词：“同济之魂”！我想，这既是对李校长之于同济大学无与伦比之巨大贡献和无可替代之重要影响的充分肯定，也是对时任校长万钢教授倡导的大学须得“形”“神”“魂”并茂之说的一个极好呼应。

然何为“同济魂”？值此纪念李校长百年冥诞之际，在回忆亲历亲为和查阅历史档案之基础上，欲以拙笔描绘出“我心目中的教育大师李国豪”，不意中已洋洋洒洒逾8万言……收笔之际，意犹未尽，乃依老校长所好之四言古风为范(仿“形”而已，未趁其韵，欲继其志)，撷其抒怀文句以为“神”，揽其贡献之要以为“骨”，拟一阕“校之魂魄，国之英豪”的“名誉校长之歌”，以展其终身臻于“德智体美皆典范”、集“格物致知”与“修齐治平”于一体的大气象之传奇人生，弘扬其“为人要正派、做事要诚信”，“大难不死，矢志不休”，艰难困苦，玉汝于成之精神……这不正是古人之“止于至善”的“大学之道”、今人之自由独立的“大学魂魄”之所在所求吗？

（一）

“少年励志，唯学是求”：离乡背井，报考同济，先欲“悬壶”，继选工科，民生维艰，祈福营造？毕业优秀，就业“画饼”，求援母校，襄助德教；出类拔萃，获荐“洪堡”，踌躇满志，回乡省亲；国难突降，校园被毁，师生流浪，忧心如焚；天下兴亡，匹夫有责，暂缓出国，共赴“校难”；星夜兼程，续职金华，单车千里，跋涉赣州；颠沛流离，课桌难安，青灯黄卷，弦歌不绝。[①]

“不顾贫困，德国远游”：越明年，再接邀约，家国覆巢，完卵安有？“情”固难徙，“类任道兮”，但渡艰撑危，更待栋梁！漂洋过海，负笈欧陆；“幸得良师，更遇善友；潜心斗室，乐以忘忧”：“二阶变位”，独辟蹊径，“悬索桥李”，声名鹊起；“几何求证”，荣获“特许”，“平衡分枝”，再创新论；青年翘楚，崭露头角，“李氏公式”，享誉学界；然“战火纷飞，安保奚有”，游子学成，思归不得；捱硝烟散弭，携妻抱女，借道法、越，“辗转回国，叹何处兮能我留”！[②]

时年二十有三：“无亲无友，两袖清风，一文不名”，报国无门；“走投无路”，“毛遂自荐”，知遇赵局（祖康），暂栖工部；牛刀小试，声誉顿扬，纵论桥“美”，重续“桥”梦。得机遇垂青，母校回迁，重执教鞭，得心应手；学术精湛，师道威严，功成业就，备受重用；但“民主堡垒”，反战抗暴，“红色教授”，忧国忧民，爱国读书两不误，喜迎解放庆新生。[③]

（二）

然喜忧交加，颇多坎坷：院系调整，“伤筋动骨”，忍痛割袍，暗留同侪；横遭诬陷，无辜被羁，水落石出，任劳任怨；“不惑”之年，执掌教务，恪尽职守，才高行洁，荣膺院士获殊荣，风华正茂肩重任。但力学专家，不谙“（政治）角力”，整风“反右”，“运动”迭起，反复检查逾年整，涉险“过关”终无恙；然弟子遭殃，为师心焦，“护犊”情深，殚思极虑，甘冒凶险庇高足，精育英才成栋梁。[④]

虽历经风波，无怨无悔：杏坛耕耘，甘当人梯，“学术报国”，冲锋陷阵；黄金年岁，才华横溢，总理科教，意气风发；“天命”之年当人代，京华理政奔“四化”。然风云突变，命运多蹇，浩劫当头，磨难接踵；宁为玉碎，不为瓦全，士可杀而不可辱，凛然正气卫师尊！“大难不死，矢志不休”，苦熬“寒冬”，期待春归；身陷囹圄，心系大桥，为解“振晃”忘困厄，研思不辍结硕果……⑤

临花甲之岁，淡泊明志：六十耳顺，心静致远，再潜斗室，“乐以忘忧”；任尔四周边大批判声浪不息，我自斗室中苦钻研收获良多！难忘1976，天翻地覆慨而慷，抗震救灾，重出茅庐，解民水火，夜以继日；攻坚克难，闻名遐迩，理论实践，炉火纯青。百废待兴教为本，摩拳擦掌重抖擞，厉兵秣马再出山，收拾金瓯从头越。⑥

（三）

卓尔不群：拨乱反正，重长同济，大刀阔斧除旧弊，“科学春天”，“真理标准”，高屋建瓴开新篇：“两个恢复”，石破天惊，继绝兴亡续筋骨；“两个转变”，空谷足音，雄心壮志薄云天；“破冰之旅”，筚路蓝缕，励精图治放眼量；“两个中心”，践履笃蹈，洪堡理念重躬行。科协主席，驰骋科（技）工（程），远见卓识韬略宏；宝钢顾问，力挽狂澜，一言九鼎全局活。高山流水，激浊扬清，汪洋恣肆气如虹；黄钟大吕，振聋发聩，余音绕梁声韵长……⑦

难能可贵：古稀之年，出掌政协，“转识成智”聚众力：落实政策，折冲樽俎，高招迭出建奇功；结构专家，政坛新手，纵横捭阖全局活。名誉校长，不骛虚声，学风师德勤嘉勉；百年树人，“德智体美”，国格人格率先范；现代大学，既“学”又“研”，“科、技、文、艺”皆中心；重大工程，“既顾且问”，“政、经、国、民”须周虑；真可谓：晚晴似火夕阳红，“从心所欲不逾矩”。⑧

再接再厉：八十老夫争朝夕，欲与先贤试比高，老骥伏枥再奋蹄，“青出于蓝胜于蓝”：踏祖国大地画交通动脉，东西南北成坦途；勘江河湖海规港口桥梁，环球天涯若比邻。为科教兴国更上层楼，呕心沥血谏诤言；助同济复兴抓住机遇，运筹帷幄了夙愿；盼高教强国早日梦圆，强筋壮骨创一流……⑨

更为可喜：九秩寿星不倚老，“教育功臣”不居功，功德圆满获殊荣，高瞻远瞩谋未来：心系深水大港“时不我待”超长东海桥，相约“北京奥运”“上海世博”师生共相庆。⑩真可谓是：生命不息，壮心不已；鞠躬尽瘁，死而后已！循先人之至嘱，“养浩然正气，法古今完人”；守自戒之警语，“临难勿苟免”，“富贵若浮云”，不愧为国之英豪兮校之魂魄，高山仰止兮景行行止……

唏嘘，大师仙逝，长歌当哭，道骨仙风，遗世独立！君不见，同济代有才人出，校魂巍然薪火传：“立础”坚实不放松，“海帆”高挂会有时；深海钻探勇“品先”，见龙“在田”前程广；流派纷呈西“复东”，“时龄（领）”风骚谐亦庄；顶天钻地力千“钧”，绳“祖炎”黄厚德永……为圆百年中华全面小康富民强国梦，续执如椽巨笔神州赤县绘宏图！⑪

呜呼！身为同济人，心系同济魂。笔者当年题写于李校长生平图片展之留言：“李校长的学识风范与人格魅力永存于同济人心中！”——录以为志。

注释：

① 16岁高中学业未竟，即奉父学医之命，赴沪报考同济；德文补习科毕业改择工学，未取机械，专攻土木，“civil engineer”，“民用工程”事关“民生”，欲修路铺桥造福于民。23岁以优异成绩毕业，赴南京参训卫生工程师以图留美深造，结果却是“干了三四个月检查厕所的工作”，希望“画饼”，回校助教，经德籍教授推荐，1937春喜获“洪堡奖金”留德深造；盛大的30周年同济校庆后，即告假回乡以备盘缠，不料因七七事变被阻滞广东家乡中学任教；时闻母校遭炸——1937年8月淞沪抗战中同济再次被炸，被迫踏上延续3年、迁校六度，跋涉千山万水、行程逾万公里的“同济长征路”——李国豪决定推迟留德，共度患难，打听到母校行踪后即不顾艰

劳风尘仆仆赶赴金华复职，担纲德籍教授所授之“钢结构”课，并随母校转移赣州，为减负舟车之缺与一同事单车跋涉约 900 公里，煤油灯下自刻教案坚持教学。

② 屈原《橘颂》曰：“深固难徙，更壹志兮。……精色内白，类任道兮。”以喻志坚意决，以类君子守道。经师友力劝资助，惜别离乱中母校，怀揣救国志，负笈留洋路，1938 年 10 月于战云密布中抵德时已“两袖清风”，幸得良师力荐，速获直接攻博；翌年欧战爆发，同学纷离，但因“囊中羞涩，寸步难行，眼看战争大祸临头，遥望抗日烽火连天的祖国，不禁喟然长叹”，经同胞善友接济，暂渡难关；无以避祸，埋头苦读，倒也学业神速，仅年余完成博士论文《悬索桥按二阶理论的实用计算方法》，荣获“悬索桥李”美誉；继又以《用几何方法求刚构影响线》论文于 1942 年获得德国特许任教工程博士学位；再以《弹性平衡分枝的充足辨别准则》续创佳绩，“Grosser Lie”大名鼎鼎；等到战乱结束，“企待回国，恨不能插翼东飞”，然因妻子叶景恩博士临产被迫滞留马赛，待产后搭乘法国兵船抵越南西贡，又两个月后方得机会搭法舰回到“离别了 7 年的祖国”，感到上海“又熟悉又陌生”。

③ 回沪后即面临失业之虞，幸得市府招待 3 日，获助“救济总署”5 天，彷徨之际，直闯工部局，“幸得赵祖康局长收留，得免于流落街头”。为维修外白渡桥出良策，初试牛刀，声名顿扬，获聘丹麦康益公司兼职；趁调研苏州河上众桥梁之际纵论了一番桥梁美学：“美观之桥梁样式大致有三……”；欣闻同济复员回沪，急切切回母校续任教，先后被聘为教授、系主任、训导长、工学院长等要职；在抗暴学运中竭力保护爱国学生被誉称为“民主堡垒”中的“红色教授”，但为不误学业而反对学生长期罢课；1949 年上海解放后被任命为新生的同济大学校务会常委之一。

④ 高校“院系调整”，同济被肢解之大势难违，工学院长真情留人，为学校保存非土木类人才以为来日复兴存骨干；1952 年“三反”“五反”运动“打虎”，被诬贪贿，关押两个月有余，真相大白后却不计前嫌；年近 40 岁出任教务长，42 岁入选首批中科院学部委员，43 岁升任副校长，教学科研一把抓；然“政治运动”频频，从 1957 年到 1958 年，因“跟不上形势”，几度被批，毫不气馁；并以科研需要巧妙保护被打“右派”的研究生项海帆留校当助手，项日后亦成为国际著名桥梁专家，入选工程院士，并获国际桥梁协会最高奖。

⑤ 50 岁当选第三届全国人大代表，亲耳聆听周恩来总理政府工作报告提出的“四